「私には敵はいない」の思想

中国民主化闘争二十余年

劉暁波

劉霞　劉燕子　徐友漁　杜光　王力雄　李鋭
丁子霖・蒋培坤　張博樹　余杰
麻生晴一郎　子安宣邦　及川淳子　峯村健司
藤井省三　藤野彰　横澤泰夫　加藤青延
矢吹晋　林望　清水美和　城山英巳

藤原書店

日本の読者へ

劉霞《リュウシィア》
及川淳子訳

二〇〇九年二月、貴国の作家である村上春樹氏がエルサレムで受賞についての感想を発表しました。このスピーチは中国のインターネット上で瞬く間に伝わり、中国のネットユーザーたちの間で大変大きな反響を呼びました。彼はイスラエルのペレス大統領を前にして、近頃のイスラエルの軍事行動に抗議する日本の輿論を伝え、さらに、彼がずっと心に留めている個人的な秘密――「もしここに硬い大きな壁があり、そこにぶつかって割れる卵があったとしたら、私は常に卵の側に立ちます」というメッセージを表明しました。

彼の立場は、私の立場でもあります。私自身もひとりの芸術家であり、絵を描き、写真を撮り、詩を書きます。私の仕事、私の作品、そして私自身も、すべて「卵」の側に属していますが、強権という高い壁の前では何の価値もないように見えて、いともたやすく粉々に砕けてしまいます。けれども、ずいぶん前から、これは私の選択なのです。村上春樹氏と同じように、私は、私たちの体躯という殻の中にある魂の価値を大切に、真実の価値を大切に、そしてすべての脆く壊れやすいものの価値を大切に思っています。

いま、私の夫劉暁波は、牢獄に囚われているために、人びとから「英雄」として見られています。でも本当は、彼はひとりの闘士であるだけでなく、私と同じなのです。私たちは、細やかで美しいものに対する敏感さと心から愛する気持ちを同じように抱いています。一緒にいる時には詩を朗読しますし、ふたりともツベターエワやリルケの詩が好きで、それぞれお互いに詩を書きます。そう、それは彼が前回労働矯正所に収容されていた時のことです。私たちの結婚も、信じられないことだと思われていました。私と彼は、労働矯正所の中で結婚式を挙げたのですから。

「壁はあまりに高く硬く、そして冷ややかです。もし、我々に勝ち目のようなものがあるとしたら、それは我々が自らの、そしてお互いの魂のかけがえのなさを信じ、その温かみを寄せ合わせることから生まれてくるものでしかありません」——劉暁波が、村上春樹氏のスピーチを読んだかどうかはわかりませんし、獄中で目にすることができるような新聞には掲載されていないかもしれません。それでも、村上春樹氏が語ったのは、まさに劉暁波の立場そのものであり、また同時に、彼に対する支持と励ましでもあり、中国の良心の囚人たちと、不正な審判を受けたすべての人びとに対する支持と励ましでもあるのです。

日本の多くの読者と識者のみなさんが、劉暁波と私のことを気にかけてくださることに感謝いたします。そして、中国の民主化に対する長期にわたるご関心とご支持に感謝いたします。私は、みなさんからのご関心とご支持を、貴重な精神的財産であり支柱であると思っています。今日の世界において、孤立しているものなどはありません。まして、中国と日本は伝統的な言葉で言えば「一衣帯水」の隣人なのですから、自分の隣近所に、横暴で尊大な、大胆不敵な隣人に住んでほしいなどと、誰が望むものでしょうか。

訳者付記

二〇一〇年三月初旬、北京で再会した劉霞氏は、静かに言葉を選びながら心境を語ってくれた。右は、同席した北京電影学院の崔衛平教授による若干の補筆を経て、劉霞氏から日本の読者に宛てて綴られたメッセージである。

〈詩〉暁波へ

劉《リュウ》霞《シィア》
劉燕子訳

風

運命として定められているのは、風のよう
風に翻る
雲で遊ぶ

私はあなたとともに歩む夢を見た
どんな家でしょう
あなたが入れられているのは

壁はあなたの息を詰まらせるのでしょう

あなたは風、ただ風
風は私に教えない
いつ来て、いつ去るのかを

風が来ると、私は目を開けられない
風が去ると、あたり一面ほこりになっているから

（一九九二年一二月）

独り夜に待つ

日々憂鬱と哀愁が繰り返される
単調な風景には
いつも晴天が少し足りない

磁器のお椀が地面に落ちる

支離滅裂な音は
鋭く突き刺す
離ればなれの時間を

一匹の猫は音も立てず
夜の芝生をすり抜ける
緑色に光る両目は
孤独な液体に満たされている

捕まえないで
チラチラ光る蛍を
それは夜の幽霊
私たちの生活の外で踊っている

私は暗闇にある一つの
苦渋の果実
睡眠という分厚い書物の
夢のない一ページ

いいえ
あなたは旅の通りすがりなどではない
永遠の道連れよ

覚えていてね、私たちから
剥奪された陽光を

（一九九五年八月）

暗い陰

ある朝、眠っていると
暗い陰が夢の中を浮遊していた
今でも私の視線を遮っている
時は流れ去り、季節は移り変わっても
あのダラダラと長くて残忍な朝は
果てしない
一脚の椅子、一本のパイプが

記憶の中であなたを待つけれど徒労だけ
誰も街角を歩くあなたを見ない
ひとみの中に一羽の鳥が飛ぶ

一個のオリーブの実は枝に逆さまにかかり
秋の朝を体験しても
成熟を拒む

目がランランと光る女は
夜を昼に継いで連綿と
うわごとを書き続けるけれど
鏡の中の鳥は依然として眠りに落ちている

（一九九七年四月）

幾重にも重なる危機

驚いて目を覚ますと

周囲は漆黒
あの鳥がまた私の手のひらで甲高く叫ぶ
無数の足が階段を踏みならし
建物をグラグラと揺する

私は独りベッドに座り
こぶしをしっかりと握りしめ
氷のように冷たいひざに置いて身じろぎもしない
甲高い声は喘いでいる
握りこぶしの中で

夢でたどりつく場所で
きっと危機は幾重にも重なっている
それは私にとても近づいてくる
鳥の甲高い叫び声から
その息づかいを聞くことができる

あなたは時間の裏面で

キラキラ光る陽光の下に立っている
一枚の羽毛が見えるわ
風にただよいながら落ちているの

（一九九七年四月）

はじめに

我々は劉暁波《リュウシャオボ》氏のノーベル平和賞受賞を喜びたい。少なくとも氏の思想や行動に注目が集まるきっかけとなるからだ。

だが、今回の受賞を単に喜んでばかりもいられない。劉霞《リュウシィア》夫人はもちろん、「08憲章」関係者への監視はより厳しくなり、いっそう過酷な言論弾圧を招いてもいるからだ。

こうした中国当局の対応は厳しく批判されるべきであろう。しかし、ここには、「メディアの問題」が重層的に介在していることを自覚しなければならない。

まずわれわれが警戒すべきは、日本を始め海外での報道の多くが、劉氏の言説それ自体に注目するというよりは、「中国バッシング」や「反中」の様相を呈していることである。そこでは、劉氏は「反体制派知識人」として英雄視される。だが、「今回の受賞は天安門事件で犠牲になったすべての人々の魂に贈られたものだ」と述べ、英雄主義を徹底的に忌避するところにこそ劉氏の思想がある。いま必要なのは、受賞後の喧噪に惑わされず、劉氏自身の言葉に静かに耳を傾けることである。「どんなに急進的な立場を取ろうとも、事実上、その敵対者とともに社会の転換を推進するしかない」。「敵対するも同じ国の中で生活しなければならない」。「私には敵はいない」(判決前の最後の文章)。こう述べているのは劉氏自身なのである。「体制／反体制」という図式を超えたところに劉氏の主張があり、「08憲章」の意義もここにある。

つまり劉氏のノーベル平和賞受賞をどう受け止めるべきか。これ自体がわれわれにとって一つの大きな課題となっている。これは「中国にどう向き合うべきか」というわれわれ自身の問題なのである。「過去の戦争に対する謝罪が十分でない日本（日本人）には、この問題で中国を批判する資格はない」とする意見があるように、日本が抱える歴史問題も絡み合っている。「親中派や左派は、侵略の歴史で後ろめたく、また社会主義国の最後の砦として中国を擁護し、他方で右派でも経済優先の人は中国政府の思惑に従い、日本では右派と左派が政治やイデオロギーの違いを超えて中国政府を容認している」と劉燕子《リュウイエンズ》氏は鋭く指摘するが、「中国に親しむがゆえの批判的眼差し」（麻生晴一郎氏）こそ、いま求められているのではないか

世界は民主化の方向に少しずつ動いている。それだけに今回の受賞は、中国の民主化にとって大きな意味をもつ。だが、同時にわれわれ自身も、隣国の民主化をどう捉え、そして自らの民主化をどう考えるのかが問われているのではないか。こうした問題意識から本書を企画した。

藤原書店編集部

「私には敵はいない」の思想／目次

V 「近代化」という中国の課題・矛盾・希望

「私には敵はいない」の思想

中国民主化闘争二十余年

I

私には敵はいない

――劉暁波の思想と行動

私には敵はいない

——私の最終弁論——

劉《リュウ》暁《シャオ》波《ボ》
横澤泰夫訳

私の人生はすでに五〇年あまりを閲したが、一九八九年六月は私の生命の重大な転換の時であった。私は文化大革命後に復活した大学入試の第一期大学生（七七年次）で、学士から修士、それから博士へと私の勉学生活は順風満帆だった。卒業後は北京師範大学に残り教職に就いた。大学では私は学生からとても人気のある教師の一人だった。同時に私は社会活動に携わる知識分子[1]であり、前世紀八〇年代にはセンセーションを巻き起こす文章と著作を発表し、常に招かれて各地で講演し、さらに欧米各国の招きに応じて外国に出かけ訪問学者となった。私は自分自身に対し、人間としても或いは文筆家としても、誠実で、責任をもち、尊厳をもって生きることを課して来た。その後、アメリカから帰国して89運動[2]に参加したため、私は「反革命宣伝扇動罪」で投獄され、こよなく愛した教壇に立てなくなり、国内で文章を発表し講演することももはやできなくなった。ただ体制側と異なる政治的主張を発表し、平和的な民主運動に参加したというだけで、一教師が教壇に立てなくなり、一作家が発表の権利を失い、社会活動に携わる一知識分子が公開で講演する機会を失うとは、私個人にとってだけでなく、改革開放からすでに三〇年たった中国にとっても、ともに悲哀である。

思い起こせば、六四[3]以後、私の最もドラマティックな体験は明らかにすべて法廷と関連している。この間、私は公衆に対して話をする機会が二度あったが、それはみな北京市中級人民法院が私にその場を提供したものである。一度は一九九一年一月で、もう一度は今である。告発された罪名はそれぞれに異なるが、その実質は同じだ。いずれも言論によって罪を得たのである。

二〇年が過ぎた。六四の怨念を抱いた霊魂はいまだ瞑目できずにいる。六四の情緒的影響で体制側とは異なる政治的主張をする者の道に入り込むこととなった私は、一九九一年、秦城監獄[4]を出たのちは、自分の祖国で公に発言する権利を失い、ただ境界外のメディアを通して発言できるだけになった。またそのために長年監視と制約を受け、監視のもとに居住し（一九九五年五月―一九九六年一月）、労働矯正教育[5]を受け（一九九六年一〇月―一九九九年一〇月）、現在はまた政権の敵対意識によって被告席に座らされている。だが私はこの私の自由を剥奪した政権に対して変わりなく言おう――二〇年前、私が「六二絶食宣言」[6]において表明した信念、即ち私には敵はいない、私には憎しみはないというこの信念を私は堅く守っているということを。私を監視し、制約し、逮捕し、尋問した全ての警察官、私を起訴した検察官、私に判決を下した裁判官、彼らはみな私の敵ではない。私は不法にも君らの監視、制約、逮捕、起訴、それに判決を受けたが、私は君らの職業と人格を尊重する。その中には今告発者側を代表して私を起訴した二人の検察官・張栄《チャンロン》革《ゴー》と潘雪晴《パンシュエチン》も含まれる。一二月三日、二人の私に対する尋問の間、私は君らの〔私に対する〕尊重と誠意を感じ取ることができた。

憎しみは人の知恵と良知を腐食させ、敵対意識は民族の精神を毒し、生きるか死ぬかの残酷な闘争を扇動し、社会の寛容と人間性を毀損し、国家が自由民主へと歩む進行過程を妨げる。それ故、私は自分が個人的境遇を超越して国家の発展と社会の変化に対処し、最大の善意をもって政権の敵意に向き合い、愛によって恨みを溶かすことができればと希望する。

誰もが知っているように、改革開放は国家の発展と社会の変化をもたらした。私が見るところでは、改革開放は毛沢東《マオツォトン》時代の「階級闘争を要とする」という執政の方針を放棄することから始まり、転じて経済発展と社会の調和に力を注ぐことになった。「闘争哲学」を放棄する過程は次第に敵対意識を弱める過程でもあり、人間としての本性の中にしみこんでいた「階級闘争絶対化の意識」を減少させる過程でもあった。まさにこの過程が改革開放のためにゆとりのある国内外の環境を提供し、人間相互間の敬愛の念を回復させ、異なる利益、異なる価値の平和共存のために柔軟な人間性の土壌を提供した。またこれによって国民が創造力を勢いよく発揮し、他人への心遣いを取り戻すのを励ました。次のようにも言えるだろう、対外では「反帝〔国主義〕、防修〔正主義〕」を放棄し、対内では「階級闘争」を放棄したことは、中国の改革開放が今に至るまで持続してきた基本的前提である。経済が市場化に向かい、文化が多元化へと進み、秩序が次第に法治化したのは、みな「敵対意識」が希薄化したおかげである。例え進歩が最も緩慢な政治の領域でさえ、敵対意識の希薄化によって政権の社会の多元化に対する包容度はますます広がり、異なる政治主張を持つ者に対する迫害の程度も大幅に低下した。89運動に対する規定も「動・暴乱(7)」から「政治的風波」へと改められた。敵対意識の希薄化にともない、政権は次第に人権の普遍性を受け入れるようになり、中国政府は一九九八年、世界に向かって国連の二大国際人権規約に署名するという約束をした。これは中国が普遍的人権の規準を承認するということを示したものである。[8] 二〇〇四年、中国の全国人民代表大会は憲法を改正し、「国家は人権を尊重し、保障する」と初めて憲法に書き入れたが、これは人権がすでに中国の法治の根本原則の一つとなっていることを示している。これと同時に、現政権は「人を以て本となす」、「和諧社会を創建する」と提議したが、これは中共の執政理念の進歩を示している。

これらのマクロ的な面での進歩は、私が逮捕されて以来の自らの経験の中でも感じ取ることが出来た。

私は自分が無罪であり、私に対する告発は違憲であるという考えを堅持する。とはいえ、私が自由を失った一年あまりの間に前後して二カ所の留置所に拘留され、四人の予審の警察官、三人の検察官、二人の裁判官を相手にしたが、彼らは事件処理に当たって、私を尊重しなかったことはなく、規定の時間を超過して取り調べたことはなく、自白を迫ったこともなかった。彼らの態度は平和的、理性的であり、また常に善意を示した。六月二三日、私は在宅監視から北京市公安局第一看守所、いわゆる「北看」〔上の「北京市公安局第一看守所」が正式名称、「北看」は略称〕に移された。北看での半年間に私は監督管理面の進歩に注目した。

一九九六年、私は旧北看〔半歩橋にあった〕で過ごしたことがある。十数年前の半歩橋にあった時の北看と比べると、現在の北看はハードの施設面、ソフトの管理面とも特段の改善が見られた。特に北看で創始された人間味ある管理は、拘留者の権利と人格を尊重するという基本的な方針と管理教導員の全ての言動に柔軟な管理方式となって定着していた。具体的には「心温まる放送」、「教導」雑誌、食事前の音楽、起床と就寝を知らせる音楽などがそうだった。こうした管理方式に拘留者は人間の尊厳と温かみを感じ取り、その影響で彼らは監視室の秩序を維持し、牢名主に反対する自覚を持つようなった。その結果は被拘留者に人間的な生活環境を提供したばかりか、被拘留者の訴訟環境と精神状態も大いに改善された。私と私のいる監視室を主管する劉崢《リュウチョン》管理教導員とは間近で接触していたが、彼の拘留者に対する尊重と関心は管理面の細部にまで具体化され、すべての言動に浸透しており、私に温かみを感じさせた。誠意、正直、責任感そして善良な心を持つ劉管理教導員と知り合えたのは、北看にいた間の私にとって幸運なことだった。

まさにこのような信念と体験に基づいて、私は中国の政治的進歩は停止することはあり得ないと堅く信じており、未来の自由中国の到来について極めて楽観的である。なぜなら、いかなる力も自由を志向する人間的欲求を阻止することはできず、中国は最後には人権を至上とする法治国家に変わるだろうからである。私もこのような進歩がこの案件の審理の中で具現化されることを期待し、合議制法廷の公正な裁決が歴史の検証に耐えうるものであることを期待する。

もし、この二〇年来の最も幸運な経験を語ることが許されるならば、それは私の妻・劉霞《リュウシイア》の無私の愛を得たことである。今日、私の妻は法廷で傍聴することができないが、それでも私は君に言いたい、愛する妻よ、私は君の私に対する愛がこれからも変わらないことを堅く信じている。この長年の間、私の自由のない生活の中で、我々の愛は外部の環境に無理強いされた苦渋に満ちてはいたが、振り返れば我々の愛は変わることなく極まりのないものだった。私は目に見える監獄で服役していたが、君は目に見えない心の監獄の中で私を待っていた。君の愛は監獄の高い壁を越え、鉄窓を通り抜ける陽光であり、私の皮膚をくまなくなでさすり、私の細胞の一つ一つを温めた。私はそのおかげで常に心の平和、のびやかさ、輝きを保つことができ、獄中の一分一秒を意義あるものにすることができた。そして、私の君への愛はすまなさとお詫びの気持ちで一杯で、時にはその思いの重さに打ちひしがれて私の足取りはおぼつかなくなることもある。私は荒野にころがる石ころで（9）、暴風雨が打ち叩くにまかせ、その冷たさに人は触れることをしない。だが、私の愛は堅く、鋭利で、いかなる障害も貫き通すことができる。例え私は粉々に碾かれても、塵となってあなたを抱擁することだろう。

愛する妻よ、君の愛があれば、私は間もなく下される判決に平然として向き合える。私は自分の選択に悔いはなく、楽観的に明日を待っている。私は期待する、私の国家が自由に意見を表明できる場所であり、この国では一人一人の国民の発言が同等に取り扱われることを。私は期待する、この国では、異なる価値、思想、信仰、政治的主張が相互に競争し、また平和裡に共存することを。私は期待する、この国では多数の意見と少数の意見がともに平等の保障を手にし、特に実権者と異なる政治的主張が十分な尊重と保護を手にすることを。私は期待する、この国ではあらゆる政治的主張が白日のもとにさらされ、民衆の選択を受け入れ、一人一人の国民が少しも恐れることなく政治的主張を発表でき、異なる政治的主張を発表したために政治的迫害を受けることが決してないことを。私は期待する、私が中国で綿々として絶えることなく続いてきた文字の獄の最後の被害者であり、これ以後、言論のために罪を得る人が再び出ないことを。意見表明の自由は、人権の基であり、人間性の根源であり、真理の母である。言論の自由を封殺することは、人権を踏みにじり、人間性を窒息させ、真理を抑圧することである。

憲法が賦与した言論の自由の権利を実践するために、一中国国民としての社会的責任を全うするに当たり、私のあらゆる行為は無罪である。たとえこのために糾弾されても恨みはない。

みなさん、ありがとう。

（二〇〇九年一二月二三日／於・北京第一中級人民法院）

訳注

(1)社会活動に携わる知識分子：中国語では「公共知識分子」。積極的に社会活動に参加し、各種の社会問題(政治、経済、民生など)について自己の見解を発表する学者、作家などを指す。現在の中国では名声、影響力があり、特に政府に対する反対意見を表明する人物を指す。

(2)一九八九年四月から六月にかけての、天安門事件にいたる民主化要求運動。

(3)一九八九年六月四日、民主化要求運動の学生たちに対する戒厳部隊の武力弾圧のあった日。

(4)秦城監獄：北京市郊外にある有名な監獄。一九六〇年三月にできた。中国共産党内で「過ちを犯した」高級幹部や政治犯の多くがここに収容されてきた。現在は公安部(省)の管轄下にある。

(5)労働矯正教育：中国語では労動教養。行政処罰の一種で、軽微な違法行為に対して行政機関が身体的自由を拘束できる強制的な教育改造措置。裁判手続きによらず、最長四年間、身体的自由を拘束できるという問題の多い制度である。

(6)一九八九年六月二日、劉暁波ら学生の民主化要求運動に参加していた四人の知識分子(いわゆる絶食四君子)は、行動によって軍事管制に抗議し、新しい政治文化の誕生を呼びかけ、知識人が軟弱な故に犯してきた過失を懺悔するとして絶食に入った。その際、長文の絶食宣言を発表したが、その末尾で四項目からなる基本的スローガンを明らかにした。その第一項では「我々には敵は存在しない。憎しみと暴力で我々の知恵と中国の民主化の進展に毒づいてはならない」と述べている。

(7)一九八九年四月二六日、『人民日報』が「旗幟鮮明に動乱に反対しなければならない」という社説を発表し、中共政権側が当時の民主化要求運動を動乱と規定したことは学生たちの反発を招いた。六月四日の武力弾圧の後には、当局は学生ら民衆の反抗を「反革命暴乱」と規定した。中国公安部(省)が一九八九年六月一二日に公布した「反革命暴乱を弾圧し、社会動乱を制止することに関する通知」では、暴乱と動乱を併記して用いている。

(8)中国は一九九七年に「経済的、社会的及び文化的権利に関する国際規約」(社会権規約、国際人権A規約とも)に署名し、二〇〇一年にこの規約を批准した。一九九八年には「市民的及び政治的権利に関する国際規約」(自由権規約、国際人権B規約とも）に署名したが、まだ批准はしていない。
（9）「石ころ」は中国語では「顽石」。頑固者の意味もある。

私の自己弁護

劉《リュウ》暁《シャオ》波《ボ》
横澤泰夫訳

起訴状（京一分検刑訴［二〇〇九］二四七号）は六編の文章[2]と「08憲章」を列挙し、その中から二三〇字あまりを引用して、それによって私が「刑法」第一〇五条第二項の規定[3]に触れ、「国家政権転覆扇動罪」に抵触しており、刑事責任を追及すべきであると告発した。

「起訴状」が列挙した事実については、私が「（08憲章の発表に際し）三〇〇人あまりの署名を集めたのち」という事実の陳述が不正確であるのを除いて、その他の事実については私には異議がない。六編の文章は私が書いたものであり、私は「08憲章」に参加した。だが、私が集めた署名は七〇人ほどに過ぎず、三〇〇人あまりではない。その他の署名は私が集めたものではない。これをもとに私が罪を犯したと告発していることについては、私は受け入れるわけにはいかない。私が自由を失った一年あまりの時間の中で、予審の警察官、検察官それに裁判官の尋問を受けたが、私は一貫して自分は無罪であるという立場を堅持してきた。現在、私は中国憲法の中の関連規定、国連の人権規約、私の政治改革の主張、歴史の潮流など多方面から自分自身のため無罪であるとの弁護を行うことにする。

一、改革開放がもたらした重要な成果の一つは、国民が人権意識に日増しに覚醒し、人権擁護の運動がそこここに起こり、中国政府が人権に対する観念を進歩させたことである。二〇〇四年、全国人民代表大会は憲法を改正し、「国家は人権を尊重し保障する」という一文を憲法に書き込み、人権の保障がついに法に基づく治国の根本法である憲法の原則となった。国家が尊重し保障しなければならない人権とは、憲法第三五条が規定する国民の権利の諸項目であり、そこに規定された言論の自由は基本的人権の一つである。私の言論が表明した体制側とは異なる政治的主張は、一中国国民が憲法の賦与する言論の自由の権利を行使したものであり、政府の制限とほしいままな剥奪を受けてはならないだけでなく、逆に国家の尊重と法律の保護を受けなければならないものである。それ故、起訴状に書かれた私に対する告発は、私の中国国民としての基本的人権を侵犯し、中国の根本大法に違反し、言論を理由にした処罰の典型例であり、古めかしい文字の獄の現代中国における延伸であり、当然道義的譴責と違憲の追及を受けなければならない。「刑法」第一〇五条第二項にも違憲の嫌いがあり、全国人民代表大会に提出しその合憲性の審査を求めるべきである。

二、「起訴状」は引用した数段の言葉に基づき、「デマ、誹謗などの方式で国家政権の転覆を扇動し、社会主義制度を覆そうとした」と私を告発したが、これはみだりに人に罪を着せようとするものである。なぜなら、「デマ」とは虚偽の情報を捏造し、でっち上げ、他人を中傷することである。「誹謗」とはありもしないことを言って他人の信用と人格をそしることである。この二つに共通して関連しているのは事実の真偽であり、これは他人の名誉と利益に関連している。ところが、私の言論はみな批判的な評論であり、思想的観点の表明であり、価値判断であって事実の判断ではなく、いかなる人に対しても損害をもたらすものではない。それ故、私の言論とデマ、誹謗は全く関係がない。言い換えれば、批判はデマではなく、反対することはまして誹謗などではない。

三、「起訴状」は「08憲章」の数段の言論に基づき私が執政の党[4]を中傷し、「現政権の転覆を扇動しようと企図した」と告発している。この告発は憲章の一部だけを抜き取って論じている嫌いがあり、「08憲章」全体の記述を完全に無視し、私のあらゆる文章が表明している一貫した観点を無視している。

まず「08憲章」が指摘している「人権の災難」はみな現代中国で起こった事実である。「反右派闘争[5]」は誤って五〇万人あまりに右派のレッテルを貼った。「大躍進運動[6]」は多数の非自然な死亡者を作り出した。「文化大革命」は国家の大災害を作り出した。「六四[7]」は殺人事件であり、多くの人が死に、多くの人が投獄された。これらは世人が広く認める「人権の災難」であり、中国の発展に対し確実に危機をもたらし、中華民族自体の発展を束縛し、人類文明の進歩を制約した。一党が執政を独占する特権を取り消すという主張は、人民に政権を返還する改革を行い、最終的に「民有、民治、民享[8]」の自由国家を打ち立てることを執政の党に要求したに過ぎない。

次に「08憲章」が丁重に説明した価値と提議した政治改革の主張について言えば、その長期的な目標は自由民主の連邦共和国を実現することで、その改革の措置は一九項目である[9]。その改革の方式は漸進的平和の方式である。これは現行の跛行的改革に種々の弊害を感じるからであり、執政の党が跛行から二本足に変わること、即ち政治と経済が歩調を揃えて進む均衡ある改革を要求しているのである。それは民間の観点から官の側に働きかけてできるだけ早く政権を人民に返還する改革を始動させ、下から上への民間の圧力が政府による上から下への政治改革の実行を促し、その結果、官民が相互に影響を及ぼす良好な協力関係を形成し、百年間に及ぶ国民の憲政への渇望をできるだけ早く実現することにある。

さらに、一九八九年から二〇〇九年までの二〇年間に私が表明した中国の政治改革の観点は、一貫して漸進、平和、秩序、統制というものである。私は一気に目的を達成するという過激な改革に一貫して反対し、それ以上に暴力革命に反対してきた。このような漸進的な改革の主張は、私の「社会を変革することによって政権を変革する」という文章の中に明確に述べられている。その中身は民間の権利意識の覚醒、民間の権利擁護の広がり、民間の自主性の向上、民間社会の発展などに努めることによって、下から上への圧力を形成し、上から下への官の側の改革を推進するということである。事実上、中国三〇年の改革の実践では、制度の新機軸をともなう改革の措置が登場し実施されたが、その改革を突き動かす最も根本的な力はその都度民間の自発的な改革からもたらされた。民間の改革に対する共通の認識が生まれその影響が次第に拡大するにつれ、官側もそれに押されて民間の新機軸の試みを受け入れざるを得なくなった。こうして、下からの改革が上から下へという改革に変わったのである。

総じて、前進、平和、秩序、統制、下から上へと上から下への相互の影響が私の中国の政治改革に関するキーワードである。なぜかと言えば、この方式は代価が最小で効果は最大だからだ。私は政治変革の基本的常識を知っている。秩序があり、統制のとれた社会の変革は間違いなく無秩序、無統制の変革より優れている。悪い政府の統治下の秩序は無政府の天下大乱よりましである。それ故、私が独裁化あるいは独占化した執政の方式に反対するのは決して「現政権の転覆を扇動する」ことではない。言い換えれば、反対は決して転覆と同じではない。

四、中国には「あまり自信たっぷりでは損を招くことになり、控えめの方が却って得をする」という古くから言い伝えられてきた訓戒があり、ヨーロッパのことわざにも「身の程知らずは必ず天の譴責に遭う」という箴言がある。私は自分の限界を知っており、それ故、私は私が公にした言論が完全無欠とか完全に正確であることはあり得ないということを知っている。特に私の時評の類の文章には厳密でない論証、情緒化した感情の吐露、誤った意見の表明、一部を捉えて全体と見なした結論などが存在していることは免れがたい。だが、これらの限界を含んだ言論は犯罪とは少しも関係がなく、処罰の根拠とすることはできない。なぜなら、言論の自由の権利には正しい観点を発表する権利が含まれるだけでなく、誤った言論を発表する権利も含まれるからである。正しい言論と多数意見は保護されなければならない。正しくない言論と少数意見も同様に権利を保護されなければならない。まさに、私は君の観点に不賛成だったり反対だったりすることは許されるが、私は君が異なる観点を公に表明する権利は断固として守る、例え君が表明した観点が間違ったものであっても、という通りである。これこそが言論の自由の精髄である。これについては、中国古代の伝統の中にも権威ある概括がある。私はこの概括を二四字の箴言と称している。それは「知っていることは何でも言い、言うことは残さず言う」、「言う方に罪はなく、それを聞く方が戒めとすればよい」、「誤りがあれば改め、なければ更に努力する」、これである。まさにこの二四字の箴言が言論の自由の要義を述べているため、代々の中国人はこれに聞き慣れていて詳しく説明することができ、今に至るまで広く世に伝わっているのだ。私はこの中で「言う方に罪はなく、それを聞く方が戒めとすればよい」という言葉は、現代の国民が批判的意見に対処する際の座右の銘にするのにふさわしく、それ以上に実権者が異なる政治的主張に対処する際の戒めとすべきものだと考える。

五、私は無罪である。なぜなら私に対する告発は国際社会公認の人権の準則に従っていないからである。早くも一九四八年、中国は国連安保理の常任理事国として「世界人権宣言」の起草に参加した。五〇年後の一九九八年、中国政府はまた国際社会に対し国連が制定した二大国際人権規約に署名するという厳粛な約束をした。そのうち「市民的及び政治的権利に関する国際規約」は言論の自由を最も基本的な普遍的人権としており、各国政府はこれを尊重し保障しなければならないと要求している。中国は国連安保理の常任理事国として、また国連人権理事会のメンバーとして国連が制定した人権規約を遵守する義務があり、自己の約束を実行する責任があり、また国連が公布した人権保障の条項を模範的に執行すべきである。こういうわけで、中国政府は本国国民の人権を適切に保障し、国際的な人権事業を推進するため自己の果たすべき貢献をしてこそ大国としての文明的風格を誇示することができる。

遺憾なことに、中国政府は自己の義務と自己の約束を全く履行、実行しておらず、また紙上の保証を現実の行動に具体化しておらず、憲法はあっても憲政は無く、約束はしても実行しない。このような態度は中国政府が国際社会の批判に対処する際の常態となっている。現在の私に対する告発はその最新の例証である。このように言論を理由に罪に処することは、明らかに中国の安保理常任理事国、人権理事会のメンバーとしての地位にもとるものであり、中国の政治的イメージと国家の利益を損なっている。これでは政治的に文明世界から信用されるわけがない。

六、中国であろうと世界であろうと、古代であろうと近現代であろうと、言論を理由に罪に処するという文字の獄は反人道、反人権の行為であり、大局の赴き人心が向かう時代の潮流にもとるものである。中国の歴史を回顧すれば、例え一家が天下を独り占めしていた帝政時代に、秦から清まで文字の獄が盛んに行われていたとは言え、それは従来のどの政権にとっても執政の汚点であり、また中華民族の恥でもあった。秦の始皇帝は中国の統一に功があったが、その「焚書坑儒」の暴政は悪名を長く後世に残した。漢の武帝には優れた才智と方策があったが、太史公司馬遷を去勢したことはいやというほど非難を受けた。清朝には「康熙・乾隆の盛世」があったが、その間の頻繁な文字の獄は後世に悪名を残すことになった。逆に前漢の文帝は二千年あまり前、言論を理由に罪に処する「誣謗罪」を廃棄し、これによって開朝仁君の美名を博し、彼の治世は「文景の治」[11]として歴代あがめられてきた。

現代中国になり、中国共産党が弱から強に変じ、最終的に国民党に戦勝した所以は、根本的にはその「独裁に反対し、自由を争う」という道義の力によるものだった。一九四九年以前、中共の『新華日報』と『解放日報』はしきりに文章を発表して蔣（介石）家政権の言論の自由に対する圧制を攻撃し、言論によって罪を得た有識者のために大いに論陣を張った。毛沢東ら中共の指導者もしばしば言論の自由と基本的人権に論及した。だが、一九四九年以後、反右派闘争から文化大革命に至るまで、林昭[12]が銃殺され、張志新[13]が喉を掻き切られ、毛沢東時代には言論の自由は全く消え失せ、この国は人々の発言が全く聞かれず寂として静まりかえるという状況に陥った。改革以来、執政の党は文化大革命中の誤りを改め正しい道理に戻す政策をとり、異なる政治的主張に対する容認度は大きく高まり、社会の言論の場は不断に拡大し、文字の獄は大幅に減少した。だが、言論を理由に罪に処するという伝統は決して完全に絶滅したわけではなかった。四・五[14]から六・四まで、民主の壁[15]から08憲章まで、言論を理由に罪に処するという事案がしばしば起こった。私が今回罪を得たのは直近の文字の獄であるに過ぎない。

二十一世紀の今日、言論の自由はとっくに多数の国民の共通認識になっており、ましてや文字の獄は大衆の指弾するところとなっている。客観的な効果から見て、人民の口を防ぐことは川の流れを防ぐよりも困難であり、監獄の高い壁は自由の表明を閉じ込めることができない。政権は自分と異なる政治的主張を押さえることによって合法性を確立することは不可能であり、文字の獄によって長期的な安定を達成することも不可能だ。なぜなら、ペンの問題はただペンに訴えることによってのみ解決できるのであり、一旦銃を用いてペンの問題を解決しようとすれば、それは人権の災難を作り出すだけだ。制度的に文字の獄を根絶することによってのみ、憲法が規定している言論の自由の権利は初めて一人一人の国民に根付くことになる。国民の言論の自由の権利が制度化され現実の保証を得た時にのみ、文字の獄は中国の大地から絶滅することになるだろう。

言論を理由に罪に処するというのは、中国の憲法が確立した人権の原則に合致せず、国連が公布した国際人権規約に違反し、普遍的な道義と歴史の潮流に反する。私は、私が自分のために行った無罪の弁護が法廷に受け入れられ、それによって本件の判決が中国の法治史上の先駆けとなる意義を持ち、中国憲法の人権条項と国際人権規約の審査に耐え、また道義的追及と歴史的検証に耐えうるものとなることを希望する。

みなさん、ありがとう。

（二〇〇九年一二月二三日／於・北京第一中級人民法院）

訳　注

（1）「私の自己弁護」と「私には敵はいない——私の最終弁論」は二〇〇九年一二月二三日、劉暁波が法廷で読み上げるはずだったが、裁判官が時間制限を課したため、読み終えることができなかった。この二編の弁論の全文は二〇一〇年一月、弁護士によりネット上で公表された。

(2)起訴状によれば、この六編の文章は二〇〇五年以来、劉暁波が中国本土外のネットで発表した「中共的獨裁愛國主義」、「難道中國人只配接受黨主民主」、「通過改變社會來改變政權」、「多面的中共獨裁」、「獨裁崛起對世界民主化的負面效應」、「對黑窯童奴案的繼續追問」である。

(3)刑法第一〇五条第二項：「デマ、誹謗或いはその他の方式で国家政権の転覆を扇動し、社会主義制度を覆そうとする者は、五年以下の有期懲役、拘禁の上での労役、要監視、或いは政治的権利の剥奪に処する。首謀者或いは犯罪行為の重大な者は五年以上の有期懲役に処する。」

(4)執政の党とは中国共産党（略称・中共）を指す。

(5)反右派闘争：毛沢東の主導下に中国共産党が一九五七年から五八年前半にかけて展開した「ブルジョア右派」に対する闘争。民主諸党派の指導者、知識人、学生、一部共産党員らが中共の指導と独裁に反対したとして弾劾され、右派に認定され迫害を受けた者はおよそ五五万人にのぼったとされる。

(6)大躍進運動：毛沢東の主導で一九五八年から六〇年にかけて展開された急激な増産と急進的な理想社会の建設を目指した運動。公式には経済力が一五年でイギリスに追いつき追い越すことが目標とされた。農村の人民公社化運動、伝統的な技術（土法）による製鉄運動などが象徴的な政策である。経済法則を無視した政策に加えて自然災害にも見舞われ、農村を中心に二〇〇〇万人以上、一説には四〇〇〇万人あるいはそれ以上の餓死者が出たとされる。

(7)一九八九年六月四日の学生らによる民主化要求運動に対する武力弾圧。天安門事件。

(8)アメリカの第一六代大統領・リンカーンが一八六三年一一月一九日、南北戦争の激戦地ゲティスバーグで行った演説の中で述べた「人民の、人民による、人民のための」という名句の中国語訳。

(9)「08憲章」では、「我々の基本的主張」として一九項目の具体的な主張を示している。

(10)この二四字は中国語では「知無不言、言無不盡」「言者無罪、聞者足戒」「有則改之、無則加勉」となる。

(11)文景の治：前漢の文帝（在位、前一八〇—前一五七）と次代の景帝（在位、前一五七—前一四一）による統治。

この二人の帝王は農業の振興をはかり、軍事行動を抑制するなどの施策で民力の休養を図り、三〇年間の無上の太平の時代をもたらし漢帝国の基礎を築いた。これにより、文帝は名君と敬われた。

(12)林昭（一九三二―一九六八）：北京大学学生だった一九五七年、反右派闘争の最中に中国共産党を批判する学生の壁新聞を支持したため右派とされ、のち「人民民主専制転覆陰謀罪、反革命罪」で一九六〇年から上海の監獄に投獄された。一九六八年四月二九日、上海で秘密裏に銃殺された。

(13)張志新（一九三〇―一九七五）：中共党員。もと中共遼寧省委宣伝部の事務責任者。文化大革命の中で次第に運動のやり方に疑念を抱くようになり、林彪、江青らを批判するようになった。一九六八年九月、「現行反革命罪」で逮捕され、獄中で残酷な迫害を受け続けた。一九七五年四月、死刑判決を受け、同月四日の死刑執行前には江青グループに対する批判の口を封じるためとして喉笛を切られた。

(14)四・五：四・五運動、第一次天安門事件とも。一九七六年四月、同年一月に死去した周恩来首相の追悼を理由に、多数の大衆が天安門広場に集まり、文化大革命を牛耳っていた毛沢東夫人の江青ら「四人組」をなかば公然と批判した運動。四月五日の清明節が運動のピークとなったことから四・五運動と呼ばれる。この事件の黒幕とされた鄧小平は文革中二度目の失脚をした。

(15)民主の壁：一九七八年秋から翌年春にかけて、中国では北京の春と呼ばれる民主化要求運動が起こった。北京市の繁華街・西単の長さ三〇〇メートル、高さ三メートルほどの壁には民主化を要求する壁新聞が次々に張り出され、この壁は民主の壁と呼ばれるようになった。この運動は一九七九年三月末、当局によって弾圧され、魏京生ら活動家は相次いで逮捕された。

劉暁波氏との最後の会見

麻生晴一郎

拘束の二カ月前

劉暁波氏が拘束されたのは〇八年一二月八日。ぼくはその二カ月前、北京市内・航天橋近くの四川料理店で彼と会ったのが最後だった。自宅前には警官が張り付いており、事実上の軟禁状態に置かれていたそうだが、彼は警官を怖れず、「今の政権は現状維持をするだけで精一杯。自分たちを守るために規制を強くする以外に何もできません」と語り、尾行の刑事がいた可能性が大きかったにもかかわらず、周囲の席からも聴き取れるようなはっきりとした口調で現政権を批判した。

〇八年一〇月と言えば北京オリンピックが終わってまもない頃で、言論や社会活動への締め付けが厳しくなるかどうかも含めて、今後の方向性がはっきりしない時期に思えたが、劉氏には政府の動向が明白だったのだろう。記憶にあるやりとりを以下に記す。

麻生……メラミン入り毒ミルク事件など、政府は被害者を助けるために無償で訴訟を行なう弁護士に圧力を加えるなど、事件の解決を望んでいるようには見えません。

劉氏……今の中国政府の指導体制ではいかなる問題も解決できません。四川大地震など大きな出来事があっても解決困難な問題は下に責任転嫁をするだけです。オリンピックで中国は大きく変わるのではないかと期待されましたが、結局それほどは変わらなかったのです。

麻生……オリンピックはご覧になりましたか？

劉氏……若手の警官が「開会式を見ましたか？　すごかったでしょ！」と尋ねてきたから「開会式の派手な演出を見て文化大革命時代を思い出した。あの時代ならもっとすばらしい開会式になったのではないか」と言いました。

麻生……今の政府には何一つ期待できないのでしょうか？

劉氏……経済成長ぐらいしか期待できない政権です。ただ、経済成長も今や不動産価格が高水準になってしまい、昨年（〇七年）あたりまでの段階で住宅を買えなかった人はもはやこれからも住宅を買うことは難しいのです。一般庶民の生活は経済成長率のようには向上していません。

麻生……日本に対してはどのように見ていますか？

劉氏……私が日本に期待するのは、日本政府がもっと中国の民主化や人権状況に関心を持って、中国政府の人権軽視の姿勢を批判してほしいということです。

おそらく覚悟はできていた

劉氏はその後、08憲章の主謀者とみなされて拘束・逮捕されたが、少なくとも一〇月初旬の段階では08憲章はでき上がっていたと見るべきだ。だが、一〇月に会った時には話題に出なかった。08憲章の存在はごく親しい関係者ですら直前まで知らなかったのであり、あえて語らなかったととらえるべきであろう。ただし、同じ席で、彼は現政権を批判しながら「知識人がもっと批判をすべきでした」「他の作家たちにブログの開設をすすめています。ブログを作って大いに語ることです」とも言った。日ごろ彼らの文章を国内で閲覧することはきわめて難しいが、それでも劉氏はなんとか大勢の目に届くように努力をしており、その上で批判の声をさらに大きくしなければいけないと強く自覚していたのだろう。今から振り返ると、劉さんの心の中ではすでに獄中に入る覚悟ができていたように思う。

劉暁波——われわれの問題としての

——『天安門事件から「08憲章」へ』を再読する——

子安宣邦

六四問題をいかに解決するかは、中国が平和裡に民主国家に転換できるかどうか、という巨大な公共の利益に直接関係している。

（劉暁波「転換期の正義——変革に暴力革命は必要ない」）

劉《リュウ》暁《シャオ》波《ボ》問題と日本のメディア

劉暁波の名を私は早くから知っていたわけではない。二〇〇八年一二月九日のいわゆる「08憲章」公表の報道のなかで私は彼を知ったのである。いま私は「報道」といったが、それはマス・メディアの報道によるのではない。たしかに私が「08憲章」を知ったのは、ＮＨＫのテレビ・ニュースによってであった。だがその詳細を知ろうとその後のテレビや新聞の報道を追いかけたが、それは無駄であった。テレビや新聞のどこにもその詳報はなかった。私はやむなく日本に滞在する中国の友人たちにメールで訊ねた。すぐに劉燕子さん(1)から事件の推移とともに、ネット上で「08憲章」を含む多くの情報を見うることを教えられた。こうして「08憲章」の日本語訳とともに、その起草にかかわった劉暁波が前日の八日にすでに拘留されたという事実をも知ったのである。私が劉暁波の名を知ったのはこうしてである。

しかし劉暁波とは誰なのか。私はふたたびネット上に彼を尋ねていった。それに答えてくれたのが集広舎(2)のサイトに載る及川淳子さんのすぐれた記事であった。それは「中国知識人群像」の第一回として劉暁波をとりあげたものであった。それによって劉暁波という人物の輪郭をやっと私はとらえることができたのである。ところで劉暁波を知るにいたった経緯をこのように書くのは、これがしかるべき人物や事件を私が知るにいたる今までの経緯とは異なるからである。私は既存のメディアによってではなく、インターネットやウェブサイトによって「08憲章」や劉暁波を知ったのである。私はそのようにして知りえた情報を、今度は自分のウェブサイトを通して伝えていった。

中国における一党支配的政治体制の民主的変革を求める「08憲章」はネット上に発表され、その支持署名もまた同じくネット上で集められていった。当局による規制、削除という干渉にもかかわらず、実名による支持署名はふえ続けていったのである。これは新聞・放送などマス・メディアによる情報が官許の体制的情報としてのみある中国社会にあって、体制批判的な言論がみずからの権利としてとる運動の形態である。劉暁波が中国の未来は民間にありというとき、もっとも有力な民間的力として考えられているのもインターネットによる民間の自立的な声の連帯であり、批判的民意の形成である(3)。しかし私がいま問題にするのは国家による言論的統制のない日本における情報伝達のあり方である。「08憲章」と劉暁波とは日本のマス・メディアの、反中国的なネガティブ・キャンペーンを張り続けている一部の報道機関を除いて、積極的な報道的関心のなかにはなかったといっていい。ノーベル平和賞授賞の以前、マス・メディアの報道の中に劉暁波の名を見出しえたのは、注意深い追跡者だけであったであろう。私は劉暁波についても、「08憲章」についてもインターネットによって情報を集めざるをえなかったのである。

このことは自由な言論報道の権利をもつはずの日本の既成の報道機関における報道のあり方を考えさせた。私は現代中国の政治問題をめぐる報道には〈自主規制〉があるのではないかと、さきの「天安門事件と08憲章を考える」緊急集会で発言した。[4] その集会に参加していた『朝日新聞』の記者は、社内にそのような規制はないと答えた。〈自主規制〉というべきような規制はないというのは、その記者のいう通りかもしれない。だがその報道のあり方が直ちに日中国家間の緊張なり、反日デモを招きかねない中国問題について、高度の配慮をもって報道がなされていると考えるのは当然だろう。私はこの配慮によって「08憲章」と劉暁波の問題についての報道は抑制されていたと考えるのである。この抑制は大きなメディアでなされただけではない。戦後日本の革新派の言説をリードしてきた総合誌『世界』でもなされてきた抑制である。だがそこでなされているのは対外的配慮からくる抑制というよりは、むしろイデオロギー的な意味をもった無視ではないかと思われる。[5] この抑制あるいは無視は、日本の戦後革新派とみなされてきた中国研究者たちにおける劉暁波問題に対する反感的沈黙と深く関連する。劉暁波問題は、日本の中国研究者における現代中国認識そのものの批判的再検討の問題をも提起するのである。

劉暁波のノーベル平和賞の受賞は、このマス・メディアにおける報道の抑制を一気に取り払ったかのように見える。たしかにノーベル賞の授賞は大きな意味をもった。この授賞を否定し、批判し、劉暁波の家族をはじめ関係者をも拘留し、隔離し、国民に対して授賞の事実を隠蔽するだけではなく、対外的にも圧力をかけてこの問題の湮滅をはかる中国政府の異常を世界中に知らしめたのである。そして多くの人びとに、この異常な中国政府の対応の背後にある中国の国家と社会の事態とは何かを考えさせていったのである。たしかに一部の報道機関は中国社会内部に生じつつある変動を報じ始めている。だが、気を付けねばならない。すでに多くの識者がいうように、ノーベル賞授賞はさし当たって中国政府に国内の言論統制をいっそう強めさせるだろうし、この問題についての対外的な圧力をも強めさせるだろう。そして中国からの圧力にきわめて敏感な日本が、劉暁波も、「08憲章」もどこかに置き忘れてしまうのも時間の問題かもしれないのだ。

劉暁波や「08憲章」の報道が抑制されていた時期に、われわれは『天安門事件から「08憲章」へ』（藤原書店、二〇〇九年）を刊行した。では上に記したようなノーベル賞授賞以後のこの時期に、劉暁波のために二〇〇九年一二月にあの書を刊行したわれわれに課せられていることとは何か。それは劉暁波をわれわれ自身の問題としていくことである。われわれ自身の問題とは、既成のマス・メディアの一時的流行の話題や商業主義的な出版企画としてではなく、われわれ民間の自立的市民の問題としていくことである。未来の希望は民間にあるとは劉暁波がわれわれに向けて発している大事なメッセージではないか。それは中国の未来の希望をいうだけではない。日本の未来の希望をもいうのである。

「文革」あるいは高行健と劉暁波

劉暁波がノーベル平和賞を受賞した一〇月八日に先立つ時期、九月二六日から国際ペンクラブ東京大会が開かれた。二〇〇九年末、北京の人民法院が劉暁波に一一年の実刑判決を言い渡した時、日本でいち早く「即時釈放を求める」声明を出したのは日本ペンクラブであった。私は早稲田の集会でこの声明は、「この問題に対してほとんど反応することのない日本の言論人からの抗議として貴重であるといえます。だがこの抗議声明が国際ペンクラブの要請によるものであったのか、それとも日本ペンクラブの自主的な行動としての声明であったのか、私には分かりません」といった。やはりあの日本ペンクラブの声明は自主的なものではなかった。劉暁波のための会を東京大会のプログラムに組み入れることを日本ペンクラブは拒んだのである。その結果、「劉暁波はなにをしたか——中国の獄中作家について考える夕べ」（独立中文ペンクラブ、アムネスティ・インターナショナル日本共催）は国際ペンクラブ東京大会の公式プログラム外の催しとして開会前夜、早稲田奉仕園で開かれたのである。この催しには一八ヶ国の作家たちが参加したが、日本の作家は一人も出席しなかったという。しかしここで私が国際ペンクラブ東京大会をめぐって書き始めたのは、いまさらながら日本作家たちの政治的痴呆を嘆くためではない。この東京大会の講演者として来日したノーベル賞作家高行健《ガオシンジェン》に触れるためである。

二〇〇〇年にノーベル文学賞を受賞した高行健についても私はさして関心をもつことはなかった。受賞ニュース以上に彼を知ることはなかったのである。一〇月七日の『朝日新聞』に掲載された大きなインタビュー記事によって、私はあらためてその存在に気づかされた。そこでは、「中国の民主化運動が武力で制圧された天安門事件から二一年。今も故国を遠く離れ、世界各地で亡命の道を歩む」作家・芸術家たちの一人として高行健は紹介されていた。しかし劉暁波の受賞を間近にしたこの時期に私が高行健を知るというのは奇縁というよりは、むしろ何か運命的な必然性を感じた。私は劉暁波の受賞後、すぐに高行健の「文革」体験を基底にした自伝的小説『ある男の聖書』(6)を読んでいったのである。それは重い小説であった。亡命とは「文革」を辛うじて生き延びえた彼の姿であった。「私の職場でも十数人が飛び降り自殺しました」と高行健はあのインタビュー記事でも語っていた。

「おまえがさがし求めていた正義は、その男自身なのだ。おまえはその男のために殺し合い、その男のスローガンを叫ぶことを余儀なくされた。……おまえは改造され、記憶を拭い去り、頭脳を喪失して、その男の信徒となった。信じられないことを信じ、男の手先、男の走狗となった。その男のために犠牲となり、用済みとなれば男の祭壇に置かれ、男の副葬品として焼かれてしまう。」(『ある男の聖書』二〇章)

これが「文革」であった。だが高行健がえがく「文革」という神聖的権力とテロと大衆動員など全体主義的政治運動の特性をすべて備えた動乱の体験を、われわれもそれぞれの歴史的体験の中にもたなかっただろうか。それは天皇制的全体主義とも、スターリン主義的全体主義とも重なるものではないのか。私は『ある男の聖書』を読みながら、「文革」とは二十世紀全体主義の最後の、そしてもっとも凄惨な形での発現ではなかったかと思った。「文革」を全体主義的政治動乱と見ることは、それを中国的特殊性をもちながら、同時に二十世紀現代史における一つの全体主義的動乱として、それぞれの全体主義的歴史体験をふまえて見ることを可能にするだろう。「文革」こそが、全体主義的中国の根本的政治変革、すなわち民主化を要請する民族的悲惨の歴史的体験であった。

一九四〇年生まれの高行健は六六年に始まる文化大革命を二十代の全過程で体験したことになる。一方、一九五五年生まれの劉暁波は十代で文化大革命を体験するのである。彼は文革時に紅小兵として活躍したという(7)。だが二十代でこれを体験するか、十代で体験するかによって、「文革」が彼らに残した意味はまったく違ってくる。高行健にとって「文革」とは自らの記憶を葬り、己れの頭脳を捨て去って辛うじて保ちえた生であったであろう。それが亡命作家としての高行健の現在である。だが十代の劉暁波にとって「文革」とは、彼らの眼前に展開された高行健ら知識人あるいは知識青年たちの欺瞞と迎合と逃亡の惨めな転向劇であったかもしれないのだ。

中国知識人批判

「文革」後の劉暁波の批判は、あの暴政を許した中国社会の〈弱者〉にほかならなかった知識人に向けられた。〈弱者〉とは権力者に屈服し、その専制を許す土壌となり、支配のために懐柔され、手足として使われるドレイでもある。劉暁波は中国の民衆を弱者というが、それは生活的弱者としていうのではない。権力への抵抗力も、抵抗する意志をもたないドレイ性をもって弱者というのである。魯迅は中国のドレイ的民衆に対して「その不幸を悲しみ、その争わざるを怒る(8)」といった。劉暁波は現代中国において民衆の「不幸を悲しむ」よりは、「その争わざるを怒る」意義の方がはるかに大きいという。[9] 彼は「軟弱にして愚昧な中国の民衆」という言い方をする。「文革」後の劉暁波を支配しているのはニーチェ的な強者・弱者の言語である。だがこの強者・弱者の言語とは、中国における専制的支配の歴史全体に向けられた怒りの言語でもある。「とりわけ中国においては、弱者が多いことで専制主義が勝手放題をする絶好の土壌となっている。まさに人びとのあまりの軟弱さこそが、専制、暴政を強大ならしめたのである。軟弱は中国の専制主義をかくも放縦専横にした重要な原因のひとつである」と劉暁波はいうのである。

毛沢東に煽動された民衆的造反としての「文革」は、知識人をその系譜的由来に遡って否定していった。[10] 劉暁波は毛沢東の人民主義的革命のイデオロギーを定式化してこういっている。「無知を栄誉とし、無知を革命の前提条件とし、知識があることが恥であって反革命の前提条件であるとするなら、必然的に法律と道徳がいかなるものかをまったく理解しない無知の民衆の造反の熱情を煽動し、人類の知識と文化にたいする彼らの狂気じみた仇恨を煽動することになる」と。たしかに「文革」はそのように遂行された。専制的権威とそれに煽動された造反的民衆との間にあって知識人は自らを否定し、壊体させていったのである。一〇年の内乱という「文革」が終わったとき、自らを壊体させた知識人は今度は受難者として復権していった。だが復権していった知識人たちは、専制的権力に屈服し、迎合し、あるいは逃避した己れをどう考えたのか。

「彼らは中国の知識人と専制主義制度との関係を厳粛に考察しなかった。まして自分の軟弱さと愚昧と権力だけに追従する奴隷的人格を認めることはなかった。それとは反対に、彼らは一方では苦しみを訴え、一方では大いなる救いの星を頌えると同時に、自分を美化した。」

これはきびしい言葉である。何がきびしいのか。劉暁波の知識人批判は中国の長い文化伝統における専制的権力への迎合的軟弱者であった知識人への歴史的批判だからである。

「この数千年『柔をもって剛に克つ』『無為にして治まる』を重んじてきた文化伝統の中国は、いたるところ弱者だらけである。まさにこうした『柔弱なること水の如し』の文化が、強者を抑圧して弱者に迎合するという中国の知識人の人格をつくりだしたのである。」

「数千年来、中国の独裁者たちの神格化はすべて知識人の仕業であり、無知な一般庶民は社会輿論に左右され、ただ文化人たちの独裁者にたいする神格化に従ってきたにすぎない。」

劉暁波は「文革」の終結後、知識人たちが受難者面して復権していくのを許さなかった。毛沢東にいたる中国の全歴史を通じての専制的支配者とは、迎合的な軟弱者であり続けた中国知識人が作り出したものだと、彼は知識人の自己批判としていうのである。ここには中国知識人としてなされたはじめての徹底した自己批判がある(11)。

劉暁波は一九八九年の民主化運動が大きく始まろうとするとき、批判的強者として自立する知識人を己れにも人びとにも求めていた。「ただ自分の知識をもって社会全体と対話し、しかも自分の知識によって社会の進歩をリードし、不合理な社会現象、とりわけ政治上の不正を糾弾し、それによって社会正義を守る」知識人であることを。この自立的知識人であろうとすることは、知識人にドレイ的屈従を強いる専制的政体と対立せざるをえない。それゆえ自立的知識人であることは、民主的政体のための闘争とならざるをえないのである。[12]

一九八九年の四月下旬、劉暁波は天安門広場を埋める学生たちの戦列に加わるためにニューヨークを離れて帰国した。そのとき彼はここそが自立的知識人であることを実証する戦いの場であるとみなしていたであろう。だが彼のこの決意は中国の知識人の歴史においていかに画期的な意味をもとうとも、そこには知識人の知識人のための戦いという独善のにおいが止めがたくある。[13] それはニーチェの高貴なる強者がもつ独善性でもあるだろう。彼の言葉はまだ人びとの魂にまで届く力をもつものではない。だがやがて来る天安門の悲劇と挫折とが劉暁波の言葉を重く作りかえていく。

天安門事件の真相

一九八九年六月四日の早暁、天安門広場で迫りくる凄惨な事態を回避するために劉暁波らは懸命に学生たちの説得に当たった。ここで撤退することは、権力による武力的制圧に対する学生・市民による平和的民主の要求が正しいことを証明するものであると。学生たちはその説得にしたがって夜の明けようとする五時すぎに広場を撤退した。戒厳部隊による武力的鎮圧は前夜の午後一一時すぎから始まっていた。大勢の兵士やトラックが東西から天安門広場に向かって進軍を始めたのである。兵士たちは完全武装していた。大勢長安街をふさいで行く手を阻もうとした大勢の市民や学生に向かって、兵士たちの銃が火を噴いたのである。人民解放軍が人民に向かって射撃するという衝撃的な武力鎮圧が始まったのだ。戒厳部隊が天安門広場を武力をもって包囲していく過程で学生・市民の側に多くの犠牲者が生じた。戒厳部隊の武力的包囲がなされる中で、迫り来る殺戮と時を争うようにして劉暁波らの説得がなされた。そして撤退を決意した学生たちは列を組んで広場を後にした。「広場の外での惨事に比べれば、広場の少なくとも記念碑周辺では、結果として流血はなかった」と、その時に広場に居合わせた日本人記者はいう。

私はいま六月四日に天安門広場で起こった事件の経過を、事件当時の報道を修正する朝日新聞の永持記者による「天安門事件を再現する」[14]によって書いている。永持記者は六月四日のその時に天安門広場の現場に居合わせたごく少ない記者の一人である。彼は「広場の少なくとも記念碑周辺では、結果として流血はなかった」と証言するのである。その証言が二〇年後のこの時期に、劉暁波のノーベル平和賞受賞の記事とともに『AERA』になぜ掲載されたのか、その理由はわからない。しかしこの証言をえた以上、私がさきに『天安門事件と「08憲章」へ』の序文中に朝日・読売・毎日三紙の記事によって書いた天安門広場における虐殺をめぐる文章[15]は、最初に記した事件の経過のように訂正せざるをえない。そしてこの訂正の上に私は事件の犠牲者たちを背負い続ける劉暁波の行為の重い意味をあらためて確認しなければならないだろう。

天安門事件における虐殺の問題を考えるに当たって、われわれはもう一度劉暁波の文章を読まねばならない。彼は香港の親中国共産党系の政党民建連の主席である馬力《マァリィ》の発言に反論していっている。馬力は広場から撤退を可能にしたことをもって、戒厳部隊による鎮圧は故意の「都市住民の虐殺」をともなうものではないといおうとした。それに対して劉は、こう反論しているのである。

「六四の夜、天安門広場にまだ残っていた四〇〇〇人の学生の生命は、自発的な撤退と引き換えたものである。なぜなら、我々との交渉に顔を出した広場の鎮圧指揮官・季星国《ジィシングォ》大佐は、『戒厳部隊が受けたのは絶対の命令で、空が明るくなる前に一切の代価を惜しまず鎮圧する。もし、学生たちが自発的に撤退するのでないなら、結果として、大量の学生が必ず鎮圧部隊の銃口と戦車のキャタピラーの下で死ぬことになる』と非常に明確に話した。」(「これは「住民虐殺」である」『天安門事件から「08憲章」へ』)

ここに明らかなのは戒厳部隊における虐殺をもためらわない武力制圧の決意である。広場からの学生の撤退が、戒厳部隊の武力制圧の決意と実行とを打ち消すことにはならない。事実、天安門広場の包囲の過程で戒厳部隊の武力は学生・市民に向かって行使されたのである。そして撤退する学生たちを追いかけるようにして西単付近で戦車が学生の隊列に突入し、そのキャタピラーで避けきれない学生たちを引き殺した事実をも劉暁波はあげている。戒厳部隊はたしかに学生・市民たちを虐殺したのである。広場からの学生たちの撤退が、戒厳部隊による人民虐殺の事実を否定するものでは決してない。

天安門事件における虐殺の真相は当局によって隠された。虐殺の真相を知るものは殺したものか、殺されたものである。殺したものはこの事実を隠蔽し、あるいは否定する。殺されたものには虐殺を証言する口も声もない。虐殺者は犠牲者の遺体をも抹消してしまったのである。ではだれがこの真相を明らかにするのか。それを明らかにするのは、殺されたものの母たち、すなわち「天安門の母たち」である。彼女たちは、困難な、人身の危険がいっぱいの情況の下で「六四」の受難者の名簿や証言を集めていった。二〇〇三年に受難者家族のグループは、第一〇期全国人民代表大会の全代表に公開状を出した[16]。それにはこう書かれている。

「二〇〇三年二月までに、我々は虐殺事件の殉難者一八二人、身体障害を受けた者七一人を探し当てた。長い間の探訪活動の中で、我々は相当数の失踪者がいることを発見した。彼らはみな八九年六月三日以後の数日間に突然姿が見えなくなった。生きているとしても姿はなく、死んだとしても死体がなく、今に至るも行方が分からない。彼らの親族はこれまでの長い歳月、八方手を尽くして探したが、少しの成果もなかった。現在まで、我々は一二人の失踪者の名前を記録しているが、我々の長年の調査で判明したところによると、実際の失踪者の数は記録した数字よりもはるかに多い。例えば、あの年、慌ただしく天安門付近に埋葬された幾人かの受難者の死体は今に至るも行方が分からない[17]。」

殺戮の事実を隠し、それを歴史から抹消しようとする当局に対して「天安門の母たち」は根気強く、「文明にふさわしい方法」で真相を明らかにし、法の下で殺戮の遂行とその責任が問われることを要求するのである。「文明にふさわしい方法」とは劉暁波がいう言葉だが、それは野蛮な武力行使の殺戮に対する母親たちの告発が、真相の究明と法定的手続きによる公正な裁きを求める理性的で、平和的なものであることをいうのである。天安門事件の真相とは彼女たちの死者たちを背負った勇気ある、持続する運動の中にこそあるというべきだろう。

劉暁波は事件の二日後六月六日に逮捕され、北京郊外の秦城監獄に投獄され、一九九一年一月に釈放さ

れた。彼はあの母親たちとともに天安門の死者たちを生き残ったものの痛苦のうちに背負う決意をもって出獄した。(18)

死者を背負うこと

秦城監獄から出た劉暁波は自らを「幸存者(幸いに生きのびた者)」と認めた。幸存者とは死者たちと事件を共にしながら、僥倖にも死を免れたものである。生き残りえたこと自体が、すでに彼の負い目である。劉暁波はさらに獄から自らを裏切る形で放たれて生き残った。彼は死者たちに二重の負い目をもって生き残った。劉暁波は生き残りとしての己れをこういっている。

「一九八九年六月四日以来、ぼくという幸いな生き残りは、常に自分自身に警鐘を鳴らしている。『六四』の無辜の死者の霊魂が天上からずっとぼくを見つめている。『六四』の受難者の家族が地上ですすり泣いている。自分は秦城監獄で本心に逆らい罪を悔い改めた。ずっと堅く守ってきた人間として最低限の一線を守れず、反省書を書いたとき、ぼくは自分で自分の良心を踏みにじった。ぼくは自分の孤独と弱さ、そして自己愛をも識った。ぼくの内には利己的な処世法や偽装的な生存の策略があることをも認識した。それは監獄がぼくに与えた恐怖や孤独をはるかに超える恐怖であり苦悩であった。限界と弱さをもつ人間は畏敬と謙虚とを必要とする。自分の魂に自ら加える拷問によってのみ、救いと贖いは得られるのだ。釈放もまたこれによらねばならない。鉄窓に対面する試練をいうことは、自分の魂の荒野における試練をいうことに及ぶものではない。」[19]

劉暁波は「六四」という記憶の針を体内に突き刺して生き残った。来る年毎に「六四」という記憶の針は彼の心臓を突き刺し、血まみれにさせながら、彼に記憶を詩に刻ませていった。「一五年が過ぎた。あの銃剣で赤く染まった血なまぐさい夜明けは、相変わらず針の先のようにぼくの目を突き刺す。あれ以来、ぼくの目にするものはみな血の汚れを帯びている。ぼくが書いた一字一句はみな、墳墓のなかの霊魂が吐露したものから来ている」[20]と、二〇〇四年の六月四日に彼は書いている。「六四」の忘却が殺戮者の政権とともに己れの未来を闇に閉ざすことであるならば、「六四」の記憶とは死者とともに未来を開く闘いであるだろう。劉暁波はいう、「絶望のなかで、ぼくに与えられた唯一の希望は、霊魂を記憶に刻むこと」であると。

死者たちの記憶をもち続けること、死者たちを背負い続けること、それは生き残ったものの闘いである。生き残ったものとは、圧政と暴力とによって死ぬべくして幸いに生き残ったものである。あの死者たちはこの生き残ったものに背負われることがなければ、ただ歴史の忘却の土中に埋もれていくだけだろう。そして生者たちの奢りが悖徳の花をその土の上に咲かせるのである。劉暁波は「六四」の死者たちを背負い続けるものとして生き残った。彼は「六四」の死者たちの記憶を、彼の体を内から突き刺す針であるこの記憶を詩に刻みつけていった。それは二十世紀の戦争と暴力の時代の生き残りであるわれわれの心にも刻まれる記憶でもある。「六四、一つの墳墓」を見よ。そこにあるのは、われわれの心にも刻みつけねばならない記憶の言葉である。

「忘却と恐怖の下に
この日は埋葬された
記憶と勇気の中で
この日は永遠に生き続ける」

天安門の母たち

天安門事件における虐殺の真相を明らかにするものとは、「天安門の母たち」であると私はさきにいった。この「天安門の母たち」という「六四」事件の受難者家族のグループについて、劉暁波はわれわれにこう教えている。

「息子、娘を失った孤独な老人、夫を失った妻、父母を失った孤児、生計をたてる力を失った身体障害者らで構成されるこの受難者のグループは、最初の生きているより死んだ方がましだという気持ちから立ち直り、次第に絶望の憂鬱から抜け出した。生活の苦しみは一言では言い尽くせず、霊魂の煉獄の苦しみは言い表すことができず、威圧の下で沈黙を余儀なくされ、覚醒後の闘いでは危険な情況が続出した。しかし、受難者の家族相互の暖かな心遣いと国内外の良心ある人々の同情に支えられ、『天安門の母たち』はほとんど奇跡のように、誇り高く毅然と立っている。[21]」

この事件を公的な歴史から抹消しようとする中国の共産党政権の下で、その事件における虐殺の真相を明らかにし、その責任を法的にも求め続ける「天安門の母たち」の存在とその持続的活動とは、まさしく「奇跡」といってもいいことであろう。共産党政権下ではありえない活動が、彼女らによって持続されたのである。だがこの奇跡というべき根気強い活動が、中国の未来に向けて踏み出された重大な一歩であることを劉暁波は深く知ったのである。一九九五年、「六四」事件の受難者家族グループは全国人民代表大会常務委員会に最初の公開状を提出した。そこでは三項目の要求がなされていた。第一に、事件の調査委員会を設置し、公正な調査をもって事件の真相を明らかにすること。第二に、死者の名簿、死者の人数を含め、調査結果をすべて全国人民に対して公表すること。第三に、法定の手続きにしたがい、事件の責任を明らかにし、死者の親族にその個別事例にしたがって説明することである。「六四」事件の真相を明らかにし、その責任を問う公開質問状を、受難者グループは毎年全人代に提出していった。その間、自らの足で犠牲者の家族を探し訪ねていった。そして年々公開状の犠牲者家族の署名者数をふやしていったのである。事件の一〇周年に当たる一九九九年には受難者家族対話団を組織し、問題の理性的解決のための対話を共産党指導者に求めた。二〇〇〇年には「六四対話団より六四問題の解決について国家の指導者に書状を致す」という公開状を発表し、李鵬に対する告訴状を最高人民検察院に前年に引き続いて提出している。

ここには中国現代史にかつてなかった人民の側からする、人民の権利に基づく運動の展開がある。中国共産党が政権を掌握して以来、一党的支配と専制的指導者そのことがもつ誤謬やくり返される党内権力闘争と政治的・政策的失敗の結果は、つねに人民の上に大規模な災禍として、大量の犠牲者をともなってもたらされた。反右派運動、大躍進運動、そして文化大革命などによって犠牲となった国民は数千万人に上るとされる。犠牲になり、迫害された政治的指導者たちは政変後に名誉回復されても、人民の側の数え切れない死者たちはただ歴史の過程に放置され、いわば死に損としてあるだけであった。だが「天安門の母たち」は、中国現代史ではじめてその家族が虐殺された事件の真相を、その個別的事例にしたがって明らかにすることを、そしてその責任を法定的な手続きにしたがってとるべきことを要求したのである。しかもこれらを犠牲者を背負う母や妻という一人の民の権利として要求したのである。

私はいま劉暁波が記す文章によって「天安門の母たち」の理性的で、根気強い闘いの過程をここに綴りながら、感銘を深くした。それとともに、「08憲章」に集約され、表現される民主化への要求も運動もここに始まることを、あるいはここに基礎づけられていることを私は知ったのである。劉暁波は、「中国共産党に対して過ちを正すべく、罪責と責任を追及し、公正を民に取り戻すという民間運動において、疑いもなく、『六四』遺族グループの業績が最もすばらしいものである[22]」という。天安門の母や妻たちとともに「六四」の死者たちを背負って行こうとする劉暁波の歩みは、真っ直ぐに「08憲章」に向かうものであった。

公民であることの主張

天安門の母たちは、「六四」事件の真相の究明と責任の追及とを一人の民の権利として政府に要求していった。このとき、この一人の民は一人の公民であるのだ。だが「公民」とは何か。

中日辞典によって見れば、「公民」とは「公民権をもっている人民」であるといい、「中華人民共和国公民在法律上一律平等（中華人民共和国の公民は法律上一律に平等である）」という用例をあげている（愛知大学中日大辞典編纂処『中日大辞典』大修館書店）。日本の国語辞典によれば、現代用語としての「公民」とは、その対応語として英語のcitizen（市民）をもった語であり、「国家の政治に参加する権利をもつものとしての国民」を意味するとしている（『大辞林』三省堂）。この辞典における「公民」の意味は示唆的である。それは現代中国の人民は法律上一律平等の公民権を認められながらも、国家の政治に参加する権利をもつ公民であったことはかつてないことを教えるとともに、天安門の母たちが踏み出した一歩が、現代中国においてどれほど重大な一歩であったかをも教えているのである。彼女たちははじめて自分たちが公民であることを、すなわち政府にものをいいうる権利をもった一人の民であることを、そのねばり強い活動によって示したのである。

私がこの「公民」という語に注目したのは、「08憲章」を読み直し、これが中国人民の公民であることの主張だと知ったことによる。「08憲章」の第三章「我々の基本的主張」の前文ではこういわれている。

「我們本着負責任与建設性的公民精神対国家政制、公民権利与社会発展諸方面提出如下具体主張（我々は、責任を担う建設的な公民の精神に基づいて、国家の政治制度、公民の権利と社会発展の各方面について、以下の具体的な主張を提起するものである。[23]）」

ここでいわれている「公民精神」「公民権利」は他の日本語訳では「市民の精神」「市民の権利」となっているように、この「公民」とは国語辞典がいうように「市民（citizen）」の意であり、そう訳した方がわれわれにはわかりやすい。だがお上《かみ》から与えられた、名ばかりの公民を、お上にものをいいうる権利をもった民、すなわち真の公民にしようとする「08憲章」が、「公民の精神」「公民の権利」をいうことが重要なのである。そう考えてくれば、「08憲章」と劉暁波を支援する書『零八憲章与中国変革』[24]が、「公民劉暁波」をタイトルにした高瑜の文章を載せていることの意味もまた理解されてくる。天安門の母たちの活動こそが、みずから公民であることを自覚した中国人民の未来を開く活動であることを知った劉暁波は、みずからも公民であることを決意し、宣言するのである。彼がいま公民であることとは、「08憲章」の起草者・推進者となることであった。「08憲章」第二章の末尾には次のような文章がある。

「公民は、正真正銘の国家の主人になるべきなのだ。〝明君〟〝清官〟を頼りにする臣民意識を払いのけて、権利を基本とし、参与を責任とする公民意識を発揮し、自由を実践して、自ら民主を行い、法治を尊重することこそが、中国の根本的な活路なのだ。」

中国の民主化とは、中国人民が真に公民になることだといっているのである。そしてこの文章を読めば、中国の専制的支配の長い歴史において権力に迎合し、阿諛追随してきた知識人を含む中国的弱者を激しい言葉をもって否定していた劉暁波が、天安門事件を通じて、公民であることを体現する「天安門の母たち」に代表される人びとの民間的活動に中国の未来への活路を見出す劉暁波に変身していることをはっきりと知るのである。だが変身というよりは、天安門事件から二重の負い目をもって生き残った劉暁波は、まさしく生まれかわったというべきだろう。

私がここにしてきた『天安門事件から「08憲章」へ』再読の作業は、天安門事件を通じて生まれかわった劉暁波、すなわち「公民劉暁波」を見出すのである。いま彼が獄中にあることが、公民であることを貫こうとする「公民劉暁波」の要求し、抵抗する姿であると知った上で、最後に私は三つのことを付け加えよう。

三つの付言

一つには、劉暁波らの民主化の運動とは、正真正銘の「公民権運動」だということである。さきに引いたように「08憲章」は、「公民は、正真正銘の国家の主人になるべき」ことを主張しているのである。日本のマス・メディアは「08憲章」を、中国共産党による一党独裁的国家体制に反対する民主化の要求として概括し、報道してきた。われわれもそのように理解してきた。たしかに「08憲章」は、「一党が独占する執政的特権を廃止」することをいっている。だがそれは、「結社の自由」という公民による結社の自由を保証する条項においていっていることである。「08憲章」を上のように概括し、理解することは、中国における民間的活動として進められている民主化運動とは違うのではないか。「08憲章」とは、中国人民の公民意識に基づく積極的な民間的活動によって、現代中国に根本的な活路を開こうとするものである。これは天安門の母や妻たちがしてきた活動と同様の理性的な活動なのである。中国の変革は平和的に、理性的になされねばならないとは、数えきれぬ殉難者を見てきた中国における変革的運動者が心に刻む鉄則である。それゆえ「08憲章」とその理性的な推進者を、国家転覆的煽動者として犯罪人視する中国当局の非理性的な暴力性がいっそう顕わなのである。民主化運動を反国家的犯罪とすることは、中国の未来への活路をみずから閉ざすことである。私は反中国主義者ではない。中国思想から多くを学んできた思想史家である。中国が好きである。だからこそ劉暁波を獄中に置くことの大きな間違いをいうのである。

二つには、中国における公民的要求をもった民間的活動は、都市やことに農村で、そして多くの工場で、夥しい数をもってすでに生起していることである。それは農民や労働者の自主的な組織として、四川大地震に際して見せた自発的な救援活動として、そしてインターネットによる自発的な民意の結集などとしてあることは、劉暁波が『天安門事件から「08憲章」へ』でも伝えている[25]。さらに文化的なサークル活動から地域的な住民活動にいたるさまざまな市民・住民による自主的・自発的な活動が現代の中国社会を変えつつあることは麻生晴一郎氏が詳しく伝えている[26]。麻生氏がいうように、中国の国家政府や共産党の動向だけを追っていては、中国社会はほとんど分からないのである。中国社会をいま実質的に変えつつある民間的活動をふまえるとき、「08憲章」と民主化の運動が決して孤立し、遊離したものではないことを知るのである。むしろこれは民間的な組織と活動によって中国社会で起こりつつある変動の未来を、自覚的な変革として先取りして表現したものと見るべきだろう。

三つには、中国のこの「公民権運動」あるいは民主化運動を、二十一世紀の、後期近代というべき全球化時代の運動として見るべきだということである。中国の民主的な変革は一国的な変革を意味するのではない。ノーベル賞の授賞という国際的な批判的アッピールにもかかわらず、中国がなお劉暁波の拘留という事態を変えることなく維持しえているのは、経済大国中国との国家間関係の動揺を日本をはじめとする諸国が望まないからである。これは欺瞞の国家間関係である。だましだまし保たれる偽りの国家間関係である。これを彼らは戦略的互恵関係というのである。

「六四」事件の受難者家族の公開アッピールはこういっている。

「〝六四〟のような大虐殺が、中国の土の上で再び繰り返されることがないように、我々は、公正に合理的に〝六四〟問題を解決し、人と人との間の敵視と恨みを取り除き、朝野の間、ひいては全民族の間の和解を達成し、それによって、中国の平和裡の転換という歴史のプロセスを加速させることを主張する。[27]」

天安門事件の本質的な解決は、中国の民主化によってのみありうること。そして中国の民主化は、中国の政府と人民との、民族と民族との和解をも含む平和裡の転換として達成されねばならないというのである。中国の民主化とは中国における平和を実現することである。平和的中国とは東アジアの平和のための最大の基盤である。このことは誰もが認めることだろう。そうであるならば、中国の平和も、そして東アジアのわれわれの平和も、劉暁波を獄中に置くことにはないことをわれわれは知るべきである。劉暁波の即時釈放をわれわれが中国政府に求めることは、あの偽りの関係ではない、真の日中関係を作ることだと知るべきである。そのことは己れの見せかけの民主を作りかえることでもあるだろう。

注

(1)ここであえて固有名をあげるのは、劉暁波らのための弛まざる彼女の活動に畏敬の念を私がもっているからである。そのことは下にその名をあげる及川淳子さんについても同様である。
（2）既成のメディアによっては知り難い現代中国の実状・問題を伝える貴重な図書を出版する集広舎のサイト：http://www.shukousha.com/
（3）劉暁波「一人一言の真実が独裁権力を突き崩す」『天安門事件と「08憲章」へ』藤原書店、二〇〇九年。
（4）二〇一〇年一月二三日に早稲田大学で開催された「緊急集会・天安門事件と08憲章を考える」における私の発言中で触れた。この集会における私の発言「われわれにとって、中国の民主化とは何か」は、『環』四一号の小特集「天安門事件と08憲章を考える」に掲載されている。
（5）劉暁波と「08憲章」に積極的な関心を示すことのなかった岩波書店が『劉暁波文集』の日本における出版権を得たという報は驚きであった。だが実際に『最後の審判を生き延びて』という奇妙なタイトルをもって刊行された岩波版『劉暁波文集』（二〇一一年二月二五日）を見て、私の驚きは怒りに変わった。ここには丸川哲史・鈴木将久の名による劉暁波と彼へのノーベル平和賞の授賞を批判する「訳者解説」が付せられていたのである。岩波書店は明らかに読者の政治的誘導を意図してこの書を刊行したのである。この刊行は法的にも、道義的にも許されないものである。私は「この出版は正しいか」という文章をもって抗議した（http://homepage1.nifty.com/koyasu/remark.html）。
（6）高行健『ある男の聖書』飯塚容訳、集英社、二〇〇一年。
（7）「文革が始まったとき、私は十一歳だったが、自分の力の及ばない活動以外、およそ私が参加できる活動にはすべて全力で参加した」と劉暁波はいっている。劉暁波「唯我独尊式の自己美化」『現代中国知識人批判』所収、野沢俊敬訳、徳間書店、一九九二年。
（8）劉暁波が引く魯迅の初期文芸評論『摩羅詩力説』における言葉。
（9）前掲「唯我独尊式の自己美化」『現代中国知識人批判』第五章。
（10）文革時、紅衛兵は共産党の学校・職場・地域の各機関を襲い、そこに保管されていた個人別の政治的・思想的履歴を記録した調書を収めた檔案《とうあん》袋を奪い、それぞれの家族・学校・交友などの履歴に遡って糾弾した。
（11）劉暁波による中国の専制的権力とそれに迎合してきた知識人批判をめぐっては、早く石井知章氏が言及されている（「ウィットフォーゲルと中国問題」『K・A・ウィットフォーゲルの東洋的社会論』第五章、社会評論社、二〇〇八年）。

（12）「したがって、知識人が自分の独立権を勝ち取る闘争も政治的なものとなる。この政治闘争を通して、はじめて知識人は政治に屈従している奴隷の地位から脱け出ることができる。よって、知識の独立権を勝ち取る闘争は、まさしく専制政体を打ち倒し、民主政体を打ち建てる闘争なのである。」（「知識人のプロレタリア化――現代の愚民主義」『現代中国知識人批判』第六章）。

（13）その意味では『現代中国知識人批判』という書の再版を著者劉暁波は必ずしも喜んではいないであろう。この書は適切な解説をともなわなければ、むしろ劉暁波批判に材料を提供することになりかねない性格をもっている。

（14）「天安門事件を再現する」『AERA』No.47（二〇一〇・一〇・二五）。これは朝日新聞社の永持裕紀記者によって書かれたものである。永持記者は六月四日のこの時、天安門広場の現場にいた二、三人という数少ない記者の一人である。天安門事件自体が中国当局によって隠蔽され、その鎮圧の真相が闇の中に伏せられている現在、永持記者の証言は重い政治的な意味をもつことになった。この文章が二〇年後のこの時期に、『朝日新聞』の本紙ではなく『AERA』に書かれたのはそうした政治的な理由からだろう。

（15）私はこの序文で六月四日の払暁、天安門広場で起きた事態が何であるかを朝日・読売・毎日三紙の報道によって書いた。報道管制が布かれ、報道関係者が排除されたこの武力制圧事件の真相は、基本的には制圧者側にしか分からない。したがって三紙の報道も伝聞によるとしていた。

（16）天安門事件の受難者家族のグループは「六四問題について全国人民代表大会常務委員会に致す公開状」を一九九五年以来毎年発表し続けている。

（17）「天安門の母たち」（『天安門事件から「08憲章」へ』）からの引用である。

（18）劉暁波は「反省書」を書いて出獄したとされている。これについて劉燕子は、「劉暁波は巧妙な詭弁を使わず、利己心を直視し、挫けた自分の軟弱、怯懦、卑屈などを痛切に反省し、深く問いつめ、これからは魯迅の『あくまでも惨憺たる人生に直面し、あくまでも淋漓たる鮮血を正視する』真の猛士に倣い、現実に立ち向かうと決心した」と解説している（『天安門事件から「08憲章」へ』「編者解説」）。
(19)これは劉燕子の「編者解説」（『天安門事件と「08憲章」へ』）で劉暁波の自己批判の言葉として引いているものである。この劉暁波の言葉は、高瑜の「公民劉暁波（市民としての劉暁波）」（『零八憲章与中国変革』中国信息中心、二〇〇九年）中に引かれているものである。ここでは「公民劉暁波」中のものによって劉燕子訳を一部改めた。
(20)「忘却に対する記憶の闘い（一五周年を迎えて）」『天安門事件と「08憲章」へ』所収。
(21)劉暁波「天安門の母たち」『天安門事件から「08憲章」へ』所収。
(22)劉暁波「民間組織はすべて「非合法組織」なのか――結社の自由をめぐって」『天安門事件から「08憲章」へ』所収。
(23)訳は『天安門事件から「08憲章」へ』所収の及川淳子訳「08憲章」によっている。
(24)『零八憲章与中国変革（*Chapter08 and Chaina' Transformation*）』中国信息中心編、労改基金会、二〇〇九年。
(25)劉暁波の著書『未来的自由中国在民間（中国の未来の自由は民間にあり）』にのべられていることであるが、『天安門事件から「08憲章」へ』の第Ⅲ章に載る四篇の文章によっても知ることができる。
(26)麻生晴一郎『反日、暴動、バブル――新聞・テレビが報じない中国』光文社新書、二〇〇九年。
(27)「六四」事件の殉難者家族グループによる一八周年の公開アッピール。劉暁波「転換期の正義――変革に暴力革命は必要ない」（『天安門事件から「08憲章」へ』）より。

劉暁波とは誰か

——自らを問い返すために——

劉燕子《リュウイエンズ》

現代中国最大のタブー

「劉暁波《リュウシャオボ》とは誰か」と問うことは、中国現代史を問うことである。同時代の激烈な状況から逃避せず、これを真摯に直視し、格闘する者においては、その人間性と歴史が鋭く交叉する。劉暁波は、まさにそのような存在である。彼は一九八九年六月の天安門事件でも、二〇〇八年一二月の「08憲章」でも極めて重要な役割を担ったが、この二つは中国現代史どころか、数千年の中国史、さらには世界史においても重要な意味を持つ（中国は国連安保理常任理事国である）。

劉暁波は「08憲章」起草の中心的存在であるが、この「08憲章」の意義を理解するには、一九八九年の天安門事件の理解が鍵となる。学生や市民による民主化運動を「動乱」「暴乱」として人民解放軍が武力鎮圧した権力の犯罪的行為は、中国の事実上の一党体制の実態と本質を露わにしている。だからこそ天安門事件は現代中国最大のタブーの一つとされ、その情報は厳しく統制されている。そのため、日本から見ると、経済成長や北京オリンピックなどに注目が集まり、一党体制の実態や本質は理解しにくい面がある。後述する余杰《ユージィエ》は、成都で私に次のように述べた。

「劉暁波の裁判について、(〇九年)一二月二三日と二五日に、十五カ国の外交部が北京中級人民法院の前で抗議したが、その中に日本はいなかった。天安門事件のときも各国が経済制裁をしているなかでいち早く海部首相が訪中し、事件を曖昧にする上で大きな役割を果たしたが、それは今でも変わっていない。人権意識が低い。歴史認識の問題に加えて、これでも日本を批判しなければならない。」

だが、余杰は日本を批判するだけでなく中国も批判する。そして、彼に限らず弾圧されてもなお自由や民主を求める粘り強い言論や運動の中から「08憲章」が生まれた。

「知識人」として——知行合一

「民主運動家」は劉暁波の一側面にすぎない。彼は「詩人」であり、「評論家」であり、「学者」である。それら全体を通して、彼は言論と行動を一致させてきた。行動から遊離した言論、レトリックや知識の誇示は、劉暁波にはいっさい関わりのないものである。彼はまさに知行合一の「知識人」を体現している。

劉暁波は、天安門事件の前年に北京師範大学で博士号を取得し、ノルウェーのオスロ大学、米国のハワイ大学やコロンビア大学で客員研究員として学究生活を送っていたが、天安門民主化運動に参加すべく帰国を早めた。四月二二日、ニューヨークで「中国民主連盟」の仲間たちとともに、理性的かつ具体的に民主化運動を進めることを呼びかける公開書簡を発表し、その直後に北京に向かった。東京で飛行機を乗り継いだとき、中国政府が二六日付『人民日報』で民主化運動を「動乱」であると強く非難していたため、敢えて危険に向かって行くより、ニューヨークに戻り、そこを拠点にして柔軟に後方から支援する方がいいと、知人より勧められたが（ビザはさらに一年延長できた）、しかし、彼は不退転の決意で帰国した。

こうして劉暁波は運動の現場に身を置き、天安門広場でハンストに参加し、しかも最後まで広場に残り、包囲する戒厳部隊と交渉して被害を最小限に留めつつ学生や市民を安全に撤退させた。危機が先鋭化する重大な局面においてなお、彼は知行合一を貫き通したのである。

その後、投獄され、釈放後も強制労働、軟禁生活と繰り返し弾圧されたが、自由と民主を求める志を堅持し、天安門事件受難者の名誉回復や人権擁護などに取り組み、「08憲章」起草では中心的な役割を果たした。このような意味で「08憲章」は劉暁波の生き方の当然の帰結でもであった。

これに対して、当局は「08憲章」発表直前の〇八年一二月八日に法的根拠がないまま彼を拘束し、〇九年一二月二五日、国家政権転覆煽動罪で懲役一一年の実刑を言い渡した。

しかし、なおも屈せずに抵抗し続ける劉暁波の存在によって、有罪とされた彼よりも、むしろ彼を裁く権力側の問題こそ、いよいよ明らかになっている。このような意味で、「劉暁波とは誰か」と問うことは、彼を通して中国現代史の核心的な問題に迫るとともに、人間としていかに生きるべきかをも考えさせるのである。

尊厳ある生き方によって露わになる不正義

私は一昨年一二月二四日から一月四日まで帰国し、四川省成都で廖亦武《リャオイウ》と会い、彼から劉暁波に判決が下されたことを聞いた。廖亦武は、拙訳『中国低層訪談録』（集広舎、〇八年）の著者で、「08憲章」発表時の三〇三名の署名者である。彼はまた、一九八九年六月に天安門事件を告発する「大虐殺」という長詩を書いただけで、反革命煽動罪により四年間も投獄され、自分自身も獄中の辛さ苦しさを体験している。その彼が自宅で、劉暁波の二〇〇〇年一月一三日付の手紙を出して、私に読みあげてくれた。

「ぼくたちがこの非人間的なところで、尊厳を持とうとするためには、抵抗しかない。それ故、投獄は人間としての尊厳にとって必要だが、それを見せびらかす必要はない。投獄されるのは怖くない。恐れるべきは、出獄してから、社会に血の負債を返してもらおうとして、天下に号令するようになることの方だろう。

六四（天安門事件は六月四日に起きた——筆者注）で投獄された者は、ぼくのような風雲児よりも刑が重い。獄中の条件はとても劣悪で、一般人は想像できない。……あなたの『証詞（証言）』を読む前は、それは感覚的なものでしかなかった。しかし、『証詞』はまさに六四の受難者の心臓の鼓動を伝えた。だから、ぼくの後半生は、ただ霊魂のため、無名の受難者のために生きることにした。すべて過ぎ去るが、ただ無辜の人の血と涙はぼくの心の中で永遠の石となっている。ずっしりと重く、氷のように冷たく、鋭い角のある石だ。……『消極的な自由』(権力の意のままの強制を受けない)を獲得するためにも、積極的に闘う意志を持たなければならない。」

この手紙には、天安門事件で幸いに生きのびた者(幸存者)として尊厳ある生き方を貫こうとする劉暁波の精神が凝縮され、刻印されている。

劉暁波は、「六四で投獄された者は、ぼくのような風雲児よりも刑が重い。獄中の条件はとても劣悪で、一般人は想像できない」が、しかし「投獄は……見せびらかす必要はない」、「天下に号令するよう」に傲慢になるべきではないと自戒している。そこには民主化運動を手段にして名声を得ようとする野心など少しもない。それ故、彼を英雄視したり、偶像化することは避けなければならない。ただ尊厳のある生き方をすることが、そのままで尊厳を踏みにじる「非人間的な」ものへの批判と抵抗になっているのである。

武力鎮圧の後の一党体制下の経済成長は、利益誘導であり、物欲とエゴが膨張する一方で、貪欲な汚職腐敗、堕落、寄生、阿諛追従、拝金主義などが広がった。天安門民主化運動では、汚職腐敗が批判されたが、これがますます悪化している。一部に「小康(ある程度の豊かさ)」を享受している者もいるが、全体としてはむしろ格差、不平等が拡大している。歴史を隠蔽し、記憶を抑圧し、利益誘導とプロパガンダでいくらカモフラージュしても、自由と民主に反する一党体制の本質的な問題は解決されるどころか、むしろ深刻化しているのである。

矢吹晋は「権力を銭にかえる、権力を物にかえる――例えば高級マンション、権力を色にかえる――例えば女優たちを愛人にしている、政治家がどれだけいるか、相当な数です。現在の中国にはそういう腐敗が存在している」と述べている（矢吹晋「ポスト胡錦濤と中国の将来」『東亜』〇九年一一月号、一三頁）。例えば、最高人民法院副院長の黄松有《ファンソンヨウ》は、河北省坊市中級法院で有罪（無期懲役、政治権利の終身剥奪、財産没収）とされたが、裁判では腐敗汚職に加えて「未成年の少女に特殊な興趣」を持っていたことも取りあげられた（一〇年一月二八日付『中文導報』）。また学術界では、論文の「売買」が広がり、取引額は数億元（一〇〇円＝七元では七〇億円以上）にまで達するという（〇九年一二月二四日付『中文導報』）。まさに、金銭がすべての価値基準となり、政治経済だけでなく司法や学術にまで腐敗汚職が広がっているのである。

このように、ますます権力や利権で貪欲に搾取する者、それに追随して名利を得ながら腐敗汚職を糊塗し、美化する者たちと、弾圧されても志を堅持する劉暁波と、いずれに道義や尊厳があるかが明白になっている。だからこそ、厳しい言論統制下でも劉暁波と共に闘う人々が存在している。しかも「08憲章」の署名者が増えているように、共闘の輪は広がっている。他方、署名者たちが「我々と劉暁波を切り離すことはできない——劉暁波を釈放せよ」（『天安門事件から「08憲章」へ』所収）と公然と抗議声明を発表しても、当局は誰も逮捕できないでいる。また、劉暁波に対して判決が下された二日後、一二月二七日、香港では二一名の「08憲章」署名者たちが集団で深圳の羅湖に行き「中国共産党の司法当局が言論表現を犯罪と定めるなら、劉暁波と共に罪を負う」と〝自首〟した。その中の最年少は十六歳であった。これにより黒いテープで両腕を縛り、「08憲章署名者」というプラカードを背負っていた四名が拘束されたが、当日の夜に釈放された。記者会見では「劉暁波や『08憲章』など知らない。有効な入境証明書がないために拘束したのだ」と釈明しただけであった。当局が拘束理由を堂々と主張できないことが分かる。

表現の自由をめぐる支援と共闘

一二月二五日午前に劉暁波に下された一審判決は、数秒後には世界各地に知れ渡り、様々な抗議がなされた。私は成都で廖亦武《リャオイウ》、および余杰《ユージィエ》、王怡《ワンイ》、冉雲飛《ランユンフェイ》たちとこれについて議論した（みな「08憲章」発表時の署名者）。余杰は『天安門事件から「08憲章」へ』所収「アジアにおける『08憲章』の意義」の筆者であり、王怡は元成都大学教員（憲政学）の自由主義知識人で（同書、一五〇頁、二〇四頁参照）、後述するように繰り返し弾圧されながらも信仰の自由を求め続けるクリスチャンである。学者の冉雲飛は知識人たちと「西南地区部分人士就当局重判劉暁波博士的厳正声明」を公表し、劉暁波の逮捕の不当性を訴えている（彼についても後述）。

四川省からは、今日、気骨ある知識人が多く輩出している。黄琦《ファンチ》は民衆の権利擁護のために「弱者と共に歩む」をモットーにしたサイト「天網人権事務センター」を運営している。そこで天安門事件の際に成都で検挙され拘留中に死亡した一五歳の若者に関する文章を発表したため「国家政権転覆煽動罪」で懲役五年の刑を受けたが、出獄後にサイトを再開した。こうした人権擁護活動が高く評価され、〇六年にヘルマン・ハメット賞などを受賞している。そして、四川大地震では手抜き工事（「おから工事」）を批判して、〇九年六月一〇日、公安当局に連行された。

また『文化人』誌の元編集長で環境保護活動家の譚作人《タンズゥオレン》は、崩れた学校の下敷きになり死亡した子供たちの名前を調査していたところ、〇九年三月「国家政権転覆煽動」の容疑で拘束され、翌年二月九日に

『天安門事件から「08憲章」へ』（藤原書店刊）を手にしている冉雲飛氏

五年の実刑を下された。単なる「おから工事」の調査が「国家政権転覆煽動」とされてしまう点に、問題の本質が現れている。

先述した冉雲飛は、四川省作家協会の『四川文学』誌編集者で、著書には『沈痾――中国教育的危機与批判』（南方出版社、海口、一九九九年）など多数あり、中国の密告の歴史の研究でも注目されている。ペンネームは「李反動」である。その彼が、携帯電話により、毎日、中国で起きた事件を収集し、ミニブログのツィッターで発表し、注目を集めている。既述した香港の二一名の署名者が〝自首〟したときも、冉雲飛は携帯電話を駆使して無数の署名者や支持者と緊密に交信し、大きな支援と共闘の輪をつくった。ちょうどその時、私は彼のそばにいたので、逐次状況の推移を知ることができた。彼のブログには「一五一〇ブログ」、「牛博ブログ」、「独立ブログ」、「天涯ブログ」、「冉氏評論」、「匪話連篇（匪賊の話の連載）」などがあり、特に「匪話連篇」は有名で、日々変化している情勢をブログに掲載し、それを記録としてまとめ、ネットで公開している。それらはしばしば当局に閉鎖されるため、サーバーをアメリカと日本の大阪に移すなどで対処し、五年以上も粘り強く続けてきた。

冉雲飛は、テレビ放送に対しても、〇九年一月、学者の凌滄洲《リンチャンズゥオ》たちと共に二二名の連名で「抵制央視、拒絶洗脳（国営放送の中国中央テレビ、CCTVをボイコットし、洗脳を拒絶する）」という声明をネットで公表した。これは、CCTVが国内の転換期の社会矛盾に対し「失語症」に陥っており、重大な突発的事件や民衆の集団的抗議行動を隠蔽する一方で、外国に関しては暗部ばかり報道しているなどと七つの問題を指摘し、「ニュース」というより「プロパガンダ」であると批判し、「CCTVのニュースやネットの報道などを見ない、アクセスしない、聞かない、語らないという四つのノーという行動をとる」べきだと主張した。しかし、二〇一一年二月二四日、冉雲飛は、チュニジアの「ジャスミン革命」に触発された「茉莉花（ジャスミン）集会」を呼びかけるメールを転送したことを「国家政権転覆罪」とされ、拘束された。

このように高度情報社会において自由や民主を求める動きは新たな展開を示している。これに対して中国政府は〇九年六月、「ポルノ退治」の名目で検閲ソフト「グリーンダム（緑のダム）」をパソコンに搭載することを義務づけると発表したが、ユーザーやメーカーの猛反対に遭い八月には見送ると表明した。しかし、現在ではプロバイダーに「藍盾（青い盾）」を義務づけようとしている。これもまた、ネットを監視して、当局が「有害」と見なす情報を統制するためである（情報統制の手段は他にも様々ある）。

しかし、スカイプやQQ（中国で最も普及しているインターネットのソフト）などによる情報化のうねりは凄まじく、いかに統制しても水面下におけるネット世論は日増しに勢いを増している。これに対して、数万規模の「ネット警察（網警）」が、HP、ブログ、チャットからパソコン内の文章や通信までを監視し、盗聴しているという。ジャーナリストで、詩人の師濤《シタオ》は、〇四年にヤフーでメールをアメリカに送信したが、ヤフーが師濤の個人情報を中国当局に提供し、このため師濤のメールは検閲され、「海外に国家機密を不法に提供した」という理由で逮捕され、禁固一〇年の刑を受けた。グーグルの中国撤退をめぐる問題はこれらを踏まえて考えなければならない。

今日では文字の検閲を強化するだけでなく、画像まで検閲しているという。さらに、数千万人のブロガーに対して、検閲や閉鎖を行なうだけでなく、ユーザーを装って書き込み、議論を誘導するために大量の「ネット評論員」を雇っているが、「五毛党」と嘲笑されている。「ネット評論員」の多くはリストラなどで失業した生活が不安定な者で、書き込み一回につき「五毛」が支払われているからである(「毛」は貨幣単位の「角」で、「角」は「元」の十分の一)。さらに金融危機の影響も大きく、湖南省では「一毛党」まで現れた。

それでもフィルタリングの最先端技術を活用し、当局の情報統制ソフトを無力化する「反封鎖」ソフトを使う者が多数いるという。また、いくつものサイトを迂回して「封鎖」されたサイトにアクセスすることも行なわれている。ネットで検閲・排除されている用語や名前は数多く、「六四」の数字さえ使えない。だが、代わりに「八八」(八×八=六四)が使われたりしている。また「劉暁波」の代わりに「劉少奇波」を、「08憲章」の代わりに「〇八県長」を使うなど、さまざまな工夫がなされている。こうした抵抗は、当局が名目にしているウィルス対策の「ファイア・ウォール」に対して、その「ウォール」(=「墻(壁)」)をひっくり返す、また乗り越える(=「翻」)という意味で、「翻墻」と呼ばれている。

家庭教会の活動——非公認民間組織の弾圧

『天安門事件から「08憲章」へ』Ⅲ部では、「箱舟教会」など、中国における地下教会、家庭教会について述べられている。思想言論の自由を侵害する権力は、信仰の自由も侵害している。中国共産党政権は、「統一戦線」の下にプロテスタント系の教会を「中国基督教三自愛国運動委員会」（「三自」は中国人自身が教会を運営する「自治」、教会を支える「自養」、伝道する「自伝」）に組織化して統制し、それ以外の教会は、非公認組織としてさまざまな弾圧や迫害を加えている。それらは「地下教会」や「家庭教会」と呼ばれ、「箱舟教会」への弾圧はその一例である。

先述した王怡《ワンイ》は、成都の家庭教会「秋雨之福教会」（教会名は『聖書』「詩篇」八四篇七節「嘆きの谷を通るときも、そこを泉とするでしょう。雨も降り、祝福で覆ってくれるでしょう」から）の「長老」でもある。〇五年四月、王怡と妻の蒋蓉《ジァンロン》の二人は、家庭で『聖書』を読み、賛美歌を歌い、キリスト教の教理を学び始めた。当初は二、三人のクリスチャンが集うぐらいであったが、まもなく二十人以上になり、一二月には契り（団契）を交わした。〇七年、信徒たちが献金を出しあい、中古マンションの一室を借りて「教会」とし、〇八年五月二五日、「教会の信条と規則」を決め、「秋雨之福教会」の成立を宣言した。現在、信徒は百名を超え、求道者を含めると約千名を数えるまでになっている（知識人や学生が多い）。

「教会の信条と規則」は、プロテスタント、福音派、長老教会（Presbyterian Church）を表明し、いかなる世俗権力による介入や干渉も受け入れず、「三自愛国教会」と一線を画すとともに、文化的使命（ミッショ

秋雨之福教会の野外礼拝（2009 年 8 月 2 日）

ン）と社会的責任を認識すると述べている。

　この「秋雨之福教会」に対しても弾圧が繰り返されている。〇九年、天安門事件二〇周年に当たる六月四日を前にして、王怡は一個人として「華人クリスチャン天安門事件二〇周年宣言」に署名した。その後、教会の家主に圧力が加えられ、王怡も常時、監視・尾行されることになった。六月七日、街道弁事処（都市の末端機関の一つ）の総合管理弁公室は「消防設備が不合格」という理由で礼拝の中断を強行した。六月一四日、信徒たちは建物に入るのさえ阻止され、そのため礼拝は屋外で行われた。六月二一日、信徒たちが教会近くの茶館に集まっていると、弁事処副書記の王英才《ワンインツァイ》が街道聯防治安隊を率いて、茶館の経営者に圧力をかけたため、信徒たちは川辺で礼拝を行った。そして午後、成都市青羊区民政局が「行政処罰通知書」を読みあげ、「国務院の社会団体登録管理法第三五条により、登録されていない団体を取締り、非合法の財産を没収する」と通知した。

　六月二五日、「秋雨之福教会」は、弁護士の李《リ》和平《フウピン》に依頼して行政訴訟を行ったが、七月一日「不受理決定書」が出された。その後、七月八日、上級機関の四川省民政庁に陳情書を提出したが、当局の判断はいまだ出されていない。このような状況下で信徒たちは毎週野外で礼拝しつつ献金を出しあい、一〇月に密かに中古マンションの一区画を購入し、会堂にリフォームし、教会を再建した。

一二月二四日には、クリスマスイブの礼拝のために、市内のホテルに五〇〇人規模の会場を借りたが、警官と「二警官（国営工場をリストラされた労働者や出稼ぎの農民工などの臨時雇いの警官）」が二〇〇名以上出動して入場を妨害し、座席を占拠した。このため入場できた信徒や求道者は二〇〇名ほどに限られ、外では警官と「二警官」が約百人、信徒や求道者が約八〇〇人いた。翌日のクリスマスには、劉暁波のための祈祷会を開き、六〇人以上が出席した。二七日の礼拝で配られた教会の「週報」には、次のように述べられている。

「二五日早朝、ニュースが届きました。我が国は特にクリスマスを選び、既に一年も拘禁していた劉暁波先生に重刑を言い渡しました。劉先生は我が国の良知ある知識人のシンボルで、『08憲章』の起草と署名の呼びかけのため、民主的改革のため『国家政権転覆煽動罪』で懲役一一年の刑を言い渡されました。これは一九八九年以降、四度目の入獄です。

みなさんに隠すつもりはありません。みなさんを伝道する、この私も劉先生の共犯者です。何故なら、この憲政と民主の理念を表明し、政治改革を呼びかける『08憲章』に、私も署名したからです。一年前に私は成都大学を辞職しましたが、最後の授業では学生に『08憲章』全文を読みあげました。

クリスチャンは必ず政治に関わらなければならないということではありません。政教分離の原則は守るべきです。それでも、正義のない時代にあっては、迫害された人のために祈らなければなりません。私たちの責務は、不義の時代にあっては、つき従う者、慰める者、代わりに祈る者、とりなす者としてあることとです。……主イエス・キリストは避難港です。……中国の教会は、我が国の社会、文化、政治が転換する現在において、その長い道のりのなかで、勇気をもってつき従う者、慰める者、代わりに祈る者、とりなす者として、劉暁波の奥様、劉霞《リュウシア》さんの夢が実現するように祈りましょう。それは、夫の劉暁波先生が、中国において言論のために罪を負わされる最後の人になるということです。また、中国全土の警察が『平安の夜〔クリスマスイブは中国語で「平安夜」〕』に総動員されず、自宅で平安に過ごせるように祈りましょう。中国の平安のために祈りましょう。」

王怡は、これを礼拝で読みあげ、「08憲章」を出席者に配った。

〝体制側〟からも求められている民主化

「08憲章」がめざすような民主化は、〝体制側〟からも求められている。

二〇〇九年十二月三十日、私は廖亦武や友人たちと成都から三〇〇キロ離れた農村に行った。そこでは、有機農業のリサイクル、エコロジー、観光、出稼ぎの村民の帰村・帰農などと組み合わせた農村開発のプロジェクトを始めていて、鎮長と話すことができた〔鎮は中国の農村の基礎的な行政単位〕。彼はネットの封鎖を突破して「08憲章」を読んでおり、その意義も認め、次のように語った。遅かれ早かれ民主化、法治化は進む。選挙について言えば、ベトナム共産党は既に〇六年四月の第十回党大会から始めている。党内では複数立候補で民主的に総書記を選出した。国会の代表も直接選挙で選んだ。中国では共産党一七回党大会への影響を恐れ、中央宣伝部がマスメディアに圧力を加えて、ベトナムの政治改革の報道を禁じたが、それでも、一〇年のベトナム共産党第一一回大会に注目している。そして「(ウクライナの)オレンジ革命」や「(グルジアの)バラ革命」など、「色」のついた革命を心配している。ともあれ、ここの村ではもう選挙は実施されている。共産党内の選挙も実施されなければならない。

その後、私は『開放』〇九年一二月号掲載の王海濤《ワンハイタオ》「中共驚恐越南変天」を読み、鎮長が語ったベトナムの状況や党内の動きを再確認した。その論調は異なるが、共通点は多い。

地域の発展が重要な課題となる鎮長の立場からすれば、腐敗官僚たちが国、省、県などのレベルで、さまざまな名目や理由をつけて課す税金や手数料による中間搾取こそ防ぎたい。そのためには党と行政が癒着した一党独裁体制ではなく、情報公開が徹底されるなかで、正当な税金や手数料だけを納めれば済むような民主制こそ必要となる。

一〇年一月二一日、中国国家統計局の馬建堂《マジェンタン》局長は、都市部住民の平均可処分所得の伸びが農村部住民に比べて大きく、所得格差が拡大傾向にあることを指摘した。政府でさえ格差拡大を認めているのである。こうした格差を是正するには、農民の所得を上げなければならないが、これが農産物の価格上昇をもたらしてもならない。農民の所得を上げつつ価格を抑えるには、中間搾取を阻止するしかない。このように考えれば、自らの職務に忠実であればあるほど、鎮長という立場から民主化を望み、「08憲章」の意義を認めることも当然である。

ペンは剣よりも強し

このような現状に対して、私は、強靭に、しなやかに言論で抵抗し続けるオーセルの「著述は巡歴、著述は祈祷、著述は証言」、「あなたには銃がある、私にはペンがある」という理念に共鳴し、彼女と共闘している（その一つが藤野彰氏との共訳『殺劫――チベットの文化大革命』集広舎、〇九年）。それはリットンの「ペンは剣よりも強し」の精神を、今日の中国に即して地道に実践することである。

それは「劉暁波とは誰か」という問いは、結局、「そのように問う自分とは誰か」という問いとして己に跳ね返ってくると自覚するためである。余杰、オーセル、廖亦武、王怡たちも、それぞれが自分自身に問いかけ、自分のあり方を見つめながら劉暁波と共に苦闘している。私もまた、彼（女）たちに倣い、研鑽し、体制に追従せず、利益に誘導されず、独立した立場で、良心に忠実であるように努めつつ、暴力に対しては非暴力で、愛をもって、言論で訴えるべく著述に励みたい。

「私には敵はいない」という思想と行動

――「体制外」は「反体制」ではない――

及川淳子

はじめに

「我没有敵人（私には敵はいない）」――劉暁波《リュウシャオボ》の思想と行動をもっとも端的に語る言葉は、中国語でわずか五文字の一言だ。

二〇一〇年一二月一〇日のノーベル平和賞授賞式は、周知のように劉暁波本人はもとより、劉霞《リュウシィア》夫人をはじめとする親族や中国国内の関係者も出席できないまま開催された。メダルと賞状が、座るはずの人がいない椅子の上に置かれ、「空の椅子」は劉暁波が置かれている現実を象徴し、受賞の意味を世界に向けて問いかける強いメッセージとなった。ノーベル平和賞の意義やその政治性については当然ながら様々な議論があり、中国当局は強い批判を繰り返している。中国の民主化運動が劉暁波のノーベル平和賞受賞によって新たな進展を見せたことは、各方面から大いに議論されるべき問題だと考えるが、ここでは劉暁波自身の言説を具体的に読み説くことによって、「私には敵はいない」という思想と行動について考察したい。

受賞者による記念スピーチの代わりに、ノルウェーの女優リブ・ウルマンが三〇分以上も時間をかけて、劉暁波のメッセージが伝わるようにとゆっくり読み上げたのが、「私には敵はいない――私の最終陳述」である。(1) 二〇〇九年一二月二五日に北京市第一中級人民法院で行われた第一審判決を前に、一二月二三日付で劉暁波が獄中で執筆したのがこの文章だ。法廷では、全文を読み上げることはできなかったと伝えられているが、二〇一〇年一月に劉霞夫人の手を経てインターネット上に公開された。この最終陳述書には、自分の執筆活動は中国の憲法が国民に賦与している言論の自由という権利を実践しているだけにすぎず、自分は無罪で、告発は違憲であるという主張が述べられている。国家政権転覆扇動罪という重罪に問われた判決を前にして、約三〇〇〇文字の文章で、紙幅のほとんどを割いて語られているのは、「私には敵はいない」という思想と、妻に対する切々とした愛情だ。

劉暁波は、中国共産党の一党独裁を痛烈に批判していることから、過激で急進的なイメージで語られることが多い。(2) しかし、中国の民主化に関する劉暁波の近年の言説は、平和的・理性的・漸進的なものだ。それはまさに、「私には敵はいない」という一言に具現されている。

「私には敵はいない」

「憎しみは人の智慧と良知を腐食させ、仇敵意識は民族の精神を堕落させ、生きるか死ぬかという残酷な闘争を扇動し、社会の寛容さや人間性を破壊して、国家が自由と民主へと向かうプロセスを阻害する。それゆえに、私は自分が個人的な境遇を超越して国家の発展と社会の変化を見据え、最大の善意をもって政権の敵意に向き合い、愛によって憎しみを消し去ることができるように望んでいるのだ。(3)」

「私には敵はいない」という思想は、つまり「仇敵意識」からの解放である。一党独裁の中国共産党政権を批判した劉暁波と、劉暁波を国家政権転覆扇動罪で断罪した中国共産党政権を、一種の敵対関係としてとらえることは容易だ。しかし劉暁波は、毛沢東時代、特に文化大革命時代の「階級闘争をかなめとする」という「闘争哲学」を放棄し、「仇敵意識をしだいに薄れさせて、人を憎む心理を取り除くという過程」を歩むことが、改革・開放政策によって社会を発展させてきた前提だと認め、そのような人間性の重視と実践こそが必要なのだと主張している。

「私には敵はいない」という思想は、この「最終陳述」の中で徹底して貫かれている。かつて服役した拘置所と比較して、現在は勾留者の処遇が改善されているという具体例を挙げ、さらには「誠実で、正直で、責任感があり、善良な刑務官と知り合えたこと」を勾留中の「幸運だった」と述べている。さらに、予審検察官や裁判官の態度にも、理性や善意が感じられたという。自分の無罪と告発の違憲性を断固として主張する一方で、それとは別に、以前と比較すれば裁判の過程で人間性の感じられる扱いを受け、進歩を感じたと述べているのだ。

一九八九年当時、「動乱」と規定された民主化運動は、現在は当局によって「政治的風波」という表現に変化している。劉暁波は天安門事件に対する直接的な言及が許されないことを批判するのではなく、むしろ「進歩が最も緩慢な政治の領域においてさえも、仇敵意識の弱まりは社会の多様化に対する政権の寛容さを日増しに拡大させ」、「現在の政権は『以人為本（人を基本とする）』、『創建和諧社会（和諧社会を創建する）』と提起しており、中国共産党の執政理念の進歩を示している」と主張を展開した。

「私には敵はいない」と言う劉暁波を、あまりにもお人よしだと批判する意見もあるだろう。拘置所での扱いは、劉暁波が一般の勾留者や受刑者とは異なる優遇を受けたのではないか、当局の懐柔策を安易に受け止めたのではないかという批判もあるかもしれない。けれどもここで重要なのは、劉暁波があえてそれらを引き合いにして「私には敵はいない」と語ることが、重層的な意味合いを有しているということだ。逆説的に言えば、人間性の感じられる拘置所を語ることで、そうではない拘置所を批判し、善良な刑務官との交流を語ることで、彼らに善良さを問いかけ、「和諧社会」などのスローガンを提起することで、権力者自身の言葉によって権力に対して圧力を加えようとしているのだ。劉暁波の言説を理解するためには、記されている言葉と、記されていない言葉の双方を丁寧に読み説くための政治的読解力が必要だろう。

実は、「私には敵はいない」という言葉は新しいものではない。一九八九年の天安門事件について同時代的な記憶や一定の知識がある人にとっては、歴史的な意味をもつ文言だ。当時、劉暁波が周舵《ヂョウトォ》、侯徳《ホウドゥ》健《ジェン》、高新《ガオシン》とともに発表した「六・二ハンスト宣言」の最後に記された「我々の基本的スローガン」の第一に、

「我々には敵はいない。怨恨と暴力で、我々の智慧と中国の民主化の進展を汚してはならない」という一節がある。[4] 劉暁波たちは、広場を占拠した学生たちに対して武器を放棄させる説得を行うと同時に、人民解放軍の天安門広場突入を回避するために戒厳部隊と直接交渉を行い、学生たちの多くを広場から撤退させて、天安門広場内での流血の大惨事を防いだ。ハンストを続けていた学生たちに対して同じハンストという行動で説得したことや、直接交渉や撤退を実現したことで、劉暁波たちが「四君子」と呼ばれたことは広く知られているところだ。

劉暁波たちが訴えたのは、戒厳令と軍事管制に対する抗議だ。けれども、そこで繰り返されたのは、中国の民主化を推進するための平和的手段と暴力への反対であり、抗議とともに強調されたのは以下の訴えだった。

「我々はハンストによって、中国人が今から徐々に仇敵意識と怨恨感情を消し去り、「階級闘争」式の政治文化を徹底して放棄することを呼びかける。なぜならば、憎しみは暴力と専制を生み出すのみだからである。」

天安門事件から二〇年を経て、「六・二ハンスト宣言」の主張は、劉暁波によって再び繰り返された。「私には敵はいない」という一言は、単なる理想論などではない、重たい歴史の事実とともに想起される言葉なのである。

「社会を変えて政権を変える」

中国国内での言論活動が厳しく禁じられていた劉暁波は、二〇〇八年一二月に拘束されるまで、海外に拠点を置くインターネットサイトや香港・台湾などのメディアを文章発表の場としていた。天安門事件後に海外亡命という道を選ばずに、北京の自宅で執筆活動を続け、文章の末尾に執筆の年月日と「北京の自宅にて」と書き添えるのが習慣だった。

著作は主に香港・台湾で出版されているが、その中で、アメリカに拠点を置く中国人たちの人権擁護団体である労改基金会から二〇〇五年に出版した一冊がある。『未来の自由な中国は民間にあり』というその著書は、劉暁波の言説を理解する上で重要な一冊だ(5)。

「中国の民間レベルで権利の意識と自由の意識が覚醒したとき、中国の変革を推進する根本的な希望は政府ではなく民間にある。覚醒した中国人は、体制外の立場を堅持して、独立した主張を根気よく続けてこそ、次第に組織化した民間の圧力として凝集することができるのであり、これこそが民間の自発的かつ建設的な力を促進する根本的な原動力なのだ。そして、体制内部に生まれている変化を最良の圧力とすれば、官と民の間で良好に相互作用する最善の方法になる(6)。」

劉暁波が中国国内にとどまり続け、国内外の時事問題を常に論じていた意味は大きい。同書では、経済発展の過程で生じた様ざまな社会問題を論じながら、人びとが権利や自由の意識を実感し、インターネットの言論空間で発せられた権利擁護の訴えが、迅速かつ広範に伝播して影響力をもつことや、体制外部の声と同時に、体制内部の変化を排除することなく社会変化を志向すべきだという主張が述べられている。中国国内の個別具体的な問題を観察する中から、劉暁波は「未来の自由な中国は民間にあり」という確信を抱いたのだろう。かつて天安門広場で拡声器を手にして訴えた「民主化」の主張は、より具体的かつ穏健な表現で語られている。

天安門事件から二〇年を経て、中国社会の実情とともに発展した劉暁波の主張を凝集しているのが、二〇〇六年に発表した「社会を変えて政権を変える」という一文だ。[7]「下から上へ」という民間の力に依拠して、社会の平和的な転換を漸進的に実現するという考えは、具体的に六つの主張で述べられており、それらを要約すれば以下のとおりである。

一、非暴力による権利擁護の運動は、政権の奪取を目的とせず、人々が尊厳をもって生きることができる人間性のある社会を建設する。

二、非暴力による権利擁護の運動は、全面的な改造という壮大な目標を追求するものではなく、日常生活における自由の実践に力を尽くし、生活の細部において思想の啓蒙や言論の自由、権利擁護の活動を行い、個別具体的な事例を積み重ねていくものである。

三、自由を制限する政権や制度の力がいかに強大であろうとも、すべての人は尊厳のある誠実な生活をするように努力すべきである。

四、自由主義という価値を堅持して絶対に放棄することなく、寛容という原則を実行し、多元的な対話を提唱するべきである。
五、体制内と体制外で変革を促す人たちでも、上から下へ、下から上へという推進のいずれであっても、発言の権利を互いに尊重し合い、平等な関係の中で議論して共通認識を強めるべきである。
六、独裁権力が居座るという制度の常識を直視し、権利をもたない民衆の地位を改善して主権を自らの手にするためには、英明な君主の登場に希望を託すのであってはならず、終始一貫して民間と草の根の立場を堅持すべきである。

「自由と民主を追求する民間の力は、急進的に政権を変えることによって、社会全体の再建を求めるのではなく、漸進的に社会を変えることによって、政権の変化を迫るものである」という劉暁波の主張は、「社会を変えて政権を変える」という一言に集約されている。中国共産党の一党独裁は厳しく批判しているが、政権の転覆や奪取を訴えるのではなく、理性的・平和的・漸進的な方法で社会を変革していくことの重要性を説いているのだ。特に、非暴力に対する考えは徹底している。劉暁波が「私には敵はいない」という思想と行動の核は、次の一節にも現れている。

「非暴力による反抗の偉大さは、人類が無理に押しつけられた暴政やその苦難に直面しなければならない時でも、被害者は愛をもって憎しみに向き合い、寛容さをもって偏見に向き合い、謙虚さをもって傲慢さに向き合い、尊厳をもって恥辱に向き合い、理性をもって狂暴に向き合い、被害者はその心に抱いた謙虚さや礼儀正しさ、さらには尊厳のある愛によって、理性や、平和、仁愛という規範の中に加害者を主体的に招き入れるのであり、「支配者が交代しても暴政には変わりはない」という悪循環を超越するというところにあるのだ。[8]」

「体制／反体制」という二項対立を超えて

劉暁波についてメディアの報道が用いる表現を並べてみると、日本語では「民主活動家」、「人権活動家」、「反体制派知識人」などの言葉が思い浮かぶ。英語では一般的に「Chinese Dissident（中国の意見を異にする人、反体制の人）」と言われることが多く、中国語では「異見人士」、「異義人」、「不同政見人士」などが使われており、共通して「政治的に異なる見解をもつ人」という意味である。「因言获罪（言論を罪に問われる）」、「良心犯（良心の囚人）」という言葉も、劉暁波を語る際に不可欠の用語だろう。

だが、劉暁波が自らや主張を同じくする人びとを語る際に用いるのは、「公共知識人」、「独立知識人」、「自由派知識人」であり、つまりそれらが彼ら自身のアイデンティティーである。本来、「公共」空間において「独立」し、「自由」に言論活動を行うべき「知識人」に、あえてそれらの言葉を付すというのは、自らにその使命を課しているとも言えるが、逆説的に言えばそれらを実行することがいかに困難であるかという中国の言論空間の実情を訴えているともいえよう。

「体制／反体制」という言葉は、民主化運動を語る際に用いることが多いが、劉暁波の「私には敵はいない」という思想と行動を考察する際には、既存の思考的枠組から自由になり、議論することが必要だ。確かに、中国共産党という一党独裁の「体制」が厳然として存在している以上、「体制内／体制外」という政治的立場は存在し、政治的主張の相違などによって知識人たちの立場も区分される。さらに言えば一九八〇年代の民主化運動の際に使われていた「知識人」と現在の「知識人」とは、すでに同義ではないのかもしれない。知識人自体も、経済発展による体制内部の既得権益の受益者となり、知識人とは何か、いかにあるべきかという問題は時代の変化とともに議論されるべき問いである。だが、ここでは「知識人」の定義についての議論の重要性は意識しながらも、その問いは一時脇に置いて、もうひとつの問題を議論しておきたい。

それは、劉暁波の言説が「反体制」であるのか否かという問いだ。繰り返しているように、中国共産党による一党独裁体制を批判するという意味では体制に反対しているが、「体制外部」に生まれ影響力を持ち始めた民間の力を重視すると同時に、「体制内部」に存在する改革派の存在を排除することなく、相互に影響しあうことの重要性を訴えている。後者については、若干の補足が必要だろう。前掲書『未来の自由な中国は民間にあり』には、「体制内部の異なる意見はもはや沈黙しない」という一節があり、共産党内部で政治体制改革を主張する声が存在することを重視している。[9]現在の体制内には、中国共産党が革命政党であった時代から「民主」を語ってきた老幹部たちもいれば、海外留学を経験して普遍的な価値観に親しむ若い世代もいる。彼らの存在は「時代の必然」であり、それぞれに「独特な役割」を果たしているというのが劉暁波の分析であり、一九八〇年代の民主化運動も、当時の「体制内部」から発展したという歴史の事実を確認している。劉暁波自身は「体制外」であり、「体制外」に存在する民間の力を重視しているが、「体制内」の改革派を排除せずに、むしろ包摂する態度は、「反体制」という言葉で概括することはできないだろう。くどいようだが、「体制外」が単純な「反体制」ではないことを、いま一度確認する必要がある。

劉暁波が指摘する「体制内部の異なる意見はもはや沈黙しない」という事象は、近年、政治体制改革をめぐる様ざまな言説に現れている。温家宝総理が機会あるごとに経済と政治の二つの体制改革が重要だと説いていることも注目されるが、筆者がさらに注目しているのは、共産党内部の改革派老幹部たちの言説だ。元毛沢東秘書の李鋭をはじめ、八十、九十歳代という高齢の中国共産党の老幹部たちのネットワークが、劉暁波の判決に抗議し、言論の自由を訴える公開書簡や共同声明を発表し続けていることは、すでにいくつかの拙稿で論じている問題なので、詳細についてはそれらを参照頂きたい(10)。ひとつ言えば、彼らのネットワークによる全人代宛公開書簡は、本書に翻訳を掲載した。

「体制内部の異なる声」を考察する中で考えさせられるのは、改革をめぐる様ざまな言説に、もはや「体制内/外」という明確な区分が存在するわけではないという歴然とした事実である。さらに言うならば、「体制/反体制」という二項対立の分析枠組みから自由になり、一つ一つの事実に対する理解を深める姿勢が必要なのではないかということだ。そして、それを可能にするためにも、中国社会においては言うまでもなく、中国について語る日本の私たち自身も、自由な言論空間を確立することが、あらためて問われているといえよう。劉暁波の言説を「反体制」という側面だけで語るのでは、改革をめぐる言論空間の現況を見誤ることになるだろう。

むすびにかえて

共訳書『天安門事件から「08憲章」へ』の刊行以降、特にノーベル平和賞決定後、筆者は劉暁波について執筆や講演の機会が多くなった。能力と時間は限られているが、機会があればできるだけ多くの人たちとこの問題について議論したいと考えている。言うまでもないが、劉暁波をノーベル平和賞受賞者や民主化運動の英雄として単にシンボルにするのではなく、その主張を丹念に読み解きながら、劉暁波の思想と行動に対する多様な議論を続けていきたい。劉暁波に対する一面的な賛同ではなく、むしろ批判的な考察も排除せずに、より開かれた、深い議論を重ねていくことができるか否か、試されていると言えよう。

もとより、劉暁波夫妻と直接の交流がある翻訳者の一人として、その思い入れの強さから、冷静で客観的な議論には限界があるという批判もあり、それは筆者も強く自覚しているところだ。しかし、劉暁波が今なお獄中にいて、授賞式後の現在も劉霞夫人が軟禁状態にある中で、研究者としての客観性は失わないようにと考えても、そうした状況に心を寄せる友人の一人としては、冷静さを保つことは難しい。まして、「私には敵はいない」と言う劉暁波の言葉を、思想の理解という段階から、行動様式に対する理解へと高めていくことは、さらに難しいと痛感している。

それは、はからずも身近な現実から突き付けられた。ノーベル平和賞授賞式の前後に、北京在住の親しい友人と連絡が取れなくなってしまったのだ。学生時代に劉暁波に師事して強い影響を受け、夫妻の支持者でもあるその友人とは日常的に連絡を取っていた。電話や電子メールでいつでも連絡が取れる時代に、まるで神隠しにでもあったように、その友人は忽然と消えてしまったのだ。劉暁波の支持者であるという理由だけで軟禁や身柄拘束を受けていた友人を案じながら、不安や恐怖を感じ、憤りとやるせなさに言葉を失ったとき、果たして「私には敵はいない」と言えるだろうか。それでもなお、未来に希望をもつことができるだろうかと考えさせられたのだ。中国の問題を外国人として理解し得ることには限りがあるかもしれず、まして彼らの苦難を分け持つことなど到底できようもないのだが、せめてそうした事実に真摯に向き合い、様ざまな感情を心に刻みながら、自分なりの方法で執筆や翻訳を続けたいと思う。幸いにも、友人は数日間の身柄拘束の後に解放されて無事に帰宅したが、現実の厳しさに直面し、痛感すると同時に、「私には敵はいない」という劉暁波の思想と行動の意味を、あらためて考える契機となった。

「自由」を語ることは容易だが、「自由」を実践することには当然ながら困難が伴う。日本と中国は政治体制や社会環境が異なるが、しかし、人々が「自由」を求めることに違いはないはずだ。それは中国の問題であるだけでなく、日本で生活する私たちの問題でもあり、一人ひとりに問われている現実の問題でもある。劉暁波の思想と行動について語ることで、私たちは未来に希望をもつことができるだろうか。「私には敵はいない」を読み返しながら、「自由」について、「希望」について、考え続けている。

最後に、劉暁波の言葉を引用してこの拙文を終えたい。

「……私は、未来の自由な中国が訪れることに対して楽観的な期待に満ちているが、それはどのような力であっても自由に憧れる人間の欲求を阻止することはできないからであり、中国は、最終的には人権を至上のものとする法治国家に変わるだろう。（中略）表現の自由は人権の基本であり、人間性の根本であり、真理の母である。言論の自由を封殺することは、人権を踏みにじり、人間性を窒息させ、真理を抑圧することである。[11]」

注

（1）劉暁波「私には敵はいない――私の最終陳述（I Have No Enemies: My Final Statement）」のテキストは以下を参照されたい。
中国語版：http://static.nobelprize.org/nobel_prizes/peace/laureates/2010/xiaobo-lecture_ch.pdf
英語版：http://nobelprize.org/nobel_prizes/peace/laureates/2010/xiaobo-lecture.html
リブ・ウルマンが代読する映像は、ノーベル賞委員会のホームページで視聴することができる。
http://nobelprize.org/nobel_prizes/peace/laureates/2010/award-video.html
なお、日本語訳は、本書に収録された横澤泰夫訳を参照されたい。このほかに、及川淳子訳（『最後の審判を生き延びて――劉暁波文集』岩波書店、二〇一一年二月、収録）、矢吹晋訳（『劉暁波と中国民主化のゆくえ』花伝社、二〇一一年四月、収録）の邦訳がある。
（2）劉暁波の言説を解説する際に多く使われる表現。劉暁波の思想を解読する参考文献として、徐友漁が岩波書店『最後の審判を生き延びて』に寄せた「あとがき」を参照されたい。
（3）以下、引用は拙訳。
（4）劉暁波『選択的批判――與思想領袖対話』（台湾）風雲時代出版公司、一九八九年、七頁。「六・二ハンスト宣言」邦訳は、以下を参照されたい。
①刈間文俊、代田智明『衝撃の中国　血の日曜日――燃え上がった民主化闘争』凱風社、一九八九年八月、一三四―一三七頁。
②矢吹晋編訳『チャイナ・クライシス重要文献』第三巻、蒼蒼社、一九八九年一二月、六一―六六頁。
③加々美光行編、村田雄二郎監訳『天安門の渦潮――資料と解説／中国民主化運動』岩波書店、一九九〇年五月、

一六五―一七〇頁。
④及川淳子訳『最後の審判を生き延びて――劉暁波文集』岩波書店、二〇一一年二月、二五八―二六四頁。
（5）劉暁波『未来的自由中国在民間』（米）労改基金会、二〇〇五年。
（6）『未来的自由中国在民間』作者手記、同書九頁。
（7）劉暁波「通過改変社会来改変政権」二〇〇六年二月二六日、観察網：
http://www.observechina.net/info/artshow.asp?ID=38211
（8）同右。
（9）前掲、『未来的自由中国在民間』第九章。
（10）拙稿「『08憲章』と中国の知識人」『環』四一号、藤原書店、二〇一〇年四月（本書にも収録）、「改革派・李鋭ネットワーク」（社）国際善隣協会『善隣』No. 399通巻六六六、二〇一〇年九月など。特に、ノーベル平和賞決定前後の新たな動向については、「言論の自由をめぐる中共改革派老幹部の行動」渡辺浩平編『中国ネット最前線』蒼蒼社、二〇一一年一二月、などを参照されたい。
（11）前掲、「私には敵はいない」。

劉暁波の二つのあり方

——バーバラ・ゴールドスミス賞受賞の挨拶——

劉霞《リュウシィア》

劉燕子訳

二〇〇九年四月二八日、アメリカ・ペンクラブは獄中の劉暁波に Barbara Goldsmith Freedom to Write Award を贈った。劉霞も授賞式には出られなかったが、次の挨拶を送った。

みな様、とても残念なことに、夫の劉暁波も私も授賞式に出席できません。今から二六年前、現代詩を書いていた私たちは、詩を媒介にして出会い、愛しあってきました。二〇年前、歴史に前例のない学生運動と大虐殺が起きたとき、劉暁波は道義において引き下がることを潔しとせず運動に身を投じ、誰もがよく知るとおり「六・四の黒幕」となり、運命が変わりました。その後、数回も投獄され、たとえ釈放されてもほとんど不自由な状態に置かれました。私は妻として選択の余地はなく、夫の不幸な運命の一部となっています。

しかし、私は劉暁波の追随者ではありません。現代詩と絵画をとても愛好する者です。そして、劉暁波を単なる政治的な人間と見たことはありません。彼は不器用だが勤勉な詩人で、たとえ投獄されても詩を書くことを放棄しませんでした。看守が紙やペンを没収すれば、頭で考えを練りました。この二〇年来、彼と私の心と心を交わした愛情詩は既に数百篇にもなっています。その中の一篇では、このように綴っています。

墓に入る前に
忘れずに骨と灰でぼくに手紙をくれ
忘れずに冥土の宛先を書いてくれ

中国の詩人、廖亦武《リャオイウ》は、次のように劉暁波の詩を評価しています。

劉暁波は「六・四」の犠牲者の霊を背負って愛し、憎み、祈祷する。このような作品はナチの収容所やロシアのデカブリストの流刑の途上で書かれたもののようだ。まさに「アウシュヴィッツの後で詩を書くことは野蛮である」〔テオドール・W・アドルノ『否定弁証法』木田元他訳、作品社、一九九六年、四三八頁参照〕とは、八九年以後の中国の実情に合っている。

それでも、私はよく理解しています。この賞は、名目の上では、詩人の劉暁波を励ますのではなく、「08憲章」の起草者、政治評論家の劉暁波に与えられたものです。またしかし、私はこの二つのあり方の関連に気づいていただきたいと思います。劉暁波は、詩人のほとばしる熱情をもって中国の民主化を進め、独裁者に向かって「ノー！ノー！ノー！」と繰り返してきました。

また、家庭では、詩人の暖かなやさしさをもって「六・四」で今でも安らかに眠れない無実の罪で殺された犠牲者の霊、そして親愛なる友や私に「イエス！イエス！イエス！」と繰り返してきました。

アメリカ・ペンクラブに感謝します。独立ペンクラブに感謝します。列席されている諸先生に感謝します。

二〇〇九年四月一七日、不自由な北京の自宅にて

劉暁波の詩と「生存の美学」

劉燕子《リュウイエンズ》

美学と政治

本書所収の「天安門の母たち」グループ代表の丁子霖《ディンズウリン》・蒋培坤《ジァンペイクン》「私たちと劉暁波さんとの出会いから親交へ」で述べられているように、中国で美学が「ブーム」となり、研究テーマとしても注目されていた時期に、劉暁波は美学で知られていた蒋坤培の指導を受けて文芸論で博士号を取得した。これは、劉暁波の思想の原点に美学があることを示している。そして、この発展として天安門民主化運動への参加、「08憲章」、獄中での抵抗などの実践がある。

この美学と政治という組み合わせは、劉暁波だけに限らない。私は一九九一年に来日し、留学生として学び始めると、大学や研究会でミシェル・フーコーの「生存の美学」が議論されていることを知った(1)。議論ではフランス語風に「エステティク」と言われ、中国人の私は聞き取ることが難しかったが、「美学」が日本でも注目されていることに、中国の思潮との共通性を覚えた。そして、勉強を進めていくうちに、フーコーやブルデューたちフランスの知識人には深い批判精神があり、それは権力や支配を根源的に問い直すことに通じていることが分かった。

このように、美学を研究した劉暁波が政治に関与するようになったのは、特別なことなどではない。ただし、中国はフランスと異なり事実上の一党独裁体制下で言論が統制されているため、彼の運命はフランス知識人とまったく違ったものになった。

劉暁波が繰り返し投獄される一方、中国でも遅ればせながらフーコーやブルデューが翻訳され、「ポストモダン」が話題になったが、それは新奇な考え方やディスクールのゲームとして取りあげられただけで、深い批判精神は意識的・無意識的に見過ごされた。当然、それらを劉暁波の美学と政治に関連させる議論など、ほとんどなされなかった。しかも「ポストモダン」は一時の流行で、すぐに省みられなくなった。

しかし、私はフランス知識人と対比して劉暁波の思想や実践を研究するなかで、その普遍的な意義を次第に認めるようになった。彼は「美学」を表面だけ美しく見せる装飾の技巧とは捉えず、どのように生きるのが美しいのかという「生存の美学」として探究し続け、この探究が中国の民主化という政治に至るのである。ただし、彼は文学から離れたわけではなく、「不器用だが勤勉な詩人」として詩を書き続けている（本書所収「劉暁波の二つのあり方」）。

つまり、劉暁波は器用に政治と文学を使い分けているのではない。「不器用」だが、その生き方において統合させているのである。だからこそ、一九八九年の天安門広場では精神的道義的な支柱となり、それが「08憲章」へと結実していくのである。

確かに、表面的には有罪の受刑者という生き方は美しくはないが、それは独裁権力に抵抗して尊厳ある自由な生き方を求めた結果である。劉暁波はまさにここにしか美はないと考えているのである。残酷で腐敗した独裁体制下で美を追究すれば、当然であると言える。

また、劉暁波は真摯に内心を見つめ、自己の醜い部分をも正視して表現する。これは表面的には美しくはないように見えるが、むしろ、自分の奥深い醜の部分を見つめ、それを乗り越えようと努めるところに美を求めているのである。

劉暁波における詩と政治

中国では伝統的に、文人は詩、書、画、楽をたしなむものとされてきた。清談しながら、おもむろに筆を取り、詩歌を書き、挿画を添え、楽器を弾きながら朗詠するという姿である。また、文人は修身斉家治国平天下（「礼記・大学」）と、個人から天下国家を一気に論じるという伝統もあった。こうして、志ある士は詩によって憂国の情を吐露しつつ、変革を訴えてきた。

確かに、詩で天下国家を謳うことは、立身出世主義で権力を飾るために使われることもあったが（科挙の試験に詩は含まれていた）、他方、知行合一や良知（陽明学）により思想と実践を一致させようとする系譜も根強く続いてきた。後者は前者の虚飾に対する鋭い批判でもある。これを踏まえれば、劉暁波が言論だけでなく運動に参加し、その中で詩を創作するということは、中国の伝統文化の正統的かつ良心的な継承者であると言える。

その上で、彼は中国の学問だけでなく、西洋の思想や文学も摂取し、いかなる理由によっても侵害されてはならない人間としての自由や独立を絶対的かつ至上の価値として、これを誠実に身を以て実践することを通して固有のアイデンティティを形成しており、中国の伝統的文人の次元を遙かに超えている。従って、彼の詩を論じるためには、西洋の思想、美学、文学との対比も重要である。

劉暁波の詩は、毎年書く天安門事件の犠牲者を追悼する慟哭の詩と、暴政の下でなお真の美を求めるために受ける苦難を分かちあう妻と交わす愛の歌というように大別できる。前者は「死者と生者の声を繋ぐ」営みであるとともに(2)、加害者の政権が歴史を抹殺し、忘却させようとすることへの抵抗であり、またその腐敗の告発にもなっている。それでは、まず『天安門事件から「08憲章」へ』で訳出した「六四、一つの墳墓」を論じることにしよう。

劉暁波の追悼詩

「六四、一つの墳墓」で、劉暁波は、当局によって厳しく隠蔽されている天安門事件の真相を「墓碑のない墳墓」、「忘れられ荒れはてた墳墓」と哀悼するとともに、この「墳墓」を経済成長で覆い隠している状況を、「朝はいつもウソから始まる／夜はいつも貪欲によって終わる……この広場は、完璧に美しく見える／マオタイ酒、レミーマルタンXO／あわびの宴会やら／「三つの代表」が報告する儀式やら／妾やら精液やら赤いネイルカラーやら／偽のたばこやら偽の酒やら偽の卒業証書やら／パトカーやら鉄かぶと

やら電気陰茎やらで／リフォームして一新した」と告発する。(3)

それは、嘘や偽物で飾りたてる一方、警察や軍隊で残酷に抑えつけるなかで、「三つの代表」という名の特権階級が物欲、食欲、性欲、名誉欲などを貪るという腐敗の告発である。そして、この腐敗した生者とともに生きるのではなく、むしろ犠牲者の亡霊と交信し、「血涙をもって雪のように輝く記憶を取り返そう」と呼びかける。(4)

私はこのような詩を読むと、エクトル・ベルリオーズの「幻想交響曲」を連想する。モチーフやテーマの展開に共通性を見出すのである。その第一楽章「夢、情熱」は、天安門民主化運動の夢や情熱に照応する。第二楽章「舞踏会」は、広い支持や協力を得て民主化が進展した中で共有された喜びを表わす。第三楽章「野の風景」は、運動のつかの間に得られた広場での安らぎや、政府はきっと民主化を受けいれるだろうという信頼や期待であるが、しかし、その中で不安な兆しが感じられる。特に、後半で繰り返される太鼓の連打は北京に集結する人民解放軍の進軍を連想させる。第四楽章「断頭台への行進」は、まさに軍隊の出動、運動の鎮圧、虐殺である。そして、第五楽章「魔女の夜宴の夢」は、暴力によって得られた権力は経済成長でますます腐敗し、夜な夜な狂乱の饗宴が繰り広げられるが、しかし、その底には亡霊・死者の泣訴や抑圧された民衆の憤怒があることを想起させる。

もちろん、これはあくまでも一例であり、他にも様々な読み方があるだろう。言論の自由のために闘う劉暁波の詩の読み方は、各人の自由に委ねられている。私としては、産業革命による経済成長と革命（一八三〇年の七月革命や四八年の二月革命）という時代を生きたベルリオーズの音楽を通して、劉暁波の詩の世界がより深く読みとれることを述べたのである。

劉暁波の愛の詩

次に、劉暁波が劉霞に寄せた愛の詩を取りあげる。劉暁波は切なく甘酸っぱく漂う芳香に熱情を秘めながら、痛々しいまでに凄味さえ交叉させて愛を歌う。それは苛酷な現実に対峙しつつ可憐で繊細な愛を貫こうとする者の宿命であり、これを美学的に高い次元にまで昇華させたのが、彼の愛の詩である。その一つに「担う――苦難の妻へ」(『劉暁波・劉霞詩選』夏菲爾国際出版、香港、二〇〇〇年所収)がある。

担う――苦難の妻へ

君はぼくに言った……
「すべて担える」
君の瞳は頑なに太陽に向かい
失明して炎となり
炎は海水を塩に変えた

親愛なる人よ
暗闇を隔てて君に聞かせよう

墓に入る前に
忘れずに骨と灰でぼくに手紙をくれ
忘れずに冥土の宛先を書いてくれ

骨のかけらは便せんを引き裂き
きれいな字を書けなくする
砕けたペンは君を刺して傷つけ
焼けるような眠れぬ夜に
君は自己に驚く

一つの石ころが天と地を担うのだ
その固さをもってぼくの後頭部を激しくたたけ
飛びだした脳漿で白い錠剤を作れ
ぼくたちの愛を毒殺しろ
この毒にやられた愛を再び用いて
ぼくたちの自己を毒殺しよう

この詩を読むと、私はベルリオーズと同時代のヴィクトル・ユーゴーの『ノートルダム・ド・パリ』の悲劇的な結末を連想させられる。それは、美しいエスメラルダと思われる白骨に、醜いカジモドと思われる異様な骨格の白骨が連れ添い、二つを引き離そうとすると粉々に砕け散ったという情景である。

私は劉暁波、そして劉霞の愛の詩は、このように骨と骨まで連れ添い、引き離そうとすると粉々に飛散するような愛を歌っていると思う（劉霞の詩は本書で訳出）。まさに「骨に響き渡る」と言える詩だが、私は日本人との談話で覚えた「骨がらみ」という表現でも言い換えられると思っている。劉暁波と劉霞は骨と骨がからみ合う程の「骨がらみ」の愛を歌っており、それは読む者を戦慄させる。

そして、結びを取りあげてみよう。劉暁波は、十数億の国民を支配する政権に対して、個人として立ち向かっているのである。それは「一つの石ころが天と地を担う」に等しい。誰もが当然、怯み、恐れる。また、抵抗を諦め、愛しい妻との安楽を求めようとする誘惑もある。しかし、劉暁波は、そのようになろうとする自分の「後頭部」を「激しくたたけ」と、妻に求める。そして、そのような「愛」など「毒殺」し、さらに「毒にやられた愛」で、自分たちの「自己」をも「毒殺」しようと言う。これは激烈に骨の髄まで焼き尽くすことで得られる「愛」を示唆している。それが二人の「愛」であり、生き方である。

また、このような詩もある。

こんなにも小さくて冷たい足——ぼくの氷のように冷たい小さな足の指に

君はとても遠くからやって来てくれた。とてもとても遠くから
ようやく冬の日の鉄の門にたどり着いた

こんなにも小さな足で、こんなにも遠い道のりを
こんなにも冷たい足の指を、こんなにも冷たい鉄の門につけて
ただ囚人のぼくに一目会うだけのために

一すじの荒涼とした道が忘却の間で曲がりくねっている
破れた古い帆が灰色の海ではためいている
君はずっしりと重い本と疲れを背負い
黄昏に入り、黎明に出る
ただ足跡を囚人の夢に残して

出かけるときはいつも心を込めて髪を梳く
君の長い髪は誇らしく風に翻る
たとえ吹かれてもまったく乱れない
重苦しい時間が迫り、君の足を止めようとするが
君は進み続け、長い髪はまったく乱れない

きみは足の指で鉄の門を踏みにじる
君は髪の毛で鉄格子を擦り、断ち切る

君はいかなる信念をも超越する強靭さで
ぼくたちの空白を支える
流れ去る一分一分を
君の足跡の中で永遠にしよう

一九九六年一二月九日

これは、劉霞が凍てつく冬の日に、遠く離れた監獄まで、冷えきった足で面会に来たことを歌った詩である。それは有形無形の圧力をはねのけ、「鉄の門」を突破するような行為である。

そして、劉暁波は、この「足」を愛おしみつつ、「鉄格子」を切断する「髪」をも歌う。ただし、写真で分かるように、劉霞は坊主頭にしている。日本で髪は女の命というが、これは中国でも同じである。その髪を彼女は切り落とした。これは、夫が不当にも投獄され、坊主頭にされたことを分かちあうためである。当然、劉暁波はこのことを知っている。しかし、彼の心の中で、劉霞はいかなる風波にもまったく乱れない長い髪の女性である。そして、切り落として短くなった「髪」こそ、「鉄格子」を断ち切るほどの強靭な「長い髪」となる。これは、先述した「愛」も、「自己」も「毒殺」することで、真の「愛」を獲得しようということに通じる。

かつて、ロマン・ロランは『ベートーベンの生涯』において、その生涯を「苦悩を突き抜けた歓喜」と概括した。そして、十数億人を支配する独裁政権と闘い抜く二人が交わす愛の詩は、これに匹敵する。

戦車を前にした詩と美学

劉暁波の詩には、彼の生き方が凝縮されている。それはまた彼が探究する美学の表現でもある。それは一九九五年にノーベル文学賞を受賞したアイルランドの詩人シェイマス・ヒーニーの「ある意味で詩の効果はゼロに等しい。今まで一台の戦車を阻止できた詩は一篇もない。だが、別の意味では詩は無限だ(5)」を想起させる。

中国亡命知識人の貝嶺は、一九九八年一〇月二六日、ハーバード大学でそのヒーニーと対談し、「詩は自ずから立証する力である(Poetry is its own vindicating force)」とともに、この文言を取りあげ、「道徳の重さや情感の重さ」に言及した(6)。これに対して、ヒーニーは"responsibility(中国語は「責任」)"と"answerability(中国語は「負責」)"を提示し、「詩人は根本において世界に対して回答を提出し、世界に対して応じるべきです」と語った(7)。つまり、詩人は「世界」に対して傍観せず、応答し、回答を提出する責任を負っているということである。

しかし、そのためには「力」が求められる。この点について、ヒーニーは「真の原動力が必要で、それが確実に創作を促します。それは周囲に発生したことすべてに忠実になることです。しかし、世界で最も容易なことは、詩歌に忠実ではないでいることです」と述べた(8)。即ち、安易な道を選ばず、「すべてに忠実」であることを貫き通して詩に取り組むための「力」を獲得することは極めて困難なのである。それでもなお、この困難を乗り越えるとき、たとえ「効果はゼロに等し」く、「戦車」など阻止できない詩においても、なお「無限」の可能性を見ることができる。

また、ヒーニーは「詩人について言えば、このようなことは、最終的には美学の問題に帰着します。──まさに、あらゆることが美学に帰着することと同じです」と発言している。(9) これについて「戦車」と対比して見るとき、その困難性が一層明確になる。「戦車」で鎮圧する者は、抵抗する者の肉体を見るも無惨に破壊し、さらに「暴徒」として冤罪に陥れ、それを情報統制とプロパガンダで、辱め、見せしめにする。それは物理的にも心理的にも惨めに醜くさせられることである。しかし、あくまでも詩に「忠実」であり続けて、真の「力」を備えた詩人は、悪辣な暴力に屈せず、言葉の尊厳、真の美を守り抜き、詩に結晶化させる。

このような美学を政治から愛まで「あらゆる」ところで貫こうと努めているのが劉暁波である。彼は繰り返し投獄されてもなお、凛として尊厳ある姿勢を示している。これこそ「生存の美学」の実践に他ならない。

注

(1)田村俶訳『快楽の活用』(『性の歴史II』)新潮社、一九八六年、序文。増田一夫訳『同性愛と生存の美学』哲学書房、一九八七年など。また、ピエール・ブルデューは「美学の政治化」を指摘している。コリン・コバヤシ訳『自由─交換──制度批判としての文化生産』藤原書店、一九九六年、一四二頁。

(2)『天安門事件から「08憲章」へ』の私の「解説」参照。特に二八四─二八五頁。

(3)同前『天安門事件から「08憲章」へ』四八─五〇頁。

(4)同前、五五頁。

(5)Seamus Heaney, *The Government of the Tongue: the 1986 T.S. Eliot Memorial Lectures and Other Critical Writings*, Faber,

London, 1988, p.107.
(6)「面対面的注視」『傾向』第一三号、二〇〇〇年、二二七頁。この対談で貝嶺は天安門事件における自分の体験も語っている。
(7)同前、二二八頁。
(8)同前、二三一頁。
(9)同前、二二九頁。

Ⅱ

ノーベル平和賞受賞の意味

――希望は「民間」にあり

劉暁波のノーベル平和賞受賞に関する声明

及川淳子訳

中国の公民である劉暁波が二〇一〇年度のノーベル平和賞を受賞したというニュースは、国内外で極めて大きな反響を呼んでいる。これは、中国の現代における重大な歴史的事件であり、中国が平和的に社会の転換を実現し、民主憲政に向かって邁進する上での新たな契機でもある。歴史に対して責任を担い、中国の運命の行く末に責任を担うという精神に基づいて、私たちは以下の声明を発表する。

一、ノーベル平和賞委員会は、今年度の賞を劉暁波に授与した。この決定は、賞の宗旨と審査の基準に合致するものである。現代社会において、平和と人権は切り離すことはできず、生命を奪い踏みにじる行為は、戦場だけでなく一国の暴政と悪法の実践の中にも存在する。国際輿論の普遍的な称賛が証明しているように、今年の平和賞を中国の人権運動の代表的人物に授与することは、時期に適った正しい決定である。

二、劉暁波はノーベル平和賞に相応しい候補者であり、彼は非暴力の手段によって人権を擁護し、理性的な態度で社会の不正に抗議することを堅持している。彼は強靭な態度で民主憲政という目標の実現に向けて努力し、迫害を受ける時も憎しみの感情を捨てており、その全てによって受賞の資格を有することは疑うべくもない。劉暁波の理念と実践は、中国人が政治や社会における衝突を解決するための模範にもなっている。

三、劉暁波の受賞後に、各国政府や各地域、各組織の指導者が相次いで中国当局に対して劉暁波の釈放を再度要求したが、私たちは同じ態度を有している。また同時に、私たちは、当局が思想、宗教と信仰、言論などを理由に拘禁されている全ての政治犯と良心の囚人を釈放するよう呼びかける。私たちは、できるだけ迅速に手続きを始めて劉暁波に自由を取り戻させ、劉霞夫人とともに自らオスロに赴いてノーベル平和賞を受け取るよう呼びかける。

四、劉暁波の受賞の知らせを聞いて、各地では市民たちが興奮しながら祝賀の食事会や会議を開催し、スローガンの掲示やビラの配布などによって喜びあい、或いは意見交換をしたが、これらの行為は完全に合法的かつ合理的なものである。しかし、警察はこれらの活動に対して厳重な抑圧と妨害を行い、市民の中には拘禁、尋問、本籍地への送還をはじめ、甚だしきにいたっては勾留される人もおり、自宅に軟禁されて行動の自由を失うと同時に、さらに通信の権利まで剥奪されている人もあり、その中には劉暁波夫人の劉霞も含まれる。私たちは警察側に対して、直ちにこのような不法行為を停止し、拘禁されている市民を直ちに釈放するよう要求する。

五、私たちは呼びかける。中国当局は、理性と現実的な態度で劉暁波受賞の件に対処し、国内外からの激しい反応の中から世界の潮流と人心の願うところを子細に観察して明らかにすべきである。中国は普遍的価値および人類の文明という主流に入り、積極的に責任を担うという大国のイメージを打ち立てるべきだ。私たちは、政府と指導者たちのいかなる改善と善意も、人々の理解と支持を得ることができ、効果的に中国社会が平和的に発展することに貢献すると信じている。

六、私たちは呼びかける。中国当局は政治体制改革に関する約束を果たすべきだ。温家宝総理は、最近の一連の講話で政治体制改革を推進するという強い願望を繰り返し表明し、私たちはその実践に積極的に参与したいと考えている。私たちは、中華人民共和国が現行の憲法と、中国が署名した国連憲章および各種の国際条約の枠組みにおいて、政府が公民の各種の権利を適切に保障し、平和的に社会の転換を実現し、中国を名実ともに民主と法治の国家にするよう期待する。

二〇一〇年一〇月一四日

（「关于刘晓波获得诺贝尔和平奖的声明」）

訳者付記

この共同声明は、ノーベル平和賞の決定を受けて、中国の知識人百余名がインターネット上に発表した。賛同者が電子メールを送付する方法で、その後一一〇〇余名の署名が集まった（参照 http://wexiaobo.org/?page_id=18）。

受賞は中国の民主化を促すか

――北京の現場から――

峯村健司

「賞よりも早く帰ってきてほしい」

映画俳優のようにたそがれ時の海を見つめて思いにふけっているワンシーン。子どものように舌を出しておちゃらけている顔のアップ……。

十月六日午後、西日が差し込む北京市内の喫茶店の一室で、劉《リュウ》暁《シャオ》波《ボ》氏の妻、劉《リュウ》霞《シィア》さんが自身で撮った夫の十数枚のモノクロ写真を見せながら、二人のなれそめから酒を飲みながら夜通し語り合った話を懐かしそうに語ってくれた。

劉霞さんは最近、北京市当局者に自宅前を二十四時間体制で監視され、電話やメールはすべて盗聴されている。少しでも敏感な内容を電話で話すと、すぐに当局者が自宅にやってきて事情聴取をされるほどの敏感さだ。当局の警備をすり抜けて、あらかじめ打ち合わせていた自宅近くで落ち合った。長期間、緊張状態に置かれているためか、疲れているように見えたが、夫との思い出話をしているときは笑みがこぼれた。だが、ノーベル平和賞について質問すると、表情が再び曇った。

「国際社会が夫に高い関心を持ってくれていることに感動しており、深く感謝したい」。たばこをゆっくりとくゆらせて一呼吸を置くと、ノーベル平和賞に対する各国の期待の声に対して感謝の思いを述べた。しかし、受賞の可能性については否定的な考えを示した。「当局に拘束中の人間が受賞したのは、ミャンマー（ビルマ）の民主化運動指導者のアウン・サン・スー・チーさんらごく一部。受賞はかなり難しいと思う。賞よりも一番の願いは、一日も早く家に帰ってきてくれることだ」。

「犯罪者の妻」として当局に扱われてきた劉霞さんにとって、夫のノーベル平和賞受賞はあまりにも落差が大きすぎて想像ができない、と感じているように見えた。「名誉よりも夫の自由を」というのは心からの訴えだったのだろう。一時間あまり語り合った後、別れ際に約束を交わした。「二日後に受賞が決まったらこの喫茶店でまた会いましょう」。

受賞発表の当日

平和賞受賞者が発表される十月八日。劉霞さんに直前の心境を聞こうと、再び自宅に向かった。すでにマンションの下には私服の警察官とみられる十人前後の男性が警戒にあたっていた。私が近づくと、一斉にこちらをにらみつけてきた。地元住民を装うため、わざと北京の地元なまりの中国語で大声で電話をしながら通り過ぎた。しばらく二人が尾行してきた。十分ほどたって振り返ると、二人の姿はなかった。

発表直前になると、百人を超える海外メディアが自宅マンションの門に集まってきた。しだいに数十人の当局者が集まってきて門を閉鎖して警戒にあたった。迅速で周到な対応を見ていると、事前に劉氏受賞の情報を入手していたのかもしれない。

「Ｈｅｗｏｎ！（彼が受賞した）」。劉氏受賞の一報が入ると、報道陣からどよめきが起きた。中には感極まって涙ぐんでいる欧米系の男性記者の姿もあった。「中国政府はこれで目を覚ませ。一刻も早く（劉暁波氏を）釈放しろ」。劉氏の支援者らも集まってきて、警察官を前にそんな言葉を口々に吐き捨てた。興奮して泣き出す人の姿もあった。

私自身も正直、実感がわかなかった。北京に赴任してから毎年、平和賞受賞の前になると、候補者として中国の人権活動家の名前が挙がっていた。そのたびに膨大な「予定稿」と呼ばれる事前原稿を用意していたが、無駄になっていたからだ。熱狂する報道陣から抜けだして、劉霞さんの携帯電話にかけると、消え入りそうな声が聞こえた。

「ごめんなさい。約束通りに会いに行けなくなりました」。

外出できない理由を尋ねると、「今はちょっと言うことはできません」。不自然なやりとりから、警察当局者が自宅にいて、取材を禁止されているのだとすぐにわかった。劉氏の受賞について一言だけ感想を求めると、かみしめるように答えた。

「劉暁波とすべての国内と海外の民主活動家たちの努力が無駄にならなかったことを大変うれしく思う。劉暁波が受賞を知ったら、とてもうれしく感じ、ほっとしてくれるだろう」。

あとで支援者から聞いた話では、平和賞受賞者が発表される直前、数人の警察関係者が自宅を訪れ、外出を禁止された。警察当局からは、自宅のある集合住宅前に集まった海外メディアと接触しないように求められたという。

その一時間後、再び電話をかけたら「電源が入っていないためかからない」状態に。翌九日にかけたら「番号は現在使われていない」となった。警察当局に携帯電話の契約を解除されたのだろう。新たに劉霞さんが用意した別の携帯電話もすぐに通じなくなった。十日、遼寧省錦州市内の刑務所に収監されている劉暁波氏への接見が許されたが、警察当局の車両で向かい、記者との接触は阻まれた。当局者の監視つきで許されていた買い物もできなくなった。本格的な軟禁状態が始まった。

今回の警察当局の異常とも言える監視状況を見ていると、夫妻への強い警戒心がうかがえる。中国の国内世論を刺激しないように受賞直後から徹底的な報道規制が敷かれた。

受賞当日、北京市内のホテルでは、ノーベル賞決定を発表する米CNNや日本のNHKのニュースの画面が突然、真っ黒になり、音声が消えた。国営中国中央テレビは人選を批判する中国外務省の談話だけを小さく流す。中国最大のネット検索サイト「百度（バイドゥ）」は、「劉暁波」と「平和賞」を入力すると、「中国の関係法規と政策により一部の結果は表示できません」と注意書きが表示されるようになった。北京や上海などでは、携帯電話のメールで「劉暁波」の文字も送信できなくなった。

中国の一般市民は劉氏の受賞はおろか、彼の存在すらほとんど知らない。メディアを統括する共産党中央宣伝部は、劉氏に関する報道を許していないからだ。

態度をいっそう硬化させた当局

なぜ中国当局はここまで劉夫妻を警戒するのだろうか。関係者から入手した二〇一〇年二月に北京市高級人民法院（高裁）が懲役十一年と政治権利剥奪二年を言い渡した控訴審の判決文を見ると、その理由がみてとれる。「国家政権を打ち倒す目的で、ネットの情報伝達の速さを利用して広範囲に文章を広めたことは、社会的影響が大きく国民の高い注目を集め、悪影響を及ぼした」。

判決が認定した「犯罪事実」として劉氏が発表した08憲章が挙げられていた。憲章の中で「一党独裁の廃止」「民主憲政に基づく中華連邦共和国の樹立」を記したことが、「世論を扇動した重大な犯罪行為」と断定されていた。ほかにも、ネット上で「中国共産党の独裁愛国主義」「権力者にとっての天国、弱者にとっての地獄」などが盛り込まれていた。指導部が最も神経をとがらせる貧富の格差や官僚の汚職などを痛烈に批判しており、目障りな存在と映ったのだろう。

起草に加わったほかの活動家は逮捕されていない。劉氏の弁護士、莫少平《モーシャオピン》氏は「ただネット上に自分の意見を発表しただけで、憲法が定める言論の自由の範囲内」と無罪を訴える。だが、中国政府関係者は一九八九年の天安門事件で劉氏が主導的役割を果たしたことを挙げて、こう反論する。「劉氏の影響力はほかの活動家とは比ではない。ネット上で再び天安門事件を起こそうと企てたからだ」。

共産党政権の側からみれば、劉氏らが求めている「一党独裁の廃止」や「憲法で定められた言論の自由」は、ひとたび認めれば、「体制を揺るがしかねない」（共産党筋）要求であり、命取りとなりかねない、と危機感を抱いている。広がる貧富の格差や官僚の腐敗、インフレなど、国民の不満はマグマのようにうごめいており、劉氏らの発言や行動が起爆剤となって、一気に政府批判のうねりを引き起こしかねない。

劉氏の受賞がきっかけとなり中国の民主化が進む、という期待感が国内の活動家や欧米諸国では強い。だが、中国当局はむしろ、劉霞さんやほかの活動家らの締め付けをいっそう強めている。中国メディアは最近、沈黙を破って劉氏の個人攻撃を始めた。

「痛批掲露《トンピージエルー》」

共産党関係者の話では、共産党中央宣伝部は十月中旬、各メディア幹部に対して、この四文字の内部通達を出した。中国語で「悪いことを暴露して徹底的に批判しろ」という意味だ。ネット規制をしていたものの、劉氏に関する外国メディアの転載記事や書き込みが出てきたため、方針転換をしたとみられる。

「米中央情報局(CIA)系団体から年間二万三千ドルを受け取り、暴力革命思想を広めた」「(天安門事件後に逮捕された際に)号泣して助けを求めた」。内部通達が出されて以降、劉氏を徹底的に批判する記事が出てきた。オスロで十二月十日に開かれた授賞式でも劉霞さんら親族や支援者を軟禁状態に置き、出国停止にすることで参加させない強硬手段に出た。今後、短期的に見れば中国民主化の後退になるとみている。

ただ、着実に大学生や学者、メディア関係者ら知識層には外国メディアやネットを通じて劉氏受賞のニュースは広まっているのも事実だ。口には出さないものの喜びを感じている者も少なくない。表には出ていないが、劉氏の受賞を祝う小規模な祝賀会が各地で開かれたという。「中国人初のノーベル平和賞の受賞は民族として喜ぶべきこと。時間はかかるだろうが、中国の体制を変えてくれる歴史的な里程標になるだろう」と、知人の大学教授の女性は語る。一昨年、弁護士資格を取り消された人権活動家、江天勇氏も意義を強調する。

「劉氏の受賞は中国人が国際社会とともに民主と自由を追求していく第一歩。共産党は世界と歴史の潮流から目をそらさずに改革に乗り出すときが来た」。

二〇一〇年ノーベル平和賞に関する思考

徐《シュー》友《ヨウ》漁《ユー》
及川淳子訳

非暴力という手段の重要性

二〇一〇年度のノーベル平和賞が、中国の人権擁護における傑出した人物で「08憲章」の発起人でもある劉暁波に授与されるという決定は、世界的にも大きく沸き立っている。祝杯を挙げる歓声の中で、警察が躍起になって祝賀する人たちを逮捕しているという知らせが絶えず伝わっている情況の中で、私たちも劉暁波がノーベル平和賞を受賞したことの意義と受賞がもたらしたことについて真剣に分析し、理性的に思考する必要があり、人々の心を奮い立たせたこの出来事を、いかにして中国の人権を改善し、中国の平和的な民主を目指す活動を促進するための推進力としていくかということについて考えなければならない。

劉暁波は、なぜノーベル平和賞を受賞できるのだろうか。この問題に対して、私には充分かつ深い体験と会得がある。九月下旬、私はノーベル平和賞委員会に書簡を送り、ノーベル平和賞を劉暁波に授与するように願い出た。また同時に、ヨーロッパ各国のメディアと読者に対しても呼びかけを行い、彼らが声を挙げることでノーベル平和賞を劉暁波に授与するよう促すために影響力を発揮してほしいと願った。私は、自分がその際に述べた理由は充分に説得力があるものだと考えている。

劉暁波の受賞は、彼が勇敢で恐れるところを知らず、人権・自由・民主のために闘い続けているということのみならず、その闘いの中で彼が少しも揺らぐことなく平和的・理性的・漸進的な方法を堅持しているためでもある。後者は前者と同様に重要であり、多くの場合において、むしろより重要でもある。正義のために闘う中で、目標は重要だがその手段もまた同様に重要であり、ノーベル平和賞にとって「平和」という二文字は言わずと知れたキーワードだ。

現在の中国では、社会の不正な情況は日増しに悪化するばかりで、それに伴って発生している暴力事件もますます頻繁かつ深刻なものとなっている。強制的な土地収用や立ち退き事件が大量に発生する中で、暴力が使われることを人々は常に目にしており、それらの絶対多数において、暴力は直接的に政府側によるものか、あるいは結果的に政府側に原因がある。横暴な抑圧は、暴力で暴力に向き合うように民衆たちを誘惑して駆り立て、暴力が蔓延している。これは賢明な人を憂慮させるものであり、私たちには憂慮する理由があるのだ。社会の公正を勝ち取り、正義を実現する上で、暴力は百害あって一利なしということを直視すべきだ。現代において、暴力の使用は、たとえその始まりが正義を訴える民衆たちによる暴力の使用であったとしても、最終的には社会の同情や支援を失うことになるだろう。暴力の使用は現代という時代の潮流に合わないだけでなく、道義的にも自らを容易に孤立させ、現実的に見ても、また効果や利益を考慮しても、得るものよりも失うものが多く、全く活路を見出すことはできない。一般的に言えば、暴力によってたたき上げ、武力によって権力を奪取し維持しようとする集団にとって、暴力は好むところであり、またこの上もなく好都合なものである。暴力によって彼らが手にしている絶対的な優位性を評価し、暴力は、ただ口実として暴力による鎮圧を招くだけにすぎず、非暴力によってのみ正義と民心に訴えることができ、弱者と抑圧されている人たちに勝利の希望を抱かせることができるのである。

劉暁波は、思想的に一貫して非暴力の理念を主張し続けて人々に伝えており、実際の行動をもってその理念を示している。彼は三度にわたって不法かつ強暴な手段により自由を剥奪され、日常的にも様々な圧力や嫌がらせを受けていたが、彼がこれまで暴力で反抗したことはなく、逆に、彼の反応は極めて抑制的で冷静なものだった。彼にとって、非暴力とは軟弱さや屈従を意味するものではなく、強さと自信の現れなのである。

劉暁波の受賞の意味

誰もが知っているように、劉暁波の受賞は彼個人のことではない。中国には劉暁波と同じ理念を抱き、同じ手段によって、同じ目標のために努力している数限りない人たちがいる。劉暁波は、そうした精神や彼らの代表であり、シンボルなのだ。今年〔二〇一〇年〕のノーベル平和賞は、劉暁波個人を讃えて支持しただけではなく、中国で同様の活動に身を投じ、大志を抱いている無数の人々に対する称賛と支持でもあり、中国の人権・民主・平和を目指す活動に対する支持でもある。中国人には、このような支持が必要なのだ。なぜなら、抑圧と人権・民主・平和に反対する力は依然として非常に強大であり、現在、グローバル化した時代の中で、中国のような大国にとって、人権・民主・平和を実現するという目標には、国際社会の支持が不可欠だからだ。同時に、現在は世界においても暴力による深刻な脅威が存在しており、強大な統治集団や権力集団が暴力を使用しているだけでなく、侮辱され権利を剥奪されている人たちの中にも暴力を信じて暴力に頼っている人たちがいる。中国人が正義を実現するために平和的な方法による闘いを堅持することは、世界の平和にとっても貢献となる。中国の公民である劉暁波がノーベル平和賞を受賞することは、中国の人民が正義を追求し、平和を愛し、非暴力による闘いには大きな希望があるということと、それが国際社会からも認められ、称賛と支持を得ているということを、世界に対して明らかにしているのである。今回の受賞は、中国の自由と民主を求める活動における一里塚となり、ここから中国の自由と民主を求める活動はさらなる歩みを進めるだろう。全世界の眼差しが注がれている中で、全ての人たちが自覚を強めてさらに努力し、それぞれの活動を発展させることができるだろう。

実のところ、劉暁波のノーベル平和賞受賞に対して、もっとも真剣に省察して理性的に向き合わなければならないのは、中国共産党の指導者たちである。

中国共産党が統治する中国では、どのような烈士たちも自ら望んだわけではなく、英雄たちも自分でなろうとしてなったのではない。あらゆる烈士たちはすべて統治者によって祀り上げられ、英雄たちの功績もすべて統治者によって成し遂げられたものなのだ。劉暁波の名前が全世界に知られ、彼がノーベル平和賞を受賞したことは、その典型的な事例である。闘士の道義的な勇気は、極めて不公正で冷酷な圧制によって発奮されたものであり、政治的に異なる見解をもつ者の政治的な智慧は、長年にわたる複雑な試練の中で形成されたものだ。甚だしきにいたっては、抗議する者の信望さえも、統治者の愚かな攻撃の中で得られ高められたものなのである。「08憲章」発表後に劉暁波が逮捕されてから、署名者たちは抑圧され、劉暁波は正式に逮捕されて審判の結果一一年もの重刑が下されたが、それら正義にもとった行いのひとつひとつが激しい怒りと同情を呼び起こし、受賞への道程を固めたのだ。中国共産党当局が劉暁波の受賞を目にしたくないというならば、自分たちがいったい何をして今日の結果を招いたのかを反省すべきだろう。

劉暁波のノーベル平和賞受賞は、中国共産党当局にとって、次の一歩をいずれの方向に歩み出すかと立ち止まっている十字路のようなもので、自らのこれまでを顧みて、その執政理念と方法を反省する契機でもある。指導者たちには、グローバル化された現代の諸条件のもとで、国際社会の態度を理解し、時代の潮流を感知するだけの充分な条件とチャンスがある。劉暁波の受賞に対して、メンツをつぶされたと感じることは予想し得たことだが、自分たちでさえも目にしたことがないような信じられない言葉で罵り、メンツを取り戻そうとしてもまったく無駄というものだ。真に時代とともに歩むということは、琴の弦を張り替えるかのように、古びた制度や方法を根本から変えるということだ。国内の呼びかけと国外からの指摘に少しは善意のある態度で対応してみることで、自らの置かれた情況やイメージを改善でき、中国社会と自らにとっても有利なのではないかと、試してみてもよいだろう。

中国は文化大革命を終結して改革・開放政策を実施して以来、すでに三〇年余りの苦難に満ちた複雑な歴史を経験し、中国社会は毛沢東の神権社会から世俗社会へと転換した。中国共産党もその過程において自覚的あるいは無自覚のうちに革命党から執政党へと転換し、世界革命の理想と教条的なイデオロギーを放棄した転換は非常に大きなものだった。また、実質的な利益と集団の利益を追求する面でも、驚異的なほど世俗化している。しかし、ある重要な面においては変化しておらず、それは社会と自分たちにとっても不利なことなのだが、つまりそれは、不必要な残虐さである。実際には、革命党が執政党に転換するにしても、神権政治が政俗政治に変化するにしても、必要な転換とは、残虐さから脱して理性的かつ聡明に自らの利益をはかるようになることである。このような転換は、道徳的に褒められるほどのものではないが、いかなる面においても益するもので、「時の情勢に明るい人は俊傑である」という諺のとおりである。

ノーベル平和賞は、人心と時代の潮流を象徴したものであり、時代の流れでもあるのだ。

（香港紙『明報』二〇一〇年一〇月一四日掲載）

訳者付記

この文章は、徐友漁氏本人の許可を得て、『明報』から邦訳を転載した。

劉暁波氏ノーベル賞受賞と中国市民社会の行方

――『未来の自由な中国は民間にあり』の「民間」の可能性――

麻生晴一郎

「民間」とは何か

二〇〇五年にアメリカで出版された『未来的自由中国在民間（未来の自由な中国は民間にあり）』は劉暁波氏の近年の主著の一つである。題名のごとく、同書で劉氏は中国の変革を推進する担い手として政府ではなく民間に希望を寄せている。将来の中国の希望が民間にあるとする主張は、中国政府の言論弾圧や人権軽視をニュースで知る日本の人にとってわかりやすそうに思えるが、他方で中国の文脈における「民間」とは、劉燕子女史も指摘するように（『天安門事件から「08憲章」へ』「編者解説」）、日本で何気なく用いられるそれとは意味が異なることに留意せざるを得ず、容易には理解できぬ面がある。

たとえば、北京に足しげく通った中での観察を述べると、〇三年から〇六年あたりにかけて中国では「民間」という言葉がもてはやされた。好景気を背景に経済・文化などのイベントが目白押しで、友人の多くがイベントの企画・運営に携わっていたが、中でも「民間」と名付けたものが目立った。ところが、彼らが好んで「民間」と呼ぶイベントの中には民間と言いつつ政府が関わるものが多かった。『中国共産党史の論争点』（韓鋼著、辻康吾編訳、岩波書店、二〇〇八年）にも、「官方歴史学」とは異なった観点を自由に提起する意味での公的機関の研究者による「歴史学の民間化」が紹介されているし（一六〇頁）、本来非政府であるはずの民間NGOが政府系の団体として設立されたりもした。これらの「民間」とは、官製の硬直化した見解から脱してざっくばらんに活動する意味に近く、日本で考えられるような政府が関わっていない純粋な民間ではない。

他方、中国には幇《パン》や秘密結社のような非政府的な民間組織が伝統的に存在するが、これらは社会性あるいは公開性に著しく欠け、現代の市民社会の中の民間とはおよそ異質なものだと言わざるを得ない。最近の中国は後で述べるようにボランティア・NGO・ニューメディアなどが勃興して市民社会化の兆しが見えつつあるが、現状はごく一部でしかなく、制度的に定着したわけでもない。総じて言えば、中国においては非政府的な領域としての市民社会のような民間の活動空間は狭く、民間について考える際には政府も入り混じった純粋でない民間を想定せざるを得ない。

そうした前提に立ちつつも本稿では、可能な限り日本的意味での、すなわち非政府の純粋な民間がどの程度まで台頭してきているかに注目したい。中国の事情がどうであれ、劉暁波氏が期待を寄せる民間とはまさしく市民社会的な民間に違いなく、ごく一部分に過ぎないにせよ、台頭している事実は中国の民主化を考える上で見逃せないからである。日本のぼくたちが今後、中国の民主化のために働きかけをするためには、中国の特殊性を掲げるばかりで徒に理解のための要求を高くするよりは、ぼくたちに理解しやすい市民社会的な動きを明示して、そこから共感していく必要もあると思うのである。

自由化の主体としての民間

一九八九年当時に比べて現在の中国がさまざまな面で自由になったことは疑う余地がない。厳密な比較はさておき、当時であれば考えられなかった行動が可能になっている例はいくらでも挙げることができる。その中には経済成長や市場経済化などが可能にした自由も含まれる。不動産市場が形成され、株の売買を行ない、海外旅行を楽しむことなど、まだ至る所で配給制が残り、旅行に許可証が必要であった一九八九年頃と比べると隔世の感がある。ここ二〇年で実現した自由は経済的自由ばかりではない。メディアが政府批判をし、庶民が警察の横暴に抗議をし、弁護士やNGOが政府の行き過ぎを抑えるなど、民間が政府の意向と関係なしに社会や政治に働きかけることも近年の自由化の一端である。

例を挙げると、『南方都市報』、『新京報』などの都市報、あるいはインターネットメディアが暴露、批判をすることで政府の不祥事が明るみになることが最近の中国ではしばしば見られる。二〇一〇年三月には、山西省で〇五年から〇八年にかけ、現地政府と癒着した衛生部傘下の医療会社がワクチンを高温化で保管するなどずさんな管理をした結果、百人以上の被害者を出した（事件を初めて報じた王克勤氏のブログ記事によれば一〇年三月末時点で山西省一〇人、省外で四人が死亡）事件が、『中国経済時報』王克勤《ワンクーチン》記者のスクープ記事で明らかになった。その後、同年四月六日の新聞発布会で、専門家による鑑定調査を直ちに行なうと発表しながら実際には鑑定書を遺族に公表しないなど、政府が事件をうやむやにする中、同年七月から八月にかけて衛生部を訴えようとした遺族の一部が警察に拘束された（例として七月一九日には北京に訴えに来た遺族一〇人が同市西城区の警官によって拘束され、一部は殴打された。五日後、うち二人が釈放、残る八人は地元警察に引き渡されている）が、その事実も同ブログなどで暴露され、政府批判の声が上がっている。

この事件では李方平《リーファンピン》氏たち弁護士が連名で山西省の政府や裁判所に法律意見書を提出し、事件の解決を要求している。政府の不祥事がからむ事件では、政府の他の部署や裁判所は同じ仲間内であるために積極的に動こうとしないことが多いが、政府の意向とは関係なしに弁護士が政府に働きかけるケースが出ており、公民の権利を守るために政府との対決も辞さないこのような弁護士を人権派弁護士（維権律師）と呼ぶ。特別な呼び方をするのは従来の中国でこのような弁護士が存在しなかったからにほかならない。

人権派弁護士が台頭したのは二〇〇三年、広州市内の収容所で地方出身の学生・孫志剛《スンヂーグァン》氏が警官に撲殺された事件（孫志剛事件）がきっかけで、孫氏の公民としての権利を守るべきだとした滕彪《タンビャオ》氏（後に弁護士）たち法律学者の意見が注目され、彼らの主張通り、事件の関係者が処罰された。以来、彼らは法輪功学習者やチベット独立運動家など裁判の対象にならなかった者の弁護や、司法の独立を求めて政府に意見書を出すなどの活動を行なっている。

また、環境・医療・貧困地域の支援・食品衛生・災害復興支援といった政府が対策をなおざりにしがちな分野を中心に、民間のＮＧＯが設立され、政府が取り組まない問題を率先して手がけている。一九九五年、北京で開かれた国連女性会議を取材した際には、ＮＧＯの非政府という発想が中国でなかなか受け入れられなかったものだが、その頃からは大きく変わった。

以上の民間の活動は何気ないことではあるが、九〇年代までの中国では可能か不可能か以前に発想すらされにくい活動であった。ぼくは九〇年代中盤から後半にかけて、北京のフリー画家が密集した通称「画家村」や、皮革製品などの家内工場が集中する「浙江村」に滞在したことがあるが、身分証明書を携帯しなかったために警察に連行され、勾留もしくは故郷に強制送還される人がたびたびいた。ぼくは直接知らないが、連行されたまま失踪してしまうケースも耳にしたことがあり、そうなっても訴えようと考える人は少なかった。訴えると言っても民間のメディアも存在しない時代のことであり、政府・警察・司法・メディアが仲間内なのだから、いざ政府がからむ案件になると訴える場所が見当たらず、訴えたり抗議をすること自体が考えづらかった。

当時に比べて現代はさまざまな面で自由になった。ただし、上で挙げた自由は政府の保障で実現した自由ではないし、今なお行動が保障されているわけではない。山西省でのワクチン事件をスクープした『中国経済時報』は二〇一〇年五月に編集長が解任されており、先に紹介したように衛生部に事態の解決を訴える遺族の一部が北京市などで拘束されている。二〇〇九年春には唐吉田《タンジーティエン》、江天勇《ジャンティエンヨン》、李和平《リーフーピン》各氏など数十人の人権派弁護士が弁護士資格を剥奪され、さらに二〇一一年二月には滕彪、唐吉田、江天勇各氏が長期間拘束されるなど大勢の弁護士が圧力を受けている。二〇一〇年春からはNGOに対する規制が強化され、北京大学関連の四つのNGOが閉鎖されたほか、エイズ問題などを手がける愛知行研究所や差別問題に取り組む北京益仁平中心が強制捜査・会議場の使用停止・尾行などの圧力を受けている（愛知行研究所の万延海《ワンイエンハイ》所長および後述の北京益仁平中心のメーリングリストで報告されている）。つまり、上で挙げた自由は制度化された自由なのではなく、民間の担い手自身が弾圧を覚悟で切り開いた自由なのである。

中国における自由の形

制度化されているわけではなく、今なお保障されるどころか政府の圧力を受けながらも、弾圧をかいくぐるように台頭してきた自由。この種の自由がいかなる形で台頭してきたかを見るために、差別問題に取り組むNGOの北京益仁平《イーレンピン》中心を取り上げてみたい。

北京益仁平中心の主宰者の陸軍《ルージュン》氏はB型肝炎の感染者であり、以前から故郷の河南省や北京でB型肝炎感染者に対する差別問題に取り組んできた。北京益仁平中心は〇六年一二月に設立、B型肝炎感染者を中心とした差別問題に取り組む純粋な民間組織である。中国では〇八年四月衛生部のデータで九三〇〇万人ものB型肝炎の感染者がいるが、九〇年代初頭はもっと多く、一億人を超えており、政府は感染を食い止めるのに必死であった。そのため、幼稚園、学校、会社に入る際にB型肝炎の感染検査を行なうことが通例化し、感染が発覚すると入学・入社を拒否されたり、退職や退学に追い込まれた。〇三年には感染を理由に地方政府の採用を拒否された大学生が採用担当者を殺害した事件（周一超《チョウイーチャオ》事件）が起き、同じ頃にやはり採用を拒否された大学生・張先著《チャンシエンチュー》氏が地方政府を訴えた。これらが報道されたことで初めてB型肝炎感染者に対する差別問題が注目されるようになったが、以前は報道すらされなかった。感染を食い止めることに必死な中、感染者の人権は顧みられなかった。

本来、B型肝炎に感染しても普通に社会生活を送ることができ、一般的に仕事を辞める必要はないし、入社の際の感染検査も不要である。しかし、特に地方ではB型肝炎に関する知識が普及しておらず、会社や学校は感染検査をやめず、感染者も泣き寝入りするばかりだった。北京益仁平中心は事態を打開すべく、インターネットや地方での研修会を通じて法律知識やB型肝炎に関する正しい知識の普及に努め、裁判の支援や政府に意見書を提出するなどの活動を行なってきた。裁判では大企業や政府を相手取ることもあり、北京オリンピック直前の〇八年五月二九日にホームページが閉鎖される（現在は復活）など、政府の干渉を受けたりもしたが、ホームページの閲覧者が増えるなど年々活動の成果が表れた。政府への提言も効果を生み、「伝染病病原の感染者の採用を拒否してはならない」と明記した（第三十条）「就業促進法」（〇八年一月一日施行）や、B型肝炎感染者の入学・入社の取り消しを禁じ、採用にあたってのB型肝炎感染検査の除外を盛り込んだ「入学および就業の身体検査項目のさらなる規範化に関してB型肝炎表面抗原感染者の入学・就業権利を保護する通知」（一〇年二月一日、人社部・教育部・衛生部発布）などの法律制定に大きく寄与した。

後者が発布されてB型肝炎感染者の境遇の一応の改善が見られたことを受け、北京益仁平中心は一〇年春からは身体障害者や出稼ぎ労働者に対する待遇差別の問題に重点を移し始めている。ところが、同年四月三〇日、六月一三日と広東省で行なおうとした法律研修会が立て続けに中止を余儀なくされるなど政府の干渉が激化し、正常な運営が行なえなくなっている。スタッフの一人は「身体障害者に関しては政府に担当の部門があり、利権が衝突することを恐れている」と見ている。

以上の歩みを通じて、制度化されていない自由がどのように獲得されたかが見えてくるであろう。すなわち、B型肝炎感染差別に対して政府に意見を述べたり法律知識を広める活動をする自由は、政府のどこかの機関が与えたわけではなく、政府が放置していたから可能であった。よく発展途上国で線路の上を道路代わりにする庶民がいるが、制度が保障したわけでなく、政府が放置しているから可能であるのに過ぎない。それと同じく中国政府は問題を放置していたために法律をなかなか変えようとはしなかったが、裁判などで衝突する場合を除いては北京益仁平中心の活動を休止に追い込むほどの弾圧は加えなかった。こうして北京益仁平中心は独自に活動を展開し、一定の成果を挙げた。

以前であれば「仕方がない」と泣き寝入りしていたB型肝炎感染者差別のような問題について、権利意識が高まるにつれて、けっして泣き寝入りせずに公民としての権利を主張するようになったのが近年の中国である。〇三年になって初めてB型肝炎感染者の差別問題が一般社会で知られ始めたように、近年になってほかにも新たな問題が問題として浮上してくるが、従来は問題化されていなかったので、政府は権利の主張を重んじようとはせず、放置してしまい、問題の解決は民間が自発的に行なう。出稼ぎ労働者の待遇、立ち退き住民への保証、先述の山西ワクチン事件のような衛生問題など、やはり制度面で活動が保障されたわけではなく、政府から放置されてきた中で民間が中心になって展開された点ではB型肝炎感染者を取り巻く事情に近い。

他方、北京益仁平中心が身体障害者差別に取り組んだ途端に今まで以上の規制を受けるように、政府に担当の部署があり利権が衝突する分野では放置されず、官民が一体化するどころか会議を中止させるなど政府の邪魔が入る。エイズ問題活動家の常坤《チャンクン》氏の証言では、エイズ関連のNGOに対する規制が強化されたのは〇六年八月頃からだという。確かに売血エイズ問題の被害者の支援に取り組み、現在は獄中にある胡佳《フージャー》氏が逮捕前に軟禁状態に置かれたのも同時期である（自らの軟禁の様子を隠し撮りした「自由城的囚徒」の撮影開始時期より）。中国の場合、NGOは民間組織だけでなく、政府系のNGOも多いが、政府系のN

GOと民間のNGOが二〇〇六年六月に、海外のエイズ関連基金の配分をめぐって対立した。常氏が言う〇六年八月とは、この直後である。もちろん、河南省の地方政府が政府を告発したエイズ患者を拘束するなど、NGO活動が内容的に政府と対立して規制される面もあるが、それればかりではなく、内容が重複することで利権の衝突を怖れて干渉を受けたのである。

利権が重ならないのであれば、放置されるという形で行動が容認される。かくなる自由は制度化された自由とはまったく別個なものであり、民間を主体に据えなければ存在すら容認できないものなのだ。劉暁波氏が「未来の自由な中国は民間にあり」と言うのも、以上の背景に照らし合わせるならば至極もっともだと言えるのである。

民間をいかにとらえるか

以上述べてきた自由、すなわち政府批判をしたり政府の意向に反して公民の権利をまもるための、制度化されていない民間活動の台頭が今後どうなっていくかは何とも言えない。自由実現の主体としての民間が今よりも発達するか否かは政府と民間の関係次第であり、予測がつかない。

劉暁波氏は「中国では、いかなる合法的団体も、実際は国際的に認められているような『非政府組織(NGO)』の定義には合致しておらず、中国共産党が陰で糸を引いている団体にすぎない」(『天安門事件から「08憲章」へ』一九九頁)と書いているが、実際、北京益仁平中心や愛知行研究所など有力な民間組織は正式にはNPOやNGOでなく、有限会社である。正式な民間団体として登録することが中国ではできないからで、一方、中国には約三百万のNGO団体があるが、趣味サークルを除いて大半が政府関連のNGOである（何清漣著・辻康吾編・訳『中国高度成長の構造分析』勉誠出版、二〇一〇年）。本来、NGOとは非政府組織であるが、中国ではこうした民間領域にも政府が進出し、先に挙げたように国際基金の配分で純粋な民間団体と対立し、規制を加えてしまう。このような歪な環境下にあって、本物であるはずの純粋な民間団体が表向きにはNGOでないという歪な構図にある。

このようなことは中国においてけっして珍しくはない。〇三年の孫志剛事件以来、人権問題の中心的存在である滕彪氏は〇八年に弁護士資格を失い、弁護士資格を持たないまま今も代表的な人権派弁護士として同業者からは認められている。唐吉田氏、江天勇氏たち他の人権派弁護士も同様であり、彼らは法輪功学習者やチベット独立運動関係者たちの弁護活動を行ない、08憲章に署名したことなどから政府にマークされ、資格を取り消されたものと思われる。人権の擁護とは弁護士本来の責務であるはずだが、それに熱心に取り組むほど弁護士資格を持ちづらくなってしまうというやはり逆説的な立場なのだ。

かくなる状況にあって、劉暁波氏が希望を寄せる「民間」は、冒頭で触れたように日本で考えるそれとはズレがあると言わざるを得ない。弁護士、NGOなど日本で何気なく用いられる職業一つ取っても、中国では政府から独立した一個の職業として機能しているとは言い難く、独立した職業人として本来の職分を求める限り正式な職業を保障されず、制度の保障のない剥き出しの個人の営みとして活動せざるを得ない。

大切なのは、以上の認識よりもむしろ以上の認識をいかに見るべきかであろう。中国において、自由を実現してきた民間は今後いっそう活躍が期待しうるものなのか、あるいは制度面で保障されないものである以上、期待するに値せず、やはり政府や指導者を中心とした〃上からの民主化〃以外に中国の民主化の道はないのであろうか。

たとえば、米国の著名な学者である何清漣《ハーチンリエン》女史は先に紹介したNGO団体の大多数が政府関連である事実に基づき、「中国の中産階級には自分たちの意見を表明するチャンネルと権利があるのだろうか。その答えは『ない』である」のように言う（前掲書）。人権活動もNGOも制度上保障されていないのだから、かくなる指摘は正しい。その了解を前提にあえて主張しておきたいのは、制度の保障がないことは確かだが、活動が存在しないわけではないということである。中国の体制面の現状を肯定する意味で言うのではない。そうではなく、ともすれば制度の保障がないことをもって活動そのものを消極的に評価しがちであるが、実際には二十一世紀以来、中国では制度上の保障がろくにないにもかかわらず、これまで触れてきたようにメディアによる政府批判や人権擁護活動や純粋な民間団体による公益活動がめざましい台頭ぶりを見せている。法律や政府のあり方の改善を求める主張とは別に、民間による自発的な活動そのものを積極的に観察・評価する視点があっていいと思うのである。劉暁波氏が「未来の自由な中国は民間にあり」と言う場合の「民間」の現状とは、まさしく制度面での不遇にめげず自由や民主化を求めようとする個人の内面の思いを踏まえている気がするのだ。

ぼくが制度上の保障のない民間の活動に注目しようと思ったのは、九〇年代に中国現代アートに触れたことによる。九〇年代、北京の画家村に居住していた現代アート作家たちは大学や官製の協会に所属しておらず、当時の中国においてこのような者は画家とはみなされなかった。当時は民間の画廊や美術メディアが存在せず、大学にも協会にも属さない者は国内で作品を発表する場が存在せず、当然収入も得ることができなかった。自宅アトリエで展覧会を開くことすら現地政府・警察の通達で禁じられており、ごくたまに地下展覧会が人知れず開かれるばかりであった。

言うならば小説を発表したことのない自称小説家みたいな存在であり、正式な画家ではなかった。数奇な作品を自宅に飾ったことや身分証明書を持っていないことなどが理由で警察の干渉を受けることは日常茶飯事であり（ぼくも毎週のように遭遇した）、抵抗すれば拘束されるだけで、抵抗のしようがなかった。

ところが、そんな彼らの方が当時から外国の現代美術関係者からは注目されていた。一方、大学や協会に属する正規の画家の方は今一つ注目されなかった。今日の中国の現代アート界は、当時の外国美術界からのこうした序列がそのまま国内の序列に移り変わっている。すなわち、正しくは画家でなかった画家村の彼らは結局偽者のまま中国の現代アート界を牛耳ってしまった。その間、七九八アート街などのテーマパークのように、政府が現代アートを町おこしに利用する機会が増え、現代アートが積極的に評価されるきっかけにはなったが、九〇年代も今も彼らの地位や活動が制度上で保障されたわけではなく、作品が表現の自由の見地から認められたわけでもない。この二年間、草場地、環鉄など北京の一部のアート村で地元政府による一方的な撤収騒ぎが起きているが、画家たちの主張など意にも介さない政府のやり方は、現代アートと政府の本質的な関係が昔も今もいっこうに変わっていないことを示すものだ。

当時の〝偽の画家〟の多く（拙著『北京芸術村——抵抗と自由の日々』社会評論社、一九九九年で紹介した画家について言えばほぼ全員）が、今では国内の美術界において第一人者の地位にある。欧米の美術市場の動向や投資手段としての現代アートブームなど外的要因はもちろんあるが、画家自身が制度上の保障がない逆境にめげず粘り強く画家らしく生き続けてきたことが今日の地位を実現させたのにほかならない。

当時、ぼくが彼らに興味を持ったのは、さまざまな規制を受けつつも思う通りの作品を手がけ、画家らしく無頼に生きようとした彼らの、剥き出しの個人としての内的自由、とでも言うべきものに触発されたからだった。彼らの自由でありたいと願う自発的な思いや活動には、八〇年代の日本で青春期を送ったぼくにはない類の自由の存在を感じた。中国や日本も含めて、ある国で民主化がなされているか、どれだけ自由であるかを考える際には、もちろん制度面での保障が不可欠だが、同時に個人が持つ自由や民主化に対する強い思いが欠かせないと思い始めたのだった。

平和賞受賞と連帯の可能性

劉氏のノーベル平和賞受賞が発表された一〇年一〇月八日夕方、ぼくはちょうどソウルから山東省煙台市に移動したところで、その日から煙台を拠点に安徽、河南、四川を回り、現地で民間NGOの職員・ボランティアや人権派弁護士と会った。彼らの多くは七〇年代中盤〜八〇年代生まれで、天安門事件の記憶はあまりない。今回のノーベル平和賞にも無関心な人が少なくなかった。社会問題や政治に関心が薄い人が無関心なのはもちろんであるが、社会的活動を行ない、政府に不満を表明する若者も含めてである。

受賞を評価する意見よりは、平和賞受賞を中国バッシングと受け取る否定的な意見の方が目立ったが、圧倒的に多かったのは「彼のことをよく知らず、関心がない」とする意見だった。ぼくはこの五年間、たびたびNGOや人権擁護活動の関係者と会っているが、若い人ほどかつての民主化運動に関心を持たず、天安門事件や劉暁波氏についてほとんど知識を持ち合わせていない人にも出会う。

〇九年に出版した拙著『反日、暴動、バブル――新聞・テレビが報じない中国』(光文社新書、二〇〇九年)の中で、中国における民間の活動を大きく「民間A(愛国的な行動、社会主義実現を目指す行動)」と「民間B(自由・民主・人権擁護などを求める行動)」に分けた。そのように区分けをしたのは、NGOや人権問題に取り組む若者の心に、自由や民主を求める欧米的な価値観に対して抵抗感を抱く愛国心が見られ、他方で自由・民主を求める比較的年齢の高い知識人たちには、ボランティア活動をするような若者も持つ愛国心を政府の洗脳の結果として批判的にとらえる向きがあり、すなわち、ともに中国をよくしていきたいと願い、自らが社会のために貢献せんとする発想を持つ両者が噛み合っていないことに気付いたからだった。若い社会活動の担い手の愛国心は民主化運動への理解の壁になっているが、愛国心の幅が狭く、民主化運動を拒絶してしまうのはそもそも民主化運動をよく知らないからでもある。

日本でも七〇年代以後、以前の学生運動の記憶が薄らぐ時代を経験したが、中国で天安門事件の記憶が薄らぎつつあることは日本の過去のケースと異質であることを指摘せねばならない。一九六六年生まれのぼくの場合、全共闘など学生運動が盛り上がった時代の記憶など全くない。それでも多少の知識を持ち合わせるのは書籍や映像資料によるに過ぎない。七〇年代中盤以降に中国で生まれた者にとって、天安門事件の記憶などぼくの学生運動の記憶と大差ない。書籍などを通じて知るほかないが、しかし、中国では劉暁波氏の著作を書店で入手できるわけではない。インターネット記事ですら民主化運動や劉暁波氏を評価するものは削除対象になるのである。今の中国において天安門事件の記憶が薄らぎつつあるのは確かだとしても、豊かになったことで自然に風化したのだとは必ずしも言えず、より直接的には人為的にそう差し向けられたのである。

人権擁護活動も、政府と対立するNGOも、あるいは被災地救済のボランティアも、愛国的な活動も、立場上の違いこそあれ自分たちの活動する分野の自由化や権利の保障を求め、政府の腐敗や圧政や情報の不透明さに不満を持つ点では共通点があるし、民主化運動の目指したものと異なるわけでもない。しかしながら、民主化運動の情報は簡単には入手できないし、人権擁護や先に挙げた山西ワクチン事件など政府と対立する公益活動、それに反日デモも含めた愛国的活動も中国ではおおっぴらに宣伝することが難しい。圧倒的な情報不足は若い社会活動の担い手が、中国社会の改善を願う彼らにとって本来なら先輩格であるはずの民主化運動の軌跡や思想に触れ得ないように仕向け、さらには担い手同士の横のつながりも難しくしている。愛するがゆえに国をよくしたい思いから発しているはずの自由・民主を求める活動（人権派弁護士など）と愛国的な活動（デモなど）がバラバラであることは、たとえばある者が劉暁波氏の受賞を「中国バッシング」で片づけてしまい、あるいは別の者が若者の愛国心を政府の洗脳で片づけてしまうように、愛国心や自由・民主という価値観の幅を狭めてしまっている。

ただし、見方を変えれば、情報を公開することが困難なこのような状況下にあって、若い人を中心に公益活動や人権擁護活動が台頭していることをもっと評価すべきでもあろう。過去の理解も横の連帯も弱いバラバラな活動ではあるが、公表さえできない中で民主化の芽が失われていないのだから。

その意味で、劉氏の平和賞受賞が部分部分の散発的な動きでしかなかった民間の活動を思想面で結び付け、連帯を強化するきっかけになることは十分に考えられよう。若い人にとって彼の経歴や思想に触れることは、自分たちの行動を八〇年代以前の民主化の歴史と結び付けてとらえ、思想面で深めることを可能にする。思想の深化は愛国心や自由・民主といった価値観の奥行きを広げて活動家同士の対話を生み、これまで弱かった連帯の強化を促すに違いない。ことに若い愛国主義の持ち主が彼の思想に触れることで、活動の担い手同士の連帯を飛躍的に促進する可能性もありうる。愛国的動機の活動と自由・民主的価値観の活動が結び付き、民間という一つの大きな勢力になる可能性だ。

四川大地震の被災地救済にあたるNGO職員（八〇年生まれ）は「海外のボランティアと交流する中でチベットについても中国と外国メディアでは報道するものがあまりに違うことを知った。どちらか一方が正しいとは思わないが、両方とも知りたい。劉暁波さんの活動は米国寄りで中国の国益にそぐわないと思っていたが、違う見方があるかもしれないし、知ってみたい」と語った。書店で著作を購入することはできないが、関心が強ければ特殊ソフトを使ってインターネットで文章を閲覧することができる。ノーベル賞という道義的な裏付けができたことでそういう若者が少しずつ出現してくることは間違いない。

08憲章が衝撃だったのは内容もさることながら、またたくまに三〇三人の署名が全国から集まったからである。中国において民間の活動など一部分のかよわいものでしかないかもしれないが、一部分同士の連帯は数の上からもけっして無視できない存在となりうる。その時こそ「未来の自由な中国は民間にあり」が発揮される時ではないかと考える。

日本の関わり方

北京在住の評論家・劉檸《リュウニン》氏は一九六六年生まれ。八九年の民主化運動に参加した経験を持ち、劉暁波氏の思想信条に共鳴し、行動を共にしている。他方でフリーの書き手として『南方都市報』などニューメディアにも寄稿し、官製の日本報道とは一線を画した日本論や中国現代アートを語るなど新しいタイプの言論人でもある。劉暁波氏と市民社会化の橋渡し役にもなりうる存在だ。

彼に劉氏の受賞の感想を尋ねたところ以下のコメントが寄せられた（以下、筆者訳）。

「……劉暁波氏の平和賞受賞は国際社会が体制外知識人による中国の民主化推進を評価し、同時に彼を拘束した中国の司法制度・政治制度のありように疑義を抱くことを示す。二二年間、一貫して理性、非暴力の権利擁護の道を開拓した彼が外部世界の多大なる道義的支持を得たことは、必ずや国内のより多くの知識人、国民が勇気と力を民主化運動に注ぎ、中国の民主化を促進することになる。

二〇一〇年に世界第二位の経済大国となり、世界の経済においていっそう重要になっている中国ではあるが、政治体制が不透明で反動的で人権を軽視する経済大国の台頭は東アジアや世界の平和をもたらしうるか心もとない。隣国の日本を含めた国際社会は中国の民主化事業を手助けする責任、義務がある。中日関係について言えば、中日関係が真なる正常化を果たすか否かは中国自身の民主化によって決まることだ。」

前半は受賞の意義を語ったものだが、ここでは後半に注目したい。劉檸氏は中国の民主化を支援することこそが日本に求められ、それが日中関係の正常化をもたらすと言いたいのだ。日中関係を重視するがゆえに劉暁波氏への言及を差し控える態度とは正反対である。「劉暁波氏」イコール「中国バッシング」ととらえる向きには理解しがたい発想だが、劉暁波氏が民主化を求めるのも中国を思うからこそに違いない。

そのことが中国国内で愛国主義を掲げる若者になかなか受け入れられないことはすでに述べたが、若者たちの愛国心に劉氏の愛国的動機を受け入れるだけの幅がないことに通じるものが、日中間の友好のロジックにもあてはまるのではなかろうか。日本の野球選手とアメリカの野球選手が野球をする際に日米関係の話ばかりをすることなど考えられない。日本のデザイナーとフランスのデザイナーでも同様である。アメリカ人、日本人、という以前に彼らは個人であり、彼らを結びつけるのが野球だからだ。ところが日中間においては、サッカーの試合や画家同士の交流の機会でも日中関係が好んで話され、万博など若い人の往来が日中関係の悪化で中止を余儀なくされる。個人や職業以上に日本人であるか中国人であるかが意識されるからだ。今後の日中関係においては、日本人と中国人がいかに日中関係にかかわらずに親しくなっていくか、すなわち政治動向に左右されない民主的な社会空間が形成されることが肝心で、不可欠なのは個人に立脚することと価値で結びつくことにほかならない。劉檸氏が「中日関係が真なる正常化を果たすか否かは中国自身の民主化によって決まることだ」と言うのもこのような意味である。今のところ往来が盛んになり、多様な交流が実現されつつあるのに、交流のロジックが現状になかなか追い付いてない。

その実現のためにも日本の人たちが持つ経験・技術・価値、すなわち近代化や高度成長や公害などの経験や職人や製造業の技術、民主主義や福祉国家などの価値を積極的に語ることが問われよう。価値を語る点では劉暁波氏を積極的に支持し、民主・自由を重んじることも中国との友好的な向き合い方なのであり、そう思えないのは個人や民主という価値よりも日中という国家関係が前面に出すぎているからにほかならない。日中関係を鑑みて劉暁波氏から目をそむけるのではなく、中国を重んじるがゆえに彼のことを大いに語るべきなのだ。

希望は「民間」にあり

――人間として生きつづけるためには代償を払わねばならない――

劉燕子《リュウイエンズ》

はじめに

劉暁波《リュウシャオボ》に関して、私はこれまで二〇〇九年一二月出版の『天安門事件から「08憲章」へ』、二〇一〇年四月の『環』第四一号の小特集（「劉暁波とは誰か」、本書にも収録）などで論じてきた。それは、彼が中国の将来において鍵となる存在であると考えたからである。そして、二〇一〇年度のノーベル平和賞受賞で、劉暁波の存在はますます重要となっている。この段階において、私は、彼の存在は中国の民主化のみならず、世界の平和にとって鍵となると捉えるようになった。

ただし、国際社会は以前から国連常任理事国で「世界の工場」となった中国の民主化は世界平和にとって重要であると認識してきたと言える。劉暁波の前に、天安門事件の真相究明と公正な解決を求めてきた「天安門の母たち」グループはノーベル平和賞候補として推薦され続けてきた。これも非暴力で中国の独裁政権に抵抗する活動が、世界平和にとって重要であると考えられたからである。そして、「天安門の母たち」グループも「08憲章」と密接に関わっていた[1]。これらから、世界平和における中国民主化の位置、そして劉暁波の存在の意義が分かる。

しかし、このことを中国政府は認めることができない。それは、『天安門事件から「08憲章」へ』で述べたとおり、劉暁波の意義を認めれば、天安門事件の責任が問われ、それは政権中枢に及ぶからである。そのため、小論ではまず中国政府の対応を述べ、次にこれに抵抗する「民間」の動きを紹介し、今後の展望を提示する。後者は、『天安門事件から「08憲章」へ』のⅢ「希望は民衆の自治・共生にあり」で述べられていることの、その後の展開に当たる。

なお、ここで取りあげる「民間」は、事実上の一党独裁体制で党と行政が一体化している中国における「民間」である。つまり、「民間」とは当局の認可がないことを意味しており、ここから、体制の外、反政府、国家政権転覆煽動に結びつけられる可能性が、「民間」には常につきまとうことになる。

ノーベル平和賞発表後の中国政府の対応

受賞発表の翌朝、中国各紙はほとんど国営新華社通信が配信した外務省報道官の批判談話しか伝えず、受賞そのものを黙殺(中国語は「消音」)した。その中で中国共産党機関紙『人民日報』系の『京華日報』は「中国の罪人への授与は平和賞の冒涜だ」と、また同系の『環球時報』は「ノーベル平和賞はまた自分の看板を壊した」、「中国の法院を壊そうとするノーベル賞委員会は恥を知れ」という文革期の表現を用いた見出しで、新華社の記事を掲載した。

それとともに、劉暁波の妻の劉霞《リュウシィア》はただちに軟禁状態に置かれ、ノーベル平和賞の授賞式に出席できない状態に置かれた。それどころか、彼女がツィッターで内外の友人に授賞式の参加を呼びかけると、それが当局のブラックリストになってしまった。

また、国内の通信では、受賞発表直後から「劉暁波」の三文字を含むメールが送信できなくなり、全国で数万人に及ぶ同姓同名の「劉暁波」が巻き添えを食わされたという。さらに、その日の夜、「〈劉暁波〉夫妻の友人で作家の劉檸は、二〇人弱の知識人と受賞を祝う宴会に出席するため地下鉄に乗った。するとこう放送があったのだ。『上級機関の指示に基づき、地下鉄の各路線は終電時間を、二時間前倒しにする大幅調整を行います』。これを聞いた劉檸は『維穏（安定維持）態勢が始まるな』と感じた」と、城山英巳は述べている(2)。

事実、受賞発表後、北京、貴州、広西、広東、河北、福建、浙江などの各地で、「飯酔」という名目の会食で祝賀会を開こうとした者は、公共秩序を攪乱するとして召喚、拘禁、「居宅監視」などによって阻止され、さらに家宅捜査、様々な嫌がらせを伴う監視や尾行などを受けた。「飯酔」は中国語で「犯罪」と同じ「ファンヅェイ」という発音で、会食さえ犯罪とされることへの風刺が含意されている。その中で、独立中文筆会（独立中国語ペンクラブ）の祝賀会は私服警官に囲まれながらも行なわれたものの、北京にいた独立作家や人権活動家は何人も地元に強制送還された。丁子霖・蒋培坤夫妻は、一〇月八日から一二月二〇日まで、七四日間も当局により拉致・監禁された。

翌九日、劉暁波の弁護士が所属する法律事務所所長の莫少平《モーシャオピン》や憲法学者の賀衛方《フウェイファン》（「08憲章」署名者）が、ロンドンで開かれる法律専門家の国際会議に出席するために出国しようとしたところ、空港で当局により阻止された。さらに、一二日未明、北京の知識人サロン（中国語は「沙龍」）として知られる「万聖書園」の経営者で、劉暁波と親交のある劉蘇里《リュウスウリ》が一時連行された。なお、この「万聖書園」にある「醒客珈琲庁（thinker's cafe bar）」で、私は二〇〇七年三月に劉暁波と親しく語りあった。そこに劉蘇里が現れ、劉暁波は彼を「ぼくの親友だ。六・四のとき、蘇里は中国政法大学の若手教員で、六月四日未明には、学生糾察隊（パトロール隊）の多くの学生と一緒に広場で最後まで闘い、学生の安全と生命を必死に守った。逮捕されて、秦城監獄には一年以上も投獄された」と紹介し、そして、彼も交えて私たちは歓談を続けた。

授賞式の一二月一〇日が近づくにつれ、取締りはさらに強化された。一一月一六日、北京から数千キロも離れた寧夏回族自治区銀川の市民で、「08憲章」署名者の陳永昶《チェンヨンチャン》は、国家の安全を脅かし国家の統一を転覆させる情報をダウンロードしたという罪名で召喚され、二〇〇〇元の罰金を科された。また、一一月二八日、「08憲章」署名者で北京在住の白東平《バイドンピン》は、ＱＱ（中国で普及しているインスタント・メッセンジャーのソフト）で、天安門事件の時の学生デモの写真をダウンロードしたため、「国家政権転覆煽動罪」で身柄を拘束された。

授賞式参加を阻止

中国政府は中国人を授賞式に出席させまいと、何人もの出国を阻止した。一一月一四日、北京に住む著名な学者の丁東《ディンドン》と邢小群《シンシャオチュン》の息子で、上海のソフト会社に勤める技術者の丁丁《ディンディン》は、アメリカに出張するために空港に行ったが阻止された。これに対して丁・邢夫妻はネットで胡錦濤《フウジンタオ》主席、温家宝《ウンジァバオ》総理への次のような公開書簡を発表した。

「私たちの息子は劉暁波氏を知らず、劉霞氏も知らない。しかも、いかなる政治活動にも参加したことはない。彼は一技術者で、また、上海博覧会の中国館の建設では重要な貢献をしたことさえある。この度アメリカに行くのは、スクリーンに関する技術交流という業務のためであり、しかも一週間だけである。ノーベル賞とは無関係で、さらにオスロとは『風馬牛も相及ばず』[3]である。……中国では古来から九族を連座させる専制主義の伝統がある。文革期では『親が英雄なら子は好漢で、親が反動なら子はクズだ』という言葉が流行った。改革開放後、この考えは否定されたが、今日、ある部局で連座制を再び行使している。まさに歴史の後退である。中国の公民がノルウェーに行くのを事前に阻止するために、これほど大きな網を張って、たとえ間違えて千人阻止しても、一人たりとも漏らさないという行い[4]は、実に愚かで、台頭する国のイメージとはつり合わない。」

この他に、二一日、劉暁波の釈放を求める署名活動をしていた北京電影学院教授の崔衛平《ツィウェイピン》、中国社会科学院研究員の徐有漁《シューヨウユー》は、北京のチェコ大使館で開かれていた展覧会に招かれたが、当局に一時拘束され、参加できなかった。出国どころか、外国の大使館にも入れさせないのである。

また、北京電影学院教授の郝建《ハオジェン》、中国科学院研究員の張樹博《チャンシュウボオ》、中国人民大学教授の何光沪《フウグァンフウ》は、香港やシンガポールの学術会議に参加しようとしたが、空港や税関で阻止された。

　このような取締りのため、授賞式の招待状が送られた約一四〇名の中で、出席できたのはわずか一人だった。出席したのは、エイズ問題活動家の万延海で、彼は当局の弾圧が厳しくなったため、五月にアメリカに亡命していた（なお、国内における彼の関係者は「連座」で処分された）。

　さらに、劉暁波の受賞とは無関係であるにもかかわらず、一〇月一七日に開催される第三回ローザンヌ世界伝道会議に参加するため、各地から上海や北京に行き、南アフリカに向けて出国しようとしていた「（当局非公認の）家庭教会」の聖職者や信者、約二〇〇名が、パスポートを取り押さえられ、身柄を拘束され、強制送還されるなどにより、出国を阻止された。このため出国できたのは三名だけであった。その理由は「反動勢力に利用され、国家の安全を脅かし、イメージ・ダウンさせる」というものであった。

　例えば、一〇月一五日、成都の「秋雨之福教会」[5]の長老、王怡《ワンイ》（本書「劉暁波とは誰か」参照）と三名の信者は、成都空港で税関を通過し、全ての手続きを終えたが、突然何の法的な説明もなしに六人の警官に「拉致」された。王怡はネットで次のように告発している。

「私は豚かゴミのように税関から階段や廊下を二〇〇メートルも引きずられ、荷物のように持ちあげられ、警察の車に投げこまれた。……私は力を尽くしてケープタウンまで赴き、主キリストとの約束を果たし、中国の家庭教会と世界の教会との約束を果たそうとしたが、獄中にいる敬愛する友人の劉暁波と同じく捕らわれ、一緒に捕らわれている一つの体として再会できた[6]。つまり、私は一人のクリスチャンとして、キリストの肢体において劉暁波と繋がったのである。……」

そして、授賞式の一二月一〇日が近づくにつれて取締りはさらに強化され、余杰《ユージィエ》たちは「旅行させられ（中国語で被旅游）」、自宅からさえ引き離された。一〇日が過ぎると次々に帰宅でき、さらに軟禁や監視が緩められた者もいるが、完全になくなってはいない。帰宅したら電話やネットが切断されていた者も多い。中国政府の恐れは消えず、まさに「風声鶴唳、草木皆兵（怯えて少しのことでもおののき、草木まで敵兵に見える）」という状況である。「調和社会」が提唱されてきたが、この現状を見ると、時代に逆行していると言わざるを得ない。しかも、次期指導者に内定した習近平の指導力には疑義が出されるだけでなく、特権富裕層を代表していると見られている。物価上昇は止まらず、格差はますます拡大し、社会不満は鬱積し、矛盾が深刻化している。二〇一〇年の世相を表す文字として物価上昇を示す「漲」が挙げられた。生活に苦しむ庶民の思いが凝縮されていると言える。このような状況において、民主化の要求はますます高まり、それが様々なかたちで現れている。

「民間」における多方面の動き

厳しい取締りの下でも注目すべき着実な動きは確かにある。乱暴に連れ戻された王怡は、その日のうちに「なぜ私たちは家庭教会なのか」を発表し、その中で「三自愛国教会(7)は、国家独占の宗教同業組合で、政治勢力に屈服している『単位(8)』で、独立して真実を求めるキリスト教会ではない」として、あくまでも信仰の自由を求め続けることを表明した。そして、このような信仰に応えて信者が増えている。

王怡によれば、秋雨之福教会は、二〇〇九年一二月には信者が一二〇人ほどであったが、現在では二六〇人くらいに増え、前の会堂からより広い会堂へと移転した。そして、若い信者がボランティアで海外の短波ラジオ放送を聞けるようにし、また「反封鎖」ソフトを使い、ネット警察の封鎖を突破して、各種の情報を得て、伝えている。さらに、若い信者がバイクで移動して、多くの人たちにソフトの使い方を教えたり、またパソコンに付けたりしている。ネット・ユーザーは既に四億人を超えて、当局はもはや有効に対処できないという。

一〇月一二日、王怡や余杰《ユージィェ》たち内外のクリスチャンは「悔い改めと和解——現今の中国社会の唯一の出口——クリスチャンによる劉暁波氏ノーベル平和賞受賞を祝賀する公開書簡」を発表し、「劉暁波氏の受賞は、ただ彼個人のことに止まらず、天安門事件の受難者の受賞でもある。一九八九年の天安門民主化運動を指標として、中国の新たな世代——自由や民主を追求する真に愛国的な良識者こそ、国際社会の公認や支持を得ているのである」と訴え、「劉暁波及び他の宗教的政治的理由で拘禁されている良心犯の釈放、天安門事件の真相究明、社会的な和解、自由で民主的な政府の確立」を呼びかけた。

次に、文学の方面を見ると、受賞発表の当日、中国の若手人気作家で、社会批判も鋭い韓寒《ハンハン》は、ブログに〝 〟と空白のクォーテーション・マークだけ書き入れた。するとこれは何かと疑問や好奇心が起き、それが瞬く間に広がり、アクセスは数万に達し、劉暁波の平和賞受賞が広く知られるようになった。

また、中国共産党の古参幹部の間でも、注目すべき動きが現れたが、この点は本書の矢吹晋先生の論考を参考にしていただきたい。

さらに、一〇月一四日、百名の知識人が「劉暁波のノーベル平和賞受賞に関する声明」を発表した。声明では、受賞は「中国が平和的に社会の転換を実現し、民主憲政に向かい邁進する」ための「新たな契機」であり、「中国当局は理性的で現実的な態度」で対応し、また「国内外の厳しい反応の中から世界の潮流と人心の願うところを子細に読みとるべき」であり、さらに自分たちは温家宝首相が繰り返し発言している「改革」に参与する用意があると表明された。

二一年前の天安門民主化運動では言論の自由や腐敗反対などの政治的主張が中心で、学生や知識人が主導していたが、現在では多方面に運動が広がっている。立ち退きに反対する住民、土地を奪われた農民、環境保護や食品安全を求める市民、信仰の自由を求める家庭教会や地下教会のクリスチャン、「邪教」とされ迫害されている法輪功の学習者、母語が失われようとしている少数民族、不公正な裁判と闘う陳情者など、経済的な利益や身近で具体的な権利を守るために抵抗し、異議を申し立てる人々の動きがある。さらに、ネットを通じて若い世代には自由や権利に関する意識が強まっている。

このため、『人民日報』など官制メディアを通じてノーベル平和賞のネガティブ・キャンペーンが展開されているが、従来のような影響力を持てなくなっている。むしろ、政府の宣伝に乗らず、厳しい言論統制に対して様々なかたちで柔軟に向きあう者が増え、粘り強く封鎖をくぐり抜け、裂け目を広げ、統制能力を弱め、自由に議論するための空間を広げている。その中で、政府の宣伝物を逆手にとって大量にコピーし、「何故だろうか?、劉暁波とは、08憲章とは、知っているか?」などと伝える者も現れている。このようなことを踏まえると、極めて困難な状況ではあるが、公民意識、市民意識が台頭する萌芽を見出すことができる。

静かな「サロン」ブーム

『亜州週刊』二〇一〇年一一月七日号では、「サロンが中国を変える――公民社会の啓蒙」の特集が組まれている。これによると、中国では「サロン（沙龍）」ブームが密やかに起き、北京の三味書屋、単向街、伝知行、UCCA、雨楓書館、上海の読品、広州の凸凹バー、ニューメディア女性サロン、成都の草堂読書、香港のCo―China、序言書堂などに現れている。語られるテーマは社会改革からライフスタイルまで様々で、常に現状を突破するような大胆な議論が交わされるため、当局が監視しているが、暗黙のうちに約束を交わし、一線を超えないようにしている。憲政、改革、言論の自由が最も関心を集めており、公共的な領域で、公民としての対話が進められ、中国の公民社会の成長において啓蒙的な役割を果たしているという。

一〇月二五日、アメリカの大使ジョン・ミード・ハンツマン（中国名は洪博培）が、三味書屋で講演した。彼はその中で劉暁波の受賞について質問されると、「ここで、このことについて議論できることはすばらしいことで、これも中国社会がこの段階にまで発展してきた象徴です」と答えた。三味書屋の経営者である李世強《リスウチャン》は「これは長年の努力による。我々の言論空間は既に我々を監視する部門との間である種の暗黙の約束が交わされるようになっている」と語った。

ここでサロンが開かれるとき、いつも遠からず近からずのところに警察の車が停まっており、また会場の聴衆の中には、身分を隠した「国保」[9]が紛れているが、干渉はしないという。これについて、李世強は

「〝耳〟が会場にいても気にしない。我々は公開の場での討論を求めている。自由は、まさに一人ひとりの心から始めなければならない。何でも公に話しあうべきだ」とも語った。そして、『亜州週刊』の主編者は「中国当局が劉暁波受賞〝事件〟で四苦八苦しているとき、多くの人々が中国の言論の自由と民主の発展に悲観的になるとき、まさに歴史の逆境において、民間の鬱勃たる力量は政治のいかなる勝利をも超越し、見過ごされた啓蒙の力を喚起している」と述べている。

このような「サロン」は大都市での動きだが、中央から遠く離れた貴州省でも注目すべき動きがある。

貴州人権研討会——広場での意見表明

中国の西南に位置し、古代から僻遠の流刑地とされてきた貴州省は、筋金入りの反骨精神を持つ熱血漢が生まれる土地柄である。拙編著『黄翔の詩と詩想——狂飲すれど酔わぬ野獣のすがた』（思潮社、二〇〇三年）で紹介した詩人の黄翔《ファンシャン》はその一人である。彼は人間の尊厳と自由を詩で歌いあげ、六回も投獄され（刑期は合計一二年）、最後は国外退去を強制され、今はアメリカで亡命生活を送っている。彼が中心になって一九七八年一〇月に発足した「啓蒙社」は、文革後いち早く自由な創作と民主啓蒙運動を謳って登場した「民間」文学組織である。黄翔は、詩への情熱と生命の奥底から突き上がる衝動をもって発起し、民主化の運動に身を投じ、「民間」の力の傑出した代表と注目され、このようにして彼の詩や行動は「民主の壁」運動を誘引したと言われている。

一九九六年には、「啓蒙社」のメンバーであった廖双元《リャオシュアンユエン》、陳西《チェンシィ》、黄燕明《ファンイエンミン》、盧勇祥《ルウユンシャン》、曽寧《ズンニン》たちは、「民主運動の手段について密謀を行い、中国共産党の指導を覆し、多党制を実現し、連合政府を確立し、一九八九年の『六・四』動乱を名誉回復し……『専制独裁者への公開書簡』、『同胞に告げる』というビラを印刷した」などの罪状で捕えられ、陳西は一〇年、廖双元は四年、黄燕明は六年、盧勇祥も六年、曽寧は二年という実刑判決を下された。これは、中国における最後の「反革命集団」の摘発であった（一九九七年の刑法改定により以後は「国家政権転覆罪」などとなる）。

一〇年後の二〇〇五年、陳西は刑期を終えて出獄し、民間団体の「貴州人権研討会」を発起し、一一月二〇日に設立した。その日、メンバーは貴陽市内でアンケートを行った。十八歳から二十七歳、二十八歳から四十七歳、四十八歳以上と分けて、約一〇項目に関する回答を集めた。その中には「国際人権デーは何日ですか」、「中国政府は既に二つの人権に関する国際規約に署名したことを知ってますか」、「我が国の憲法の何条に人権や言論の自由が保障されているのか、知ってますか」などの項目があった。そして、「世界人権宣言」や「市民的および政治的権利に関する国際規約」を二〇〇〇枚、スーパーや街頭で配り、アンケートの回答を集めるなかで語りあった。

「貴州人権研討会」は、毎週金曜日の午後に市内にある公園の「鳥園」で定例会を行い、また、毎年一二月一〇日の国際人権デーに、全国から異議申し立ての人士、人権活動家、独立知識人たちを集め、シンポジウムを開催するなどにより、民意を表明する場を創りだすことに努めている。定例会の参加者は二、三〇名で、各地で起きている抗議行動、四川大地震で生まれた草の根の民間組織との提携や協力、楊佳事件（二〇〇七年一〇月五日夜、北京から上海に旅行中、警官に訊問され、身分証の提出などを拒んだため派出所に連行されたことを恨み、二〇〇八年七月一日に警察署を襲撃し、警官六人を殺害、警官三人と警備員一人を負傷させた事件）、市民の不服従運動などが話しあわれている。また、シンポジウムはこれまで六回行い、テーマは「自由の本質」、「憲法で保障されている言論表現の権利」、「国家人権行動計画」、「08憲章」、「人権と教育」などである。

「08憲章」の最初の署名者三〇三名のうち、貴州省では二一名を数え、その割合は多い。ほぼ全員が「貴州人権研討会」のメンバーである。現在、参加者は約百名で、その中には先述した者の他に、方家華《ファンジアホワ》、莫《モオ》建剛《ジェンガン》といった古参民主運動家、天安門民主化運動参加者、詩人、NGOのボランティアなどがおり、年齢は「八〇后《バーリンホウ》（一九八〇年代生まれ）」や「九〇后《チウリンホウ》（一九九〇年代生まれ）」の青年から七十代の高齢者までいる。このように参加者は量的にも質的にも飛躍的な発展を見せている。

「研討会」は、政治的に「敏感」な時には、露骨な嫌がらせを受けてきた。会員が警察に数時間から十数時間も訊問され、恫喝され、また身柄を拘束された。家の水道や電気を断つなどの嫌がらせもあった。また当局は「鳥園」の「老幹部活動センター」を貸さないように指示したり、突然休館させるなど、姑息な手段を使い、金曜日に集まる場を失わせるという妨害もしばしばであった。まさに「日常茶飯事」のような妨害に対して、会員は公園を「散歩する」というかたちで対応し、状況を見計らって「ゲリラ戦」的に、「散歩者」数十名が集まり、警官と「二警（臨時雇いの警官）」が何十名も「見守る」中で熱弁をふるうようなこともある。

会員たちは警官や「二警」でも「敵」と見なさず、忍耐、善意、誠意などを示し、寛容と和解の精神で、相手を感化するように努めている。そのため、時には、見張りの警官も「譲歩を見せて」熱い討論に加わることがある。「八〇后」、「九〇后」の青年は、警察に「自由門」や「無界」というネットの封鎖を突破

手作りの「民主の窓」、糜崇驃（左）と王蔵（右）

するソフトの使い方を教え、「善き人のためのソナタ」（二〇〇六年、ドイツ映画）のように、少しずつ考え方を変えさせようとしている。

　そして、一〇月八日、午後五時に短波放送で受賞のニュースを聞いたメンバーは、ただちにネットから劉暁波の肖像をダウンロードして印刷し、花を買い、市内中心部のウォルマート前広場で祝賀しようとした。しかし、陳西や中有《スンヨウ》連《リエン》たちは自宅で「国保」に阻止され、他の数名は派出所に拘禁された。それでも、阻止をくぐり抜けたメンバー二六名が広場にたどり着き、通行中の市民に受賞のニュースを広く知らせた。他方、中心メンバーの廖双元・黄玉琴《ファンユィチン》夫妻は、北京で「飯酔」の祝賀会に参加したため拘束され、消息不明となったが、一週間後に貴陽に強制送還された。

　二日後の一〇月一〇日の双十節（中華民国の建国記念日）に、七十二歳の糜崇驃《ミィチョンピャオ》から若い詩人の王蔵《ワンチャン》まで数人のメンバーは、当局の封鎖を突破してネットからダウンロードした劉暁波受賞のニュースを印刷して、貴陽市人民広場で配布した。この人民広場は「民権広場」と呼ばれていて、約一〇〇人が受けとったという。チラシを受けとった市民の中には、五角や一元をカンパした者もいた。このような活動はそれまで止めさせられたり、検挙されたりしたが、今回は妨害を受けなかった。

チラシを受けとった農民の李はクリスチャンで、伝道したために投獄され、三年の刑期を終えて出獄したばかりだった。彼は「受賞はとてもうれしい。みんなが信念を堅くして、基本的人権を勝ち取るために、手を組もう」と語った。老人の劉は「もうすぐあの世に行くけれど、文革の迫害で亡くなった両親について今まで無言で抵抗してきただけだったが、これからは亡くなった家族のために声をあげて、尊厳を回復する」と語った。仏教徒の王は「文革では仏殿や仏像が壊され、マルクス・レーニン主義の信仰を強制された。信仰の自由を求める」と語った。子どもを背にした張は「彼（劉暁波）は私たちの子どものために代価を払っている。我が国の名誉のはずなのに、投獄されている。まったくあべこべだ」と語った。前記の糜崇驃は、この数年、毎週土曜、日曜、雨にも負けず、風にも負けず、手作りの「民主の窓」を設置して、自由、平等、民主、共和、憲政、言論表現の権利（中国語は「表達権」）、情報を知る権利（中国語は「知情権」）、法律を執行する者の違法行為などを訴えている。このような活動から、この広場は次第に「民権広場」と言われるようになり、彼は「覚醒した市民」のシンボル的な存在になっている。

これまで糜崇驃は「多くの人々を集めて民衆を騒がせている」、「不法活動だ」などと警察から何度も圧力や嫌がらせを受けているが、一般市民がその場で身を張って公然と抗議しているので、身柄を拘束されるまでには至っていない。特に周囲のホームレスが、彼を保護している。二〇一〇年の六月には、地元派出所の副所長が拳銃を持って取締りを強行しようとしたが、拘束される寸前に、ホームレスが立ち上がって彼を守る円陣を作り、また、広場の市民もペットボトルやゴミを警官に投げつけ、守り通した。

「八〇后」の王蔵——詩学の実践

「貴州人権研討会」でも、ネット世代、「八〇后」、「九〇后」の青年の積極的な参加が顕著になっている。その中にはクリスチャンや仏教徒が多い。それは、青年が正統とされるイデオロギーから遠ざかり、多様な価値観を志向していることを示している。

その一人で、一九八五年生まれの「八〇后」の王蔵（前出）は「研討会は毎回事前に地元の国保と派出所に申請し、事後に報告します。憲法に基づき、そこに明記された結社の自由を尊重し、草の根の権利擁護運動への関心を高め、社会的弱者のことを思って意見が異なる者たちと具体的に話しあうことが大切です」と述べている（筆者宛のメール）。

王蔵は独立中文筆会の会員で、ペンネームは「小王子」（petit prince の中国語訳で、日本語訳は星の王子さま）である。彼の詩に「ひまわり」という小品があり、紹介する。

ひまわり
ギロチンで切られたひまわりは
清明節に復活する

立ち退きに抵抗する住民の支援

太陽の花びらといっしょに
自分の墓参りをする

このように鮮烈で不屈の闘志を深く秘めて、彼は痛烈な政府批判の評論などもネットで発表する。二〇〇四年には「八〇后」の同人と「中国ディスクール権力論壇」をネットで立ち上げ、権力のディスクールに抵抗し、ディスクールの権利を獲得し、言葉の封鎖を突破するという理念を提唱し、実践している。それは「啓蒙社」の精神の継承でもある。

彼は詩を創作するだけでなく、演劇作品や評論を発表しながら、詩人として行動している。これらすべてが彼にとって、自分の詩学の実践である。彼は「詩歌は単なる技巧や形式でなく、行動によって表現すべきものである」と述べている。そして、土地を奪われた農民や不動産業者に立ち向かう団地住民に法律の知識を提供し、共に苦しみを分かちあい、共に当局と話しあい、交渉する。私が日本からの国際電話で話していたときも、訴えに応対していた。呼ばれればどこへでも駆けつけて共闘するという。

王蔵は「自分自身の中の恐怖を打破し、自由と民主を推し進めることは、自分を拘束している鉄鎖を断ち切り、自分自身を守るためだ」という。そして、村上春樹が「エルサレム賞」授賞式（二〇〇九年二月一五日）において、「高くて固い壁」にぶつかり「壊れる卵」という比喩で、体制や組織に抵抗し続ける人間の運命的な営みを示し、「私は常に卵の側に立つ」と表明したことに言及し、自分も『卵』の詩人だ。『高くて固い』一党独裁体制ではなく、ここにこそ人間性が輝くと思う。そして、やがて広場で自由に意見が表明できる社会が実現されるだろう」と語る。

このように、彼は声高らかで派手なデモ行進とは異なる様々な行動を通して模索し、静かで着実な変化を起こそうと地道に努力している。私は、彼が村上春樹に言及し、また多くの中国知識人が彼の講演に注目しているので、改めて『ノルウェイの森』を開き、頁をめくってみた。そして、第一〇章で主人公が「俺は生きつづけるための代償をきちんと払わなきゃならないんだよ」と語る箇所に目が止まった。劉暁波も、王蔵も、他の多くの抵抗者も、確かに「卵」のように弱く、人間として「生きつづけるための代償をきちんと払わな」ければならないが、それは非人間的な「高くて固い壁」より遙かに優ると、改めて思わされた。

おわりに──「未来の自由な中国は民間にある」

劉暁波は「社会を変えることを通して政権を変える」（『劉暁波面面観』珀斯出版、Perth Publishing、香港、二〇一〇年）において、次のように述べている。

「非暴力の人権擁護運動は、政権の奪取を目標とはせず、尊厳をもって生きることができるヒューマニズムの社会の建設に力を注いでいる。つまり、民間の生存様式――愚昧で意気地なしで奴隷のような生存様式を変えて、独立した公民の社会を拡大するように努めている。まず、官権の統制が弱いところから民間社会の空間と資源を拡大し、非暴力の不断の抵抗を通して官権が統制する社会空間を縮小し、さらに民間の運動に費やす代価を累計することで、独裁政権の統治に必要なコストを高め、民権が一歩進めば、官権が一歩後退するという漸進的な構造を形成する。」

小論で述べた草の根の抵抗運動は、まだあまり知られていないが、水面下で静かに広がりつつある。確かに、相互の連帯はまだ極めて弱く、その潜在力は測りがたいものの、「星星之火、可以燎原[10]」のように広がり、やがて大きなうねりとなって現れるだろう。今日の徴候を見ると、改革の動きは臨界点に近づいており、遅かれ早かれ獄中の一角から発する「未来の自由な中国は民間にある」という言葉は、広く中国全土に響きわたるようになると確信できるのである。

注

（1）本書所収の「天安門の母たち」グループ代表の丁子霖・蒋坤培「私たちと劉暁波さんとの出会いから親交へ」参照。

（2）城山英巳「ノーベル平和賞が火をつける『第二の天安門』」『文藝春秋』二〇一〇年一二月号、一四七頁。

（3）「左氏伝」より。発情期の馬や牛がやたらに走り回ってもはち合わせすることさえないほど遠く離れているというたとえで使われる。

（4）蒋介石は一九二七年四月一二日の「四・一二クーデタ」で、「誤って千人の非〔共産〕党員を殺しても、一人の党員も逃すな」と命令し、これにより無数が処刑されたという史実が知られている。

（5）前掲『環』第四一号（「劉暁波とは誰か」、本書にも収録）で紹介した。

（6）「新約聖書・ヘブライ人への手紙」一三章三節「自分も一緒に捕らわれているつもりで、牢に捕らわれている人たちを思いやり、また、自分も体を持って生きているのですから、虐待されている人たちのことを思いやりなさい」（新共同訳）参照。

（7）中国共産党政権は「統一戦線」の下にプロテスタント系教会を「中国基督教三自愛国運動委員会」（「三自」は中国人自身が教会を運営する「自治」、教会を支える「自養」、伝道する「自伝」）で組織化し、それ以外の教会は登録されていないとして様々な圧力を加えている。情報化の進展で、あからさまな弾圧ができず黙認されている教会は「家庭教会」、そうでなく厳しく迫害されているのは「地下教会」と呼ばれている。

（8）社会主義体制下で、都市に住む者は政治・経済・社会的な機能を有する企業、機関、団体、学校、軍隊などの「単位」に所属しなければならないとされる。

（9）各地の公安局に置かれた国家安全保衛支隊の略称。異議申し立て人士、陳情者、NGO、法輪功信者などを監視している。

（10）明の張居正の言葉で、小さな火花も広原を焼き尽くせる。当初は小さな勢力でも、強大な勢力に発展する可能性があるというたとえ。

壁の中の劉暁波と村上春樹の砕ける卵

藤井省三

「中国語圏と村上春樹」を研究している私に、多くの中国人が「エルサレム講演」について問いかける。あの“Between a high, solid wall and an egg ......”という村上春樹が二〇〇九年二月にエルサレム文学賞を受賞した際に行った講演についてである。

村上講演の「壁」と「卵」の比喩は、日本ではもっぱらイスラエルのパレスチナ自治区ガザ侵攻を批判したものと考えられている。実はその三年前に村上はすでに中国の硬派週刊新聞『南方周末』のインタビューに対し、「基本上我非常重視和尊重個人的自由。就像是有一堵結実的高牆、如果有撞上高牆而破砕的鶏蛋、我往往是站在鶏蛋一辺的（基本的に僕は個人の自由を大変重視し尊重します。ちょうど硬くて高い壁があり、この壁にぶつかって砕ける卵があるとしたら、僕はしばしば卵の側に立つのです）」と語っているのだ（二〇〇六年九月七日第一一七八期）。

村上はあの悲惨な一九八九年天安門事件（または「血の日曜日」事件）をロードス島滞在中に知って、「もし僕が二十歳で、北京にいたとしたら、僕だってやはりその場所にいたかもしれない……こちらに向かって飛んでくる自動小銃の弾丸を想像する」と旅行記『遠い太鼓』に書いてもいる。中国紙に「壁」と「卵」の比喩を語った時、彼は中国共産党独裁体制を想起していたことであろう。

「エルサレム講演」に深い共感を覚えた人々の中に、劉暁波《リュウシャオボ》夫人の劉霞《リュウシイア》氏がいた。講演をネットで読んだ彼女は、次のように語っている。「彼の立場は、私の立場でもあります。私自身もひとりの芸術家であり、絵を描き、写真を撮り、詩を書きます。私の仕事、私の作品、そして私自身も、すべて「卵」の側に属していますが、強権という高い壁の前では何の価値もないように見えて、いともたやすく粉々に砕けてしまいます。けれども、ずいぶん前から、これは私の選択なのです。村上春樹氏と同じように、私は、私たちの体躯という殻の中にある魂の価値を大切に、真実の価値を大切に、そしてすべての脆く壊れやすいものの価値を大切に思っています。」

そして劉霞氏は獄中にいる夫の言葉を引用するのだ――「壁はあまりに高く硬く、そして冷ややかです。もし、我々に勝ち目のようなものがあるとしたら、それは我々が自らの、そしてお互いの魂のかけがえのなさを信じ、その温かみを寄せ合わせることから生まれてくるものでしかありません」（「日本の読者へ」）。

現代中国一〇〇年の歴史の中で、中国の知識人は自由と独立のために闘いつづけてきた。中華民国期を代表する人が魯迅《ルーシュン》（ろじん、一八八一―一九三六）とするなら、その魯迅精神を人民共和国へと伝えたのが巴金《パーチン》（はきん又はぱきん、一九〇四―二〇〇五）である。

一九八九年に試みられた民主化運動は、巴金ら第二世代の知識人を顧問格として、作家の鄭義《チョンイー》（ていぎ、一九四七―）ら文革期に紅衛兵運動を体験した第三世代を思想的リーダーとし、ポスト文革の鄧小平時代に育った大学生を担い手として展開したといえよう。だが鄧小平は戦車を繰り出してこれを圧殺し、天安門事件を引き起こしたのである。その結果、二〇〇〇年にノーベル文学賞を受賞することになる高行健《カオシンチエン》（こうこうけん、一九四〇―）ら多くの文化人が、国外亡命を余儀なくされた。

一九五五年生まれの劉暁波氏も第三世代知識人に属している。文革中には下放《シアーファン》（かほう、党幹部・学生が農村や工場に入り農民・労働者への奉仕の精神を養うための運動）を体験した後、七七年に復活した大学入試第一回目を受験して吉林大学中文系に入学、八二年には北京師範大学中文系大学院に進学し、八八年に博士号を取得した。大学院生時代から中国の現代政治と知識人との問題をめぐって発言を続け、八九年にアメリカ・コロンビア大学を訪問中に北京民主化運動の報せに接して急遽帰国、六月四日の天安門事件後には逮捕されて北師大も解職された。

その後も劉氏は民主化運動を続けたため、九五年五月から八か月間拘束されたほか、九六年一〇月にも逮捕され、三年間の〝労働改造〟処分を受けた。九九年一〇月に釈放された後は、執筆活動と民間人の連帯を呼びかけ、中国内外の作家が結成した独立中国語作家ペンクラブの会長に選出されている。劉氏はこのような不屈の民主化運動家であるために、「08憲章」発表時にも当局側からいわば見せしめとして逮捕されたのである。幾たびも硬くて高い壁にぶつかり、今も獄中にある劉氏にとって、村上春樹の「エルサレム講演」は温かい激励に思えたことであろう。

ちなみに『遠い太鼓』は台湾では一〇年前に頼明珠訳で刊行されているものの、中国では未だに刊行されていない――『ノルウェイの森』から『1Q84』そして旅行記『雨天炎天』に至るまで三〇点以上の村上作品が翻訳されているにもかかわらず。

Ⅲ

「08憲章」の思想

——和解による民主化

「08憲章」と中国の知識人(1)

及川淳子

はじめに

中国の「自由派知識人」として知られる劉暁波《リュウシャオボ》が、国家政権転覆扇動罪により懲役一一年と政治的権利剥奪二年という実刑判決に処せられた。罪状のひとつに問われたのが、「08憲章」起草の中心となり、署名活動を推進したということだ。知識人がその言論により重罪に問われた事実は、中国の「民主」をめぐる言論状況を象徴している。

「08憲章」は、二〇〇八年一二月の「世界人権宣言」六〇周年記念に際し、中国国内の三〇三名の署名を付してインターネットで発表された。自由・人権・平等・共和・民主・憲政の基本理念をふまえ、立法・司法・行政の三権分立の確立、民主や人権の保障、言論の自由など一九項目を主張し、中国共産党による現在の政治体制を痛烈に批判して、「政治的民主の変革は、もはや引き延ばすことはできない」と訴えている[2]。

一九八九年の天安門事件に深く関わり、中国の民主化運動に多大な影響をもつ劉暁波が拘束されたというニュースとともに、「08憲章」は世界に伝えられた。天安門事件から二〇年が経過し、中国では事件に関する報道が厳重に規制されるなかで、「民主」をめぐる知識人たちの新たな思想と行動が「08憲章」に帰結したのである。「08憲章」は、中国の「自由・民主・憲政」の現状に対する批判と今後の展開を考察する上で、欠くことのできない歴史的文書であるといえよう。

「08憲章」に記された個々の問題提起をはじめ、一万一五七五名の署名を集めたインターネット上の言論空間について[3]、また、天安門事件の評価や劉暁波が担う「歴史的使命」、さらに、「08憲章」と劉暁波を支持する世界的な言論に関して様ざまな資料を読み進めるとき、中国の現実が突き付けてくるのは、「民主」や「人権」をめぐる問題、またそれらを論じるための「言論の自由」という問題を、隣国で同時代を生きる私たちが果たしてどのように考えるべきかというさらなる問いかけだ。とはいえ、「民主」をめぐる議論は、主義主張が先行する理念型になりやすい。ここでは、「民主とはどうあるべきか」という本質論よりも、「民主」を求め問い続ける知識人たちの言説を読み解くことにより、まずは少しでも中国の現実に近づいてみたい。

「08憲章」の波紋と三〇三名の知識人

「08憲章」は、中国の立憲一〇〇年、「世界人権宣言」公布六〇周年、「民主の壁」誕生三〇周年、「市民的および政治的権利に関する国際規約」署名一〇周年の年に発表された。数日後に改革開放三〇周年記念式典を控え、「最も敏感な年」の直前でもあった。五・四運動九〇周年（一九一九年）、建国六〇周年（一九四九年）、チベット蜂起五〇周年（一九五九年）、盧山会議五〇周年（一九五九年）、北京の春三〇周年（一九七九年）、天安門事件二〇周年（一九八九年）、法輪功事件一〇周年（一九九九年）と続くように、歴史的かつ政治的に敏感な二〇〇九年を前にして、「08憲章」は発表されたのである。

世界人権デーの前日に予定よりも早く「08憲章」が発表されたのは、劉暁波と張祖樺《ヂャンズウホァ》が拘束されたことによるもので、かつて劉暁波が会長を務めた独立中文筆会（Independent Chinese PEN Center）は抗議の緊急声明を発表した。翌日には、International Pen 獄中作家委員会が劉暁波釈放を求める声明を発表し、ドイツやアメリカの政府関係者が、世界人権デーの式典や記者会見で中国当局を批判した。一二日には「08憲章」署名者有志が劉暁波釈放を求める声明「我々と劉暁波を切り離すことはできない」を発表したほか、(4) ダライ・ラマが「08憲章」支持を表明し、二二日には社団法人日本ペンクラブ獄中作家・人権委員会が「中国政府に作家劉暁波氏の拘束を直ちに解くよう求める声明」を発表した。その後、ノーベル文学賞受賞者のナディン・ゴーディマやサルマン・ラシュディらを含む海外の学者ら一五〇余名が、劉暁波の無条件即時釈放を求める胡錦濤《フージンタオ》国家主席宛の連名書簡をインターネット上で公表するなど、劉暁波と「08憲章」への支持は世界的な展開を見せた。

天安門事件で逮捕されるも、釈放後も中国国内に留まって執筆活動を続けていた劉暁波の主要な言説や、国際的な評価については『天安門事件から「08憲章」へ』（劉暁波著、劉燕子編、序＝子安宣邦、横澤泰夫・及川淳子・劉燕子・蒋海波訳、藤原書店）を参照頂きたいが、「反体制派」、「民主活動家」と言われる劉暁波は、現在では相対的に見ればむしろ穏健派といえる存在だ。劉暁波を単に「民主化運動のシンボル」にするだけでは事の本質を見誤ることになろう。天安門事件当時の思想と行動、その後二〇年間の北京での執筆活動について、詳細な検討を行う必要がある。「08憲章」は劉暁波によって注目されたが、彼ひとりが起草したものではなく、第一次署名には劉暁波を含む三〇三名の知識人が名を連ねた。ひとりひとりの名前を確認し肩書や経歴を調べると、天安門事件当時の関係者が多数を占めていることが分かる。人権・民主活動家七八名、学者六〇名、作家三七名、法律家三四名、マスコミ関係者・文筆業二五名、その他六九名という構成で、台湾・香港・マカオを含まない大陸の知識人たちだ。

彼らの言説は、日本ではどのように紹介されているのだろうか。翻訳書が出版されている著者と代表作を挙げれば、戴晴《ダイチン》『毛沢東と中国知識人』（東方書店、一九九〇年）、焦国標《ジャオグオビィアオ》『中央宣伝部を討伐せよ』（草思社、二〇〇三年）、李大同《リーダートン》『「氷点」停刊の舞台裏』（日本僑報社、二〇〇六年）、周勍《ヂョーチン》『中国の危ない食品――中国食品安全現状調査』（草思社、二〇〇七年）、廖亦武《リャオイーウー》『中国低層訪談録――インタビューどん底の世界』（中国書店・集広舎、二〇〇八年）、ツェリン・オーセル『殺劫――チベットの文化大革命』（中国書店・集広舎、二〇〇九年）などだ。中国研究者になじみ深い法学者の于浩成《ユーハオチェン》や、経済学者の茅于軾《マオユーシー》をはじめ、趙紫陽《ヂャオヅーヤン》の肉声を録音して『改革歴程』を出版した鮑彤《バオトン》や、「天安門の母」として知られる丁子霖《ディンヅリン》の名があるが、一方で、若手研究者として注目される劉軍寧《リュウジュンニン》や思想家の余世存《ユーシーツン》、クリスチャンとして宗教の自由を訴える余杰《ユージィエ》や王怡《ワンイー》、人権派弁護士として知られる浦志強《プゥヂーチャン》などは、影響力をもつオピニオンリーダーたちであるにもかかわらず、日本では紹介されることが少ないのも事実だ。劉暁波の存在が際立つほどに、ほかの三〇二名についていかに知らないかということに、気付かされる。より多くの言説が翻訳紹介され、議論される必要があるだろう。

「08憲章」の署名者の中で、日本でもっとも知られるようになったのは、八回に及ぶ帰国拒否に抗議し、成田で約三カ月の籠城を続けた馮正虎《フォンジェンフー》だろう。ブログやツイッターで情報発信を続けた馮正虎《フォンジェンフー》は、身を挺して中国の人権問題に対する世界的な関心を呼び起こした。一方で、同じ時期の事件ながら日本ではほとんど知られていないのが、学問と言論の自由を訴える元中国社会科学院哲学研究所研究員の張博樹《ヂャンボーシュー》[5]だ。香港での『二〇世紀中国専制主義批判』シリーズの出版や、『胡耀邦與中国政治改革――十二位老共産党人的反思』の編纂など、天安門事件を原点として体制内部から体制批判を続ける張博樹《ヂャンボーシュー》だが、二〇〇九年の慶應義塾大学とアメリカのロジャーウィリアムス大学への訪問及び講演活動を理由に社会科学院の職を追われることになった。不当な処分に直面した馮正虎《フォンジェンフー》や張博樹《ヂャンボーシュー》は、中国の人権問題が「対岸の火事」ではなく、日本人の人権意識をも問う身近な問題であることを伝えているといえよう。

北京とプラハを結ぶ知識人たち――チェコスロバキア「77憲章」

二〇〇九年三月一一日、チェコの人権団体People in Needは、平和的方法で人権運動に取り組む人物を表彰するHomo Homini Award（〝人と人〟人権賞）」を、劉暁波と「08憲章」全署名者に授与した。劉暁波に代わりプラハで開催された授賞式に出席したのは、社会科学院哲学研究所の徐友漁《シューヨウユー》、北京電影学院教授の崔衛平《ツイウェイピン》、劉暁波の弁護士莫少平《モーシャオピン》で、いずれも「08憲章」の署名者だ。東欧の政治哲学や思想を専門とする徐友漁《シューヨウユー》と崔衛平《ツイウェイピン》は、署名理由に関する文章を発表しており[6]、「08憲章」と知識人の問題を考える上で重要な存在である。

賞を授与したヴァーツラフ・ハヴェルは、「Charta 77（77憲章）」の起草者のひとりで、哲学者のヤン・パトチカや元外相のイジー・ハーイェクとともに、チェコの民主化運動の中心となった人物だ。一九七七年発表の「77憲章」は、一九六八年の「プラハの春」一〇周年に際して、当時のグスターフ・フサーク政権の人権抑圧に抗議し、二四三名の署名によって当時の西ドイツの新聞で発表された。署名者たちは激しい弾圧を受けたが、署名者は一九八〇年代も増え続け、共産党による独裁体制を崩壊させた一九八九年のビロード革命の中心的理念となり、ヴァーツラフ・ハヴェルは大統領に就任した。「77憲章」は、旧チェコスロバキアのみならず、ポーランドの「連帯」をはじめ、当時の東欧諸国の民主化運動に多大な影響を与えたと言われている。

劉暁波と「08憲章」全署名者に対する表彰の言葉は、次のように記されている[7]。

「08憲章」は、チェコスロバキアの「Charta 77」と同様の精神を訴求したものである。「08憲章」は「Charta 77」のように中国の権力当局に法律の遵守を呼びかけ、現行の政治体制と中国の憲法に基本的人権と民主の確実な保障という変化を求めたものである。Homo Homini Awardが「Charta 77」運動の精神を明確に理解した人物に授与されることの深遠な影響と重要な意義は、かつて、そして現在も共産主義体制のもとに生活する人びとの間で、必ずや伝えられることだろう。（中略）今年度のHomo Homini Awardの選出は、ある種の象徴的な意義を有するものと見なされるべきであり、大いなる勇気と、個人の危険をものともせずに「08憲章」に署名した人びとへの支持を示すものでもある。

東欧の民主化は天安門事件に多大な影響を及ぼしたが、中でもヴァーツラフ・ハヴェルの思想と「77憲章」は、「08憲章」に署名した知識人たちに現在も強い影響を与え続けている。ヴァーツラフ・ハヴェルの代表論文は二〇〇三年に崔衛平《ツイウェイピン》が中国語に翻訳し、徐友漁《シューヨウユー》が序文を寄せて『哈維而文集』と題してまとめられ、地下出版の形で読み継がれているという。「08憲章」は発表当時から「77憲章」との類似点が指摘されていたが、その思想や表現方法は「77憲章」の延長線上にあると考えるべきだろう。

二〇〇九年六月二三日に劉暁波が正式に逮捕されると、当時EU議長国を務めていたチェコ政府は中国当局への抗議声明を発表した。一二月一一日の起訴当日にはチェコ外務省が抗議声明を発表し、判決前日の一二月二四日には、チェコのヘルシンキ委員会が、実刑判決に抗議する声明を発表した。二〇一〇年一月六日の「77憲章」三三周年記念日には、ヴァーツラフ・ハヴェルらが劉暁波への判決に抗議する胡錦濤《フージンタオ》国家主席宛の公開書簡をプラハの中国大使館に提出し、国会議員四〇名とともに、劉暁波をノーベル平和賞候補者として推薦したことを公表した。それらの情報はすべてインターネットで発信され、関連文書は逐次支援者たちによって中国語に翻訳された。中国国内では「08憲章」と劉暁波に関する情報は厳しく規制されているが、海外に拠点を置く中国語の関連ウェブサイトによって、北京とプラハを結ぶ知識人たちの活動が伝えられたのである。

「77憲章」と「08憲章」は、東欧の民主化運動が天安門事件に与えた影響への再検討を促している。日本から中国の問題を考察する際に、北京とプラハという繋がりは認識し難いが、越境する知識人たちの行動や、インターネットで世界に広がる情報を丁寧に読み解いていくことによって、これまで知ることのなかった新たな事実が浮かび上がるといえよう。チェコだけでなく、アメリカやドイツをはじめとする世界各国の「08憲章」に対する関心の高さは、中国の民主化運動を世界的視野のもとに考察する必要性を示している。

中国共産党の改革派老幹部たち——李鋭《リールイ》、杜光《トゥグアン》、胡績偉《フージィウェイ》を中心に

中国共産党内の改革論者たちは、「08憲章」と劉暁波の問題をどのように考えているのだろうか。思い浮かんだのは、李鋭《リールイ》という老幹部の存在だ。一九一七年生まれの高齢にも関わらず、現在でも大胆な改革論者として知られている。かつて水利官僚として長江三峡ダムの開発政策に異を唱えたことを評価され、一時期は毛沢東秘書を務めたこともあり、中国共産党中央組織部常務副部長や中国共産党中央顧問委員を歴任した。筆者は一〇年来李鋭《リールイ》への聞き取り調査を続けており、天安門事件で武力弾圧に反対したことや、党大会開催に合わせて民主化を求める意見書を公開する活動に注目している。

本稿が主題とする知識人の問題と、中国共産党の老幹部の存在とは、一見、無関係に思われるかもしれないが、ここで改革派老幹部たちを取り上げるのは、現在の中国の言論空間を考察する上で、彼らのネッ

トワークに知識人を代替する機能的役割を指摘することができると思われるからだ。例えば、二〇〇六年一月、『中国青年報』の付属週刊紙『氷点週刊』が歴史認識をめぐる論文の掲載を理由に停刊処分になった際、李鋭《リールイ》をはじめ一三名の老幹部が言論弾圧に抗議し、報道の自由を保障する「新聞保護法」制定を要求する共同声明をインターネットで発表した。氷点事件では、編集部の関係者や若い世代の知識人たち、台湾の作家なども相次いで抗議活動を行ったが、結果的に老幹部たちの共同声明の発表後に『氷点週刊』は復刊を果たした。行動した老幹部たちは、いずれも一九八〇年代に胡耀邦《フーヤオバン》や趙紫陽《チャオツーヤン》のブレーンとして活躍した改革派であり、そのネットワークが現在も有機的なつながりをもっているといえよう(8)。

改革派老幹部たちの「民主」や「憲政」に関する言説は、李鋭《リールイ》らが編集顧問を務める雑誌『炎黄春秋』で展開されており(9)、それらは一九八〇年代の政治改革論議の延長線上にあって「08憲章」との共通点も多い。しかし、李鋭《リールイ》は「08憲章」には署名していない。この点について李鋭《リールイ》にたずねると、「私は自分の発言の機会を留保するために、署名はしなかった」と答えた(10)。代わりに差し出されたのが、一六名の老幹部が連名で発表した「経済困難を克服し改革の新局面を切り開くことに関する建議」という意見書だった(11)。後に「09上書」と呼ばれるこの意見書は、現指導部への基本的な支持を表明した上で、より踏み込んだ具体的な提言を行ったものだ。世界的な金融危機に対して中国政府が決定した四兆元の財政投資を支持しつつも、巨額の資金投下に伴いかねない腐敗を防止するにはメディアの自由な報道が必要であり、党内の民主化と政治改革の推進が必要だという提言である。「08憲章」と共鳴する内容の多い「09上書」だが、当局が受け入れられるようなレトリックを用い、党指導部への批判や天安門事件には言及していないのが大きな特徴だ。

「09上書」の署名者でもあり、元中国共産党中央党校科学研究弁公室主任の杜光《トゥグァン》は、「『08憲章』は政治改革の目標を描いたにすぎず、なぜ〝現政権の転覆を扇動〟することになるのか」と痛烈に批判し、判決は「違憲」であり、「ばかげた、実に恥ずべき判決だ」と評した(12)。体制内の、しかも中央党校の老幹部の発言は、中国共産党の内部にも異なる意見が存在することを物語っており、中でもかつて胡耀邦《フーヤオバン》のブレーンを務めた改革派老幹部たちの存在が際立っている。

二〇一〇年一月一五日には、元人民日報社社長の胡績偉《フージィウェイ》をはじめ、李普《リープゥ》、戴煌《ダイホァン》、何方《フーファン》ら老幹部たちが、劉暁波事件に対する抗議の共同声明をインターネットで発表した(13)。発表後にさらに数名が追加署名した文書では、劉暁波が「連邦共和国」を主張し「国家政権転覆扇動罪」に処せられたのに対し、「連邦共和のスローガンは、早くも中国共産党第二回党大会で提起されており、第七回党大会で可決した党規約と綱領に再度言明されたスローガンである」と指摘している。その後、胡績偉《フージィウェイ》らの抗議声明に続いて、李鋭《リールイ》ほか二〇名の老幹部も同様の抗議声明を発表した(14)。一九二二年の第二回党大会にまで遡り、歴史的な視点から「08憲章」と劉暁波を擁護する改革派老幹部たちの言説には、彼らの巧妙な言論の手法と、「政治文化」ともいうべきものが具現化されているといえよう。

中国の知識人とインターネット——崔衛平《ツィウェイピン》の「パフォーマンス・アート」

インターネットで発表された「08憲章」は個人のウェブサイトやブログに転載され、電子メールの署名活動によって賛同者を集めた。まさに、インターネット時代の産物である。天安門事件二〇周年の記念行事や劉暁波逮捕の抗議活動は、大規模な集会が開催された香港とは異なり中国では厳しく規制されたが、「08憲章」と劉暁波に関心を抱く人びとの間では、インターネットで様ざまな情報発信が行われた。前述した老幹部たちの言説も、これを若い世代がインターネットで情報発信するという連携で行われていると見るべきだろう。

中国のインターネット空間では、「08憲章」や「劉暁波」は当局により削除され、通常は検索結果が表示されないが、厳しい規制を潜り抜ける手法も考案されている。そのほか、問題となるキーワードを伏字にしたり、「08憲章」と発音が近い「〇八県長」や「〇八閑章」という表現も誕生した。二〇〇九年六月には中国工業和信息化部（工業情報省）が中国で販売されるパソコンにインターネット閲覧規制ソフトの搭載を義務づける政策を打ち出したが、ネットユーザーの強烈な反対により事実上の見送りとなった。中国のネットユーザーは二〇〇九年末に三億八四〇〇万人となったが[15]、その中でもブログやツイッターを駆使し、積極的に意見表明を行う知識人たちの動向とそれに対する圧力は、中国における「民主」や言論をめぐる葛藤の重要な舞台となりつつある。

二〇〇九年一二月二五日に劉暁波に判決が下されるという情報は、中国の人権問題に関するウェブサイト「維権網」で速報された[16]。公判終了後のわずか一〇分後には、支援者がツイッターで判決内容を公開し、懲役一一年というニュースが世界に広まった。筆者も自宅のパソコンから、リアルタイムでそれらを確認した。起訴状や判決文なども、全てインターネット上で公開されている。

判決の数日前から、インターネット上に黄色いリボンが増え始めた。「Let Xiaobo〔劉暁波〕Go Home」という呼びかけで、ネットユーザーたちがツイッターのアイコンなどに黄色いリボンを付け始めたのだ。

判決への抗議と反響が広まる中で、筆者が注目したのは崔衛平《ツイウェイピン》のツイッターだ。マイクロブログと呼ばれるツイッターはわずか一四〇文字の情報発信だが、その即時性と伝播性から新たな意見表明のツールとして注目されている。崔衛平《ツイウェイピン》は前述したように「08憲章」の署名者で、ヴァーツラフ・ハヴェルの文集を中国語訳した人物だ。

その崔衛平《ツイウェイピン》が、判決に対する自身の感想を発信しただけでなく、友人や知人に電話やメールで感想を求め、それらのコメントも発信し始めた。「劉暁波の事件に対して意見や文章を発表する場はないが、知識人であれば何かしら発言したいと考えているはずだ」と行動した崔衛平《ツイウェイピン》の問いかけに対し、各界で影響力をもつ人びとがコメントを寄せた。(17) 一月二一日時点で一四八名にも及ぶコメントの多くは言論弾圧に抗議する内容で、中には劉暁波個人の主張には賛成しないが、異なる意見を封殺することには断固反対だという意見もあった。(18) インタビューを続け、発信する崔衛平《ツイウェイピン》に対して、ネット上では「抗議活動」ではなく「行為芸術（パフォーマンス・アート）」という呼び方がなされるようになった。知識人たちの小さなつぶやきを集め、ツイッターで発信した崔衛平《ツイウェイピン》の取り組みは、インターネットを巧みに用いた意見表明の新たな手法である。

「08憲章」と劉暁波を支持する運動にとって、インターネットの効果は絶大だ。ネット空間に増えた黄色いリボンやツイッターのつぶやきは、そのひとつひとつは小さな意見表明にすぎないが、しかし、報道が厳しく規制されている中で、この事件に関する人びとの率直な声として訴えてくるものがある。当局による規制や圧力がありながらも、それらに対する様ざまな挑戦があることもまた事実であり、この問題において中国のインターネット上の言論空間が重要な役割を果たしていることは明らかである。

アメリカのインターネット検索大手グーグルが、中国からの撤退を示唆して米中間の外交問題へと発展したのは同じ時期のことだった。以前はグーグル中国の検索画面で「六四（天安門事件）」、「劉暁波」などのキーワードを入力しても関係する情報は得られなかったが、グーグルが規制を解除した期間は、これまで閲覧できなかった情報も自由に得られるようになった。インターネットが象徴するような言論の自由を保障することも、「08憲章」が主張している重要な点である。

むすびにかえて

中国の「民主」や「人権」をめぐる問題について、メディアの継続的な報道や、様ざまな立場の人がそれぞれの分野から議論することが望まれる。例えば、法律や国際的な視点から議論することもできるだろう。「中華人民共和国憲法」第三五条には「中華人民共和国の公民は言論、出版、集会、結社、デモ行進、示威の自由を有する」とある。[19]「世界人権宣言」を基礎として国連で条約化された「市民的及び政治的権利に関する国際規約」、いわゆる「自由権規約」の第一九条には、「すべての者は、干渉されることなく意見を持つ権利を有する」、「すべての者は、表現の自由についての権利を有する」と明記され、中国は一九九八年に署名している。[20]二〇〇八年五月に当時の福田康夫首相と胡錦濤《フージンタオ》国家主席が発表した『「戦略的互恵関係」の包括的推進に関する日中共同声明』には、「政治的相互信頼の増進」を柱として対話と協力を進める中で、「国際社会が共に認める基本的かつ普遍的価値の一層の理解と追求のために緊密に協力する」とある。[21]さらに、中国国務院新聞弁公室が二〇〇九年四月に初めて発表した「国家人権行動計画（二〇〇九―二〇一〇年)」には、「公民の権利と政治的権利の保障」の第七項「表現の権利」において、権利保障のための具体策が明記されている。[22]

国際社会における中国の影響力が高まる中で、中国の問題は世界的な課題となりつつある。まして日本で同時代を生きる私たちにとっては、隣人の問題であると同時に自身の課題でもあるといえよう。とはいえ、「民主」をめぐる問題は、どこかに完璧な模範解答があるわけではない。それぞれの国や社会において、主義主張の違いを超えて、よりよいあり方が常に問い直されていくべきものだろう。現在、中国において、「民主」をめぐる言論は厳しい規制のもとにあるが、「中国は遅々として進む」と言われるように、長い時間を要するだろうが、大局的に見れば民主化に向けた政治体制改革はもはや不可避である。そうである以上、忍耐強く、各方面における変化や多様な論調を詳細に観察し、議論する必要があるだろう。

そのときに何よりも重要なのは、変貌する中国を見つめて心を寄せていく、そうした自らの「立ち位置」である。重たい事実をひとつずつ理解し、根気よく積み重ねるように議論していく中でこそ、中国の現実を知ることができ、日本の現実を省みて、相互理解を深めることもできるだろう。現実を見つめる上での「問題意識」と「想像力」、そして同時代人としての「共感」が私たちに求められているのではないだろうか。

注

(1)本稿は、二〇一〇年一月二三日に早稲田大学で開催された集会「天安門事件と『08憲章』を考える」での報告に基づく。当日の報告は、集広舎ウェブサイトコラム「中国知識人群像」での連載第一~四、八~九回の内容を基とした。http://www.shukousha.com/column/category_8/ 参照。

(2)拙訳「『08憲章』」、劉暁波『天安門事件から「08憲章」へ』劉燕子ほか訳、藤原書店、二〇〇九年、二〇九―二二一頁。劉暁波については、八―一七頁参照。

(3)二〇一〇年二月一四日発表の第二〇次名簿を含めた署名者数。「08憲章」に関する主要な言説は以下のウェブサイトを参照。http://www.2008xianzhang.info/ なお、二〇一〇年一〇月四日発表の第二三次名簿までの署名者数は、一万二二〇八名。

(4)『天安門事件から「08憲章」へ』二二八—二三〇頁参照。

(5)張博樹「我與中国社科院——用行動書写思想自由的歴史」http://www.newcenturynews.com/Article/gd/201002/20100219102615_2.html 張博樹「張博樹関於社科院哲学所〝限期調離決定〟的声明」http://www.newcenturynews.com/Article/china/200912/20091221221108.html ほか。張博樹については、拙稿「中国の憲政を問う知識人——張博樹の思想と行動」伊藤誠・本山美彦編『危機からの脱出——変革への提言』御茶の水書房発行、二〇一〇年三月、参照。

(6)徐友漁「我為什麼在零八憲章上簽名?」http://www.chinainperspective.com/ArtShow.aspx?AID=267 崔衛平「我為什麼要在憲章上簽名」http://www.chinesepen.org/Article/sxsy/200812/Article_20081215004125.shtml.

(7)原文は、Homo Homini for Chinese dissident Liou Siao-po、http://www.peopleinneed.cz/index2en.php?id=548&idArt=1037 引用箇所は、中国語訳から日本語に訳出した。

(8)拙稿、「中国における「老幹部」問題——李鋭を中心に」日本現代中国学会『現代中国』八二号、二〇〇八年一〇月、二九—四一頁。

(9)拙稿、「現代中国の言論空間——雑誌『炎黄春秋』をめぐる政治力学」『日本大学大学院総合社会情報研究科紀要』二〇〇九年一一月、http://atlantic2.gssc.nihon-u.ac.jp/kiyou/pdf10/10-111-122-Oikawa.pdf

(10)二〇〇九年一月三一日、李鋭へのインタビュー。

(11)「関於克服経済困難開創改革新局面的建議」香港誌『争鳴』二〇〇九年三月号、三一—三五頁。

(12)「中央党校教授斥劉暁波案違憲」香港誌『亜洲週刊』二〇一〇年一月一〇日号、二二—二三頁。

(13)胡績偉、李普、戴煌、何方「為劉暁波鳴不平」http://www.ncn.org/view.php?id=77193&charset=GB2312.

(14)「請中央糾正対劉暁波的違法錯判」『明報』二〇一〇年二月二日、http://news.mingpao.com/20100202/caa1a_er.htm.

(15) 中国インターネット情報センター（CNNIC）による二〇一〇年一二月末時点の統計によれば、中国のネットユーザーは、四億五七〇〇万人。
(16) 維権網（Chinese Human Rights Defenders）：http://crd-net.org/Article.
(17) 崔衛平より提供された文章「不能這様放棄一个人」と、二〇一〇年一月二一日の電子メールでの聞き取りによる。
(18) 崔衛平就劉暁波案訪談中国知識分子、https://isaac.dabbledb.com/page/isaac/NRJznSaR#focus:LTk2NQ==/page:dHJ1ZQ==.
(19) 『中華人民共和国憲法』人民出版社、二〇〇四年、一五八頁。
(20) 「国際人権規約」http://www.mofa.go.jp/Mofaj/Gaiko/kiyaku/index.html.
(21) 「『戦略的互恵関係』の包括的推進に関する日中共同声明」http://www.mofa.go.jp/mofaj/area/CHINA/visit/0805_ks.html.
(22) 「国家人権行動計画（二〇〇九―二〇一〇年）」、http://news.xhby.net/system/2009/04/13/010481147.shtml.

「08憲章」——和解の宣言、協力の宣言

杜光《トゥグァン》
及川淳子訳

訳者付記

杜光（一九二八年生）は、浙江省温嶺出身、中国共産党中央党校で、理論研究室副主任、科研弁公室主任、図書館館長を歴任。一九八九年の民主化運動では学生を支持した。一九九〇年に退職したが、現在ではインターネット上で政治改革をはじめとする文章を発表している。中央党校幹部の代表的な改革派であり、「08憲章」の第一次署名者でもある。本稿は、二〇〇九年三月一日付けで執筆され、その後インターネット上で発表された。今回の翻訳にあたり、筆者から電子データの提供を得た。

理性・和解・協力の宣言

「08憲章」の発表は、国内外において多方面にわたる注意を引いており、その中には賛成もあれば反対もある。反対者には、だいたいのところ三種類の状況が含まれている。一種類目は、海外にいる反共人士

たちで、彼らが考える「08憲章」発表の意義は、「共産主義の強権思想に、一つの活路を残すものだ」、「中国共産党に幾ばくもない余命を繋がせるものだ」、ひいては「中国共産党の罪状を覆い隠し、民衆を欺くものだ」などで、実際のところ「虎に対して皮をよこせと言うような、無茶な相談」であり、何の効果も得られるはずがない、というものである。二種類目は、毛沢東を信奉する極左派で、彼らの「08憲章」に対する攻撃は、「資本主義の復辟を徹底的に実現するための綱領」、「中国を再び帝国主義の植民地にさせる」というもので、「08憲章」の署名者は「漢奸[1]」、「売国奴」、「外国のブルジョアジーの代理人」とまで罵倒した。三種類目は、執政当局内の頑固派[2]で、彼らは「08憲章」を反共産党、反社会主義の政治宣言と見なし、「敵対勢力」、「国家と政権の転覆を扇動している」として、国家権力を操って張祖樺《チャンズーホア》の家を家宅捜索し、劉暁波を逮捕し、一部の署名者に審問、監視、尾行などの憲法や法律に違反する措置を取り、甚だしきに至っては、新聞雑誌などのメディアやインターネットまでも厳しく規制して、「08憲章」が広まるのを禁止したのである。

これら三種類の「08憲章」反対者は、政治的立場には大きな隔たりがあるものの、「08憲章」に反対するという点では、驚くほどの一致を見せている。かくも希な政治現象は、社会の進歩を阻止する政治勢力の「共通の仇に対する敵愾心」を、「08憲章」が三つの異なる方向から巻き起こしたことを証明しており、この事実そのものが「08憲章」のきわめて大きな意義を際立たせているのだ。

「08憲章」の立場は温和で、論理性があり、その語気は穏やかで、態度は和解的なものである。わが国は、現在「法律はあれども法治はなく、憲法はあれども憲政はなし」という状況で、「各種の社会矛盾が絶え間なく蓄積される」という結果を招いており、「災難のような暴力的衝突」を避けるために、現行の政治体制を改革すべきだというのが、「08憲章」の主張である。そのため、自由、人権、平等、共和、民主、憲政などの六つの基本理念と、十九項目の基本的主張を打ち出した。これらの基本理念と基本的主張は、国連が一九四八年に定めた「世界人権宣言」と、その後の二つの権利宣言に明記されている内容も含まれ、中国共産党が一九四〇年代に『新華日報』、『解放日報』の社説や記事の中で何度も強調した内容もあれば、「中華人民共和国憲法」において具体的に規定され、憲章として公布されている内容もあり、社会改革の方向と道筋を討議するための場を、社会に提供することができるものだ。もちろん、私は「08憲章」の署名者として、「08憲章」は中国の歴史の法則にかなった発展の見通しを確かに描き出しており、我々が努力して実現を促進すべき政治的な青写真であると考えている。しかしながら、我々はそれを無理に人に押しつけようと思っているわけではない。社会の各界が「08憲章」を受け入れ、同意し、支持することを歓迎するが、皆が質疑し、批判し、反駁して批判することも歓迎する。真理は、論ずるほどに明らかになるのだから、自由で開かれた環境が守られ、国家の命運に関心を抱くすべての人が、言いたいことを思う存分に発言し、それぞれが自分の見解を述べて、社会発展の輝かしい前途を共に探求し、自由、民主、統一、富強、という最良の道筋を実現することを、私は希望しているだけなのだ。「08憲章」は、討論して修正できる改革案であり、大いに議論する中で、基礎とパラダイムになり得るものだ。現在までのところ、これは現有の体制に対する唯一の本質的な批判であり、中国社会の近代化のために完全なロードマップを構想したものでもあり、また、和解と協力の精神に満ちた文献でもあると言える。これは、理性的な宣言であり、さらに、和解の宣言、協力の宣言なのだ。

私が、「08憲章」は和解の宣言で、協力の宣言であると言うのは、次のような認識に基づいている。「08憲章」

は、現在の執政者には受け入れがたい改革目標を提起してはいるが、しかし、その表現は、全体を通して温和で、理性的で、善意に満ちたものであり、しかも期待を抱いたもので、暴力によって現政権を転覆させる意図などは全く見られず、その反対に、行間には現有の体制を平和的に改革しようという願いが満ちあふれている。思想的な観点の相違については、討論や対話によって一致することが全く可能だ。民間と政府が、いずれかの問題について共通の認識が得られるならば、まずそこから改革を実行すれば良いのだ。わが国の体制改革、特に政治体制改革は、官と民の和解、政府と民間の協力という前提があってこそ、円満に実現し得るのである。

「08憲章」の署名者として、私は、暴力によって現有の政治秩序を変えようと企てるいかなる行為にも反対する。なぜならば、現有の社会の歴史的な条件の下で、暴力革命はいかなる建設的な成果ももたらすことはできず、極めて大きな破壊をもたらすだけにすぎないからだ。死体が至る所に横たわり、殺戮による流血が河と流れ、人々が塗炭の苦しみをなめ、山河は荒廃して、三十年来の改革開放の成果は瞬く間に崩壊し、やっとのことで蓄積してきた社会の財産は、跡形もなく消え去ってしまうのだ。それは、誰もが目にしたくない光景である。だからこそ、和解、協力、非暴力は、我々が社会を改造する際の最良の選択であるべきなのだ。「08憲章」とは、この社会の要求に適応して現れたものなのである。

苦境から抜け出す最良の選択

特に指摘しておくべきは、実のところ「08憲章」は、執政党が現在の苦境から抜け出すための最良の選択であるはずだということである。

第一に、「08憲章」は、改革を深化させる方向と道筋を指摘している。一九九〇年代の経済体制改革によって分かれ道に入り、社会では貧富の二極分化が現れ、汚職や腐敗が至る所で見られるようになり、社会情勢は不安定になって、道徳喪失などの良からぬ現象が現れた。深刻な社会の危機は、現在の世界的な経済危機と改革の停滞により、更に激しいものになっている。直面している危機をいかにして克服し、現在の苦境から抜け出すかということは、すでに国を挙げた共通の関心であり、焦点となっている。「08憲章」は、「法律はあれども法治はなく、憲法はあれども憲政はなし」と指摘し、問題の難点を明らかにしている。法治と憲政がないことの肝心な点は、「党が法よりも大きい」ということだ。「中国共産党章程」[3]には、「党は、憲法と法律の範囲内で活動しなければならない」と規定されているが、しかし実際の政治では、法律は往々にして各級の党と政府の最高責任者の意思に屈従してしまうのだ。制限されず、監督も受けない政治権力が法律を凌駕し、法律はあっても法律に依らないことが、あらゆる醜悪な現象の大本の根源なのである。ゆえに、政治体制を改革するには、民主的な法治による政治の仕組みを構築し、陽光のもとで権力を運用することが、現在の改革の唯一の活路であるはずなのだ。「08憲章」が提起した六つの基本的理念と十九項目の基本的主張は、政治体制改革のための方向と道筋を明示しており、政権を握る者が真剣に考慮するに値するものである。

次に、中国共産党の執政六十年は、省察や自己批判、歴史の教訓を総括する精神が非常に欠如しており、これまでの政治運動、大躍進運動[4]、文化大革命[5]、六四天安門事件など、歴史の節目に対して自ら真摯に反省して総括しないばかりか、民間における討議や研究まで禁止している。当然ながら、六十年来の過ちがもたらした損失を挽回することはできないが、これらの過ちの教訓を総括し、社会の前進を推進させる精神的な財産とすることは可能だ。一九七〇年代末から一九八〇年代初めの思想解放運動は、非常に初歩的な省察と回顧にすぎなかったが、改革開放に対して堅固な思想的基礎を打ち立てた。残念なことに、その運動は、成果が見られ始めたばかりの段階で、鄧小平の「四つの基本原則を堅持する」[6]によって断ち切られてしまった。総括の結果を省察しようとしないのは、専制的な権力を効果的に抑制する方法を長期的に得られないようにすることであり、膠着状態になった頑固な伝統的観念を克服する方法はないのだ。「08憲章」が提起した基本理念と基本的主張は、執政党に経験と教訓を総括するパラダイムを提供しているのであり、双方を比較すれば、問題の所在を発見し、経験から教訓を得る上で更に効果的である。

さらに、「08憲章」の和解的、協力的な精神は、暴虐さに満ちた現在の社会を覚醒させる清涼剤なのだ。一九五〇年代から一九六〇年代の政治運動、大躍進運動、文化大革命は、社会の道徳的な姿を傷つけ、しかも省察や歴史の教訓の総括を禁止したために、社会的な痛手と道徳的な欠陥を治療する手段を封じ込め、商品経済の急速な発展のもとで、広範な大衆は素晴らしい未来を追求するという信念を喪失して、目先のことばかりで、利益を追求するだけとなり、社会の道徳は日増しに悪化してしまったのである。「08憲章」は公民の全てに対して、中国の発展のきらびやかで美しい未来図をはっきりと示しており、祖国の未来に関心を持つように人々を引きつけ、拝金主義から民主主義へと転じさせ、社会の気風を変化させ、公民の素質を高めるために、非常に積極的な意義を有しているのである。

最後に、「08憲章」は執政党の垢を一掃し、自らを完全なものとする契機になり得る。一九九〇年代以来、執政党は党建設を強化するために、例えば「三講」[7]、「三つの代表」[8]、「先進性教育」、「執政能力の向上」などの大規模な党内教育を、幾度にもわたって集中展開してきた。しかし、その効果は微々たるもので、甚だしきに至っては、一回の教育は一つの形式主義を行うようなもので、かえって党の作風を傷つけてしまっている。理念の面から言えば、共産主義は渺茫として遙かに遠く、社会主義は有名無実で、言うことと考えていることは裏腹だ。多くの党員には、高尚な信念や奮闘する目標もなく、加えて権力には制約がないので、多くの党員、特に指導幹部の私欲は膨張し、汚職と腐敗が進んだ結果、巷では「腐敗に反対しなければ国が滅び、腐敗に反対すれば党が滅ぶ」という戯れ歌まである。この言葉は、わざと大げさなことを言って人を驚かせようとしているかのようにも思われるが、しかし間違いなく、重視に値する警鐘である。このような局面を変えるために、最も根本的な方法とは、再び理念を打ち立てて、民主主義の短期的な目標を確立することである。毛沢東の言葉に、とても良い一言がある。曰く、「民主主義を経て、ようやく社会主義に到達することができるのであり、これはマルクス主義の不変の真理である(9)」というものだ。中国は「中国の特色ある社会主義」を謳ってはいるが、しかし実際には経済的な基礎であろうと、上層の建築であろうとも、いずれも「民主主義を経て」はおらず、社会主義との距離はほど遠い。しかも、過去の党内教育の失策によって、党員は民主主義に対してあまり理解してはいないのだ。いかにして「経る」のかということは、なおさら語りようもない。「08憲章」は民主主義に対して、最も簡潔かつ明瞭な概括をしており、「08憲章」を実現することは「民主主義を経る」ことを意味している。今日、共産党員が民主主義のために奮闘することは、つまり明日の社会主義のために条件を整えるということだ。党内の教育を、このように実際の状況に見合った基点に置き、汚職や腐敗を厳重に懲罰することの両方から同時に進めれば、換骨奪胎が可能となり、現在の苦境から抜け出して、人民大衆における共産党の威信を回復し、執政党の合法性を再建できるのである。

「08憲章」のいくつかの問題に対する解釈

長期にわたって、指導的な思想が民主主義に対して排斥と批判をしてきたために、人々が民主主義について知るところは甚だ少なく、ひいては多くの誤解や曲解まである。そのため、いくつかの問題について、「08憲章」は理解し難く、受け入れ難い。そして、「08憲章」は最も簡略な表現によって、最も豊富な内容を表現しているために、さらなる論述を展開する方法がない。そこで、私は私個人の理解に従って、「08憲章」におけるいくつかの問題について、解釈したいと考える。

(一) 憲法改正の問題について

憲法は国家の根本となる大法であり、国家権力と公民の権利を保障するもので、あらゆる国内法の根本法である。憲法は国家権力の範囲を規範化し、公民の権利と義務を確定し、あらゆる公民と政党、団体、機関、部隊は、いずれも憲法が定める範囲内で活動しなければならず、それによって社会生活が整然と秩序立ったものとして保障されている。憲法の最も重要な意義は、公民の自由な権利を保障することにあり、それはある発展の過程である。近代憲法の多くは社会契約論を理論的な基礎としているが、しかし憲法という形式は社会契約論が現れる以前からすでにあった。最も初期の憲法は、イギリスが一二一五年に発布した「大憲章」[10]で、国王の権力を制限すると同時に、臣民に一定の自由を与えたもので、一六七六年に「大憲章」第三九条に基づいて制定された「人身保護律」は、人民の権利をさらに保障する法案であった。一七七六年のアメリカ「独立宣言」、一七八九年のフランス「人間と市民の権利の宣言」[11]は、近代憲法に多くの根本的な原則を提供したが、その核心とは、公民の権利である。我が国で最も初期の憲法は、光緒三四年（一九〇八年）の「憲法大綱」であり、そこに付け加えられた「臣民の権利と義務」の中で、臣民の言論、著作、出版、集会、結社の自由を定め、財産と住居は騒擾されることなく、法律に基づかない逮捕、監禁、処罰などはしてはならないと規定されている。百年来、憲法は幾度も変化を重ね、その内容はそれぞれ異なっているが、しかし公民の自由な権利とは、一貫して憲法の重要な内容である。我々の現行の憲法は二〇〇四年に改正され、一九五四年の「中華人民共和国憲法」から数えれば、すでに五〇年を有したが、公民の自由な権利に関する条文は、基本的には何も変わってはいない（ただ、移動とストライキの自由の権利は、前後して削除された）。しかし、これらの権利の実現は、実際のところ、満足できるものではない。「あらゆる権利は人民に属する」[12]という条項も、適切に実行されてはいない。憲法の文言と実践は、このように理屈に合わないでたらめな現象の原因を生み出しており、憲法そのものに公民の主権実現と自由な権利を制限する条文が存在しているのである。ゆえに、「08憲章」は、「現行の憲法の中で主権在民の原則と一致しない条文を削除し、憲法を正真正銘の人権の保証書と公権力の許可証にする」と提起したのだ。

現行の憲法の中で、どのようなものが「主権在民の原則と一致しない条文」なのだろうか？　私が考えるに、もっとも問題なのは憲法の前文である。前文は、全部で二五〇〇文字近くあり、中国共産党が指導した新民主主義革命と社会主義的改造の成果について述べ、さらに、中国の人民が社会主義建設を行い、続いて階級闘争、統一戦線、民族団結、国際関係を進めるのを引き続き指導すると明記されている。私は二八ヶ国、三六種類の憲法を調べたところ、興味深い現象を見出した。ソ連と東欧が解体する以前、いわゆる社会主義陣営の国家では、多くの憲法に長編の前文があり、ユーゴスラビア憲法の前文はなんと一万文字以上の長さにわたっていた。一方で、資本主義国家の憲法は、その多くがとても短い前文があるだけか、あるいは前文がないのだ。前文の中で党の指導について提起しているのは、ユーゴスラビア、ブルガリア、ミャンマーだけで、いずれも歴史的な記述の中で少し触れていた。「トーゴ共和国憲法」(一九八〇年)では、「トーゴ人民連合は唯一の政党である。それは、国家のあらゆる機関を凌駕する」と明確に規定されていた。[13]しかしながら、中国のように再三にわたって共産党の指導を強調しているような憲法の前文は、ひとつもないのだ。非常に明らかなことだが、強調する目的とは、つまり共産党による執政の合法性を確立することである。

指摘しておくべきは、ある政党によって国家が指導されると憲法に規定されているのは、近代憲法の精神に逆行するものである。主権在民であり、「中華人民共和国のあらゆる権力は人民に属する」という以上、国家権力を誰に委嘱するかということは、人民によって選択されるべきである。人民のほかに、国家の指導者を指名し、あるいは自任する権利は、誰にもないのだ。憲法という形式で共産党の執政の合法性を確立することは、憲法が規定する自由な権利を公民が享受できるか否か、どの程度享受できるのか、どのような人たちが享受できるのかということのすべてが、共産党からの恩恵によるものだということを意味している。これは、明らかに「主権在民の原則と一致しない」ものである。

四つの基本原則の堅持を憲法に明記していることも、非常に適切ではない。この部分の表現は、一九八二年の憲法では次のように述べられている。「中国の各民族人民は、引き続き中国共産党の指導の下に、マルクス・レーニン主義と毛沢東思想に導かれ、人民民主独裁を堅持し、社会主義の道を堅持し……」とある。一九九三年には「改革開放を堅持し」が加わり、一九九九年には「導かれて」の前に「鄧小平理論」が加わり、二〇〇四年にはさらに「重要思想『三つの代表』」が加わった。いわゆる「四つの基本原則の堅持」とは、鄧小平が胡喬木《フーチャオムー》[14]の画策により、思想解放の高まりを阻止するために提起したものである。それは理論の面では誤りであり、いずれの内容も分析に耐え得るものではなく、成立し得ないものだ。そして、実践の面では有害であり、公民の自由な権利を抹殺する四本の太い棍棒なのである。その唯一の「利点」は、既得権益者の利益を守り、専制的な統治を強固にするということだ。「重要思想」という表現でその重要性を持ち上げた「三つの代表」を憲法に書き入れるなど、なおさら荒唐無稽である。共産党は「中国の先進的な社会生産力の発展の要求を代表し、中国の先進的文化の前進の方向を代表し、中国の最も広範な人民の根本的利益を代表する」ことができるなどと言うのは、もはや中国人民のＩＱに対する挑戦だ。中国共産党は、「革命、建設、改革のそれぞれの歴史的な時期において、常に代表し……」（これは、『江沢民文選』と『〝三つの代表〟を論ず』に記された表現で、当初、新聞では〝一貫して代表し……〟と記された）というのは、なおさら中国共産党史に対する風刺である。二〇〇四年の第一〇期全国人民代表大会第二回会議では、それを憲法修正案に書き入れる可決をしたが、当時すでに国際世論の笑いぐさとなっていた。このような表現を憲法に書き入れるなど、まったくもって中国公民に対する侮辱である。

　前文のいくつかの内容だけでなく、前文全体が必要か否かということも考慮すべきである。私は、一九一三年の「天壇憲法草案」[15]と、一九二三年の「中華民国憲法」の本文の前に記された「中華民国憲法会議は、国の威信を発揚するため、強固な国作りのため、社会の福利を増進するため、人道の尊厳を擁護するため、この憲法を制定して、全国に公布し、永遠に我々はこれに全て従うこととする」という緒言は素晴らしいと考えている。一九三四年と一九三六年の「中華民国憲法草案」はさらに簡潔で、「中華民国の国民大会は国民全体の委託を受けて、中華民国を創立した孫文先生の遺訓に従い、憲法を制定し、全国に公布施行し、永遠に我々はこれに従うこととする」と記されている。一九四六年の「中華民国憲法」には、「遺訓」の後に「国権を強固なものとし、民権を保障し、社会の安定を形勢し、人民の福利を増進するため」という四句が加わった。ごく短い十数文字で、憲法制定の趣意、目的、意義を全て明確に語っているのだ。これらの例は、我々が憲法を改正する上で参考になると私は考える。

(二) 三権分立について

三権分立とは、政府のいくつか異なる職能の権利を相互に制約することで、政府機関の組織形態ではなく、政府の各部門が権力を行使する基本原則である。人民は国家権力を政府に委託するが、権力を過度に集中させないようにするため、さらには官吏が思うままに権利を濫用して人民の権利を傷つける結果を招かないために、権力で権力を制限する必要があり、異なる職能の権力同士で相互に制約を加えるのである。そうすれば、権力機関の正常な働きを保障できるだけでなく、権力が公民の権利を侵害するのを防止することも可能となるのだ。ゆえに、三権分立は民主政治の中で、必ずあるべきものなのである。三権分立は、英語では“separation of powers”と呼ばれ、その意味は権力の分離である。二権でも良いし、三権でも良く、四権、五権でも良い。職能が異なる政府の権力であれば、それぞれの間で制約のメカニズムを確立しなければならない。分立の具体的な形式は、当然ながら各国の異なる状況によって異なる形式を採用すべきだ。

発展している資本主義国家の中でも、フランスとドイツは異なり、イギリスとアメリカも異なり、統一したモデルがあるわけではない。国民党政府の権力は、行政院、立法院、司法院、考試院、監察院の五院に分かれていたので、彼らの憲法は「五権憲法」と称された。

それでは、なぜ通常は三権分立と言うのだろうか？ それは、国家権力機構の多くが、立法、司法、行政という三つの異なる職能部門によって構成されているからである。アリストテレスは早くも二二〇〇年余りも前に、その著書『政治学』において「あらゆる政体には、いずれも三つの要素がある」、「一つ目は都市国家の一般公務に関する議事機能であり、二つ目は行政機能の部分であり、……三つ目は審判機能である」と指摘した。最も早くブルジョア革命を実現したイギリスでは、三種の国家権力は、元来国王の手中に集中し、一六八八年の「名誉革命」と新興のブルジョア階級の絶え間ない闘争によって、これらの権力は次第に国王の手から移された。立法の権力は国会に移り、行政の権力は内閣に移り、司法の権力は裁判所に移ったのである。モンテスキューは、イギリス政治の構造的な変化について、一七四八年に出版した『法の精神』において三権分立の理論を提起した。彼は、立法権力、行政権力、司法権力は必ず分けなければならないと語り、「政治的自由は、三権のある種の範囲を通して確立する」、「仮に、司法権、立法権、行政権が分立しないならば、自由も存在しない」と語った。このような歴史的過程は、三権分立が、イギリスのブルジョアジーの長期にわたる闘争によって獲得された政治的成果であり、社会が封建主義から資本主義に転換する過程において必然的に現れる歴史的産物であり、約二百年来、あらゆる資本主義国家が施行している共通の政治原則とすでになっていることを物語っている。

近代国家の政治原則として、三権分立の最大の意義は、政治権力を掌握した者が独断専行し、権力を濫用し、人民の利益を侵害し、ひいては専制主義を復辟するのを防止することにある。ゆえに、三権分立は民主主義の政治的成果であるだけでなく、専制主義の復辟を防止するための鋭利な武器でもあるのだ。我が国では、一九九〇年代以来、汚職と腐敗がはびこり、貧富が二極分化し、社会が不安化し、道徳が喪失されているが、これらの主な原因は、政治権力が本来あるべき制約と監督を得ていないからであり、上から下に到るまで、わずかな権力があれば、手中の権力を利用して私利私欲を謀ることができるからだ。このような局面を改める最も有効な方法は、政治体制を改革し、権力を抑制的に均衡させるメカニズムを確立し、権力間において相互の制約を実現させ、相互に監督させることである。これもまた、つまり「08憲章」が提起した「分権の抑制的均衡がなされた近代的な政府を構築し、立法・司法・行政の三権分立を保障する」ということなのだ。

ある人たちは、まるで三権分立恐怖症を患っているかのようで、三権分立の話になると慌てて、「我々は断じて西洋の三権分立などというものは踏襲しない」、「我々はブルジョアジーの三権分立を求めるわけにはいかない」などと態度表明をしている。あたかも、三権分立に「西洋」や「ブルジョアジー」のレッテルを貼り付けさえすれば、安心して拒絶することができるかのようだ。このような言い方ややり方は、実のところ、専制主義の民主主義に対する本能的な抵抗を反映している。現在、我が国の政治体制の問題点は、党が政府に代わり、党が国を治め、三権がいずれも党の絶対的な指導の下に置かれていることにある。職能範囲の権力を単独で行使できないだけでなく、相互の制約と監督を効果的に行うこともできず、権力の濫用と独断専行の横行を招くだけで、公民の権利は次々と侵害されて訴える場所もない。一方で、権力者は、安心しきって大胆にも国家と人民の財産を強奪することができるのだ。三権分立の実施は、このような局面を変えて、勢いこれら既得権益者たちの利益を損なうに違いなく、これこそが、彼らが三権分立に反対する奥義の在処なのである。

三権分立には、それぞれの権力機関が独立して、その職権を行使するという含意もある。ところが、我が国の現在の政治構造は、いかなる権力機関もすべて共産党の命令に従わなければならず、共産党の指導に一糸乱れず従うだけで[16]、高等教育機関、社会団体、文化教育部門の指導者さえも、党委員会の組織や、各部門の委員会から派遣されている。このように高度に集権した専制主義は、現在、多くの社会的弊害の主な根源なのだ。三権分立は専制主義を治療する良薬であり、一方では、それぞれの政府機関がもつべき権力を政府に返し、また同時に、健全な制約のメカニズムを構築するのである。そうすれば、権力濫用の条件を根絶できるだけでなく、全国いたる処に見られる腐敗を克服し、さらには、大陸と台湾の統一も、時期が熟すれば自然に成就するというものだ。

(三) 軍隊の国家化[17]について

軍隊は、国家の領土と安全を防衛する武装力であり、国家の政権の重要な構成部分である。「中華人民共和国憲法」第九三条と九四条には、「中華人民共和国中央軍事委員会は全国の武装力を指導する」、「中央軍事委員会主席は、全国人民代表大会及び全国人民代表大会常務委員会に対して責任を負う」と明記されている。しかし、軍隊の指導権は、実際には中国共産党の手中にあり、いわゆる「党が軍を指導する」[18]というものだ。これは、戦争の時代には理解できる。軍事的指導の高度な統一性を保持するために、軍隊が政治委員制を実施し、政治委員が最終決定権を握ることには一定の利点がある。しかし、全国で政権を確立した後は、憲法の規定に照らして、人民が選挙で選んだ政権機関に軍隊を任せるべきで、党と軍を分け、軍隊の国家化を実現すべきである。現行の憲法では、全国人民代表大会の職権の一つに、「戦争と平和の問題を決定すること」と規定されており、全人代常務委員会には中央軍事委員会を監督する職権がある。これはつまり、いかなる重大な軍事行動のいずれも、全人代及びその常務委員会で批准されなければならず、批准されてはじめて実施し得るということを明らかにしているのだ。なぜならば、軍隊は近代的な武装設備を掌握しており、ひとたび使用すれば、死ぬか負傷するかだ。全人代あるいはその常務委員会で、委員たちの慎重な討論を経て、国家の総合的な利益から鑑みて、利害特質を比較し、最終的に決定するならば、軍事行動の必要性と正しさを保証することができ、あってはならない損失を避けることができる。一九八九年当時、軍隊を出動させる前に、もしも、憲法の手続きに照らして全人代で議論するよう提起ができていたら、おそらく「六四天安門事件」という大惨事の発生を避けることができたかもしれない。ゆえに、あの軍事鎮圧は、完全に憲法違反の軍事行動であり、真相を調べて明らかにし、その是非をはっきりと見分けなければならないのだ。武力による鎮圧がもたらした不幸な結果に対しては、適切に処理すべきである。

「08憲章」に記された「軍隊の国家化を実現する」、「軍人は、憲法に忠誠を尽くすべきであり、国家に忠誠を尽くすべきである」という提起は、憲法の規定に完全に一致するものだ。そのようにすれば、軍隊、国家、政党の三者の関係を正すことができ、専制主義の克服にも役立ち、民主政治を確立できるのである。指摘すべきは、「08憲章」が軍隊の国家化を初めて打ち出したのではなく、早くも六〇年以上前に、かつて中国共産党が軍隊の国家化という主張を提起していたことだ。一九四五年に国民党政府と談判した際に、共産党の代表団が「政治の民主化、軍隊の国家化、及び、各党派が平等で合法であることは、平和的な建国を達成するために必ず通らなければならない道である」と打ち出し、しかも、国民党と共産党の双方の代表が署名した「会談紀要」、すなわち「双十協定[19]」に書き入れたのだった。国民党が政権を握っていた当時は、国民党に対して軍隊を国家化するよう要求したにもかかわらず、自分が政権を握ると軍隊の国家化を拒絶するとは、これは少なくとも名誉な選択ではない。

軍隊の国家化という問題に関して、私をとても感慨深くさせた出来事があった。私が隔月刊誌『中国政治体制改革[20]』の編集長を務めていた頃、一九八九年一月のことだったが、軍隊の国家化を主張する「階級の軍隊から共和国の軍隊への飛躍——我が軍の指導体制改革試論」と題した文章を受け取ったのだ。その主張は、「党の軍隊に対する直接指導を、国家の軍隊に対する直接指導に変える」、「軍隊の制度を、国家の統一制度に収める」、「軍隊の国家化を実現する」、「党委員会は権力を行政の首長に任せる」、「軍隊における党の組織は、もはや権力機関ではない」というものだった。この文章の著者は済南軍区[21]の青年将校で、彼の文章はかつて軍隊の内部刊行物に発表され、軍内部で強烈な反響を巻き起こしていた。軍事委員会総政治部では、賛成する人もいれば、反対する人もいた。彼は文章を若干修正して、中央党校[22]の研究生の一人（青年将校でもあった）を通じて私のところへ提出し、私はその文章を『中国政治体制改革』第二期に収録した。だが、校正刷りが上がったところで、多くの人に掲載を反対された。彼らは「地雷を踏む」ことを恐れたので、慎重を期し、その文章を取り下げるほかなかったのである。しかし、このことは、軍隊内部において、軍事委員会総政治部のような指導機関を含め、軍隊の国家化に賛成する人もいるのだということを私に理解させた。現在、共産党は軍隊に対するコントロールを引き続き強めてはいるが、しかし、軍隊の国家化は、遅かれ早かれ実現するだろうと私は信じている。なぜならば、それは政治の民主化の重要な内容であるからだ。民主主義の大浪は、いずれ「党が軍を指導する」という旧習を突き破ることだろう。歴史の潮流は、押しとどめることはできないのである。

（四）「連邦共和国」の問題について

「08憲章」は、「大いなる智恵で、各民族が共に繁栄する可能な道筋と制度設計を探求し、民主憲政の枠組みのもとに中華連邦共和国を樹立する」と提起した。これは、未来の国家モデルについての一つの構想であり、一つの選択可能な案である。はからずも、大げさに騒ぎ立てられて「国家政権転覆」、「祖国分裂」と言われ、署名者は「売国の反逆者」として咎められたのだ。まことに、「偏見は、無知よりも更に真理から遠い」と言うべきである！

連邦制は一種の政治機構の原則であり、国家の仕組みの一つのモデルとも言える。そのモデルでは、それぞれの地域、あるいはそれぞれの民族が、一定の歴史的または社会的要因によって、一つの主権国家の中で一定の主権を享受する高度な自治を実現するのである。私たちは、「スイス連邦憲法」の条文から、その特徴をおよそ知ることができる。この憲法の総則第一条には、「スイス連邦は、……など、連盟を構成する二二[23]の主権を有する各州と人民から成る」と記されている。第三条には、「各州は、連邦憲法によって制限されない範囲で主権を有する。連邦に委ねられない政府の権力は、全て各州が行使する」とある。この憲法は、一八七四年に制定されてから一九七四年まで、百年の間に三七回改正されたが、この一条はずっと改正されていない。現在、世界で連邦制を実施している国は、そのほとんどがスイス憲法に規定されている二つの特徴を有している。その一つは、連邦を構成する各州は主権を有するが、連邦憲法の制限を受ける。つまり、連邦憲法が規定する範囲内で主権を有するということだ。二つ目は、各州は連邦政府の権力の外で、権力を行使できる。つまり、各州の共通の利益を体現する権力は、連邦国家の中央政府に集中し、各州が行使するのはその州の実務に関する権力である。しかし、具体的な実施の面では、各国の事情はそれぞれに異なっている。『ブリタニカ簡明百科全書』では、「二〇世紀以来、連邦制は多民族国家を統一する手段として広く用いられている」、「一九七一年、世界では一七の国が連邦制を実施し、そのほか一八の国が連邦制の分権制の原則を採用している」、「実践が証明するように、連邦制または連邦制に類似した政治制度は、最も安定的で、最も持久する政治機構の形態の一つである」と紹介されている。

明らかに、連邦制は現在の世界で広く通用している政治機構の形態であり、その連邦制を選択可能な改革案として並べることは、何も不思議に思うことではなく、なおさら大挙して征伐する理由もない。中国共産党史を熟知している人はみな、中国共産党が早くもソビエト区[24]の時期に連邦共和の問題を考えたことを知っている。一九三四年二月一七日に発表した「中華ソビエト共和国臨時中央ソビエト組織法」第五章第二四条では、「全国ソビエト代表大会及び中央執行委員会の権力は、次のように規定される。……（二〇）中華ソビエト共和国と国内の各民族を代表し、ソビエト連邦共和国設立についての条文を締結する」。一九四五年六月一一日、中国共産党第七回全国代表大会で採択された「中国共産党規約」では、「総則」においても、「独立を確立し、自由、民主、統一、富強の新民主主義連邦共和国のために奮闘しよう」と提起された。現在、連邦共和国を提起した人を「祖国を裏切る売国奴」と見なす人たちもいるが、かつて連邦共和国を提唱した先達を、彼らはどうしようというのだろうか。

簡単な結びとして

「08憲章」は多くの人々による議論を巻き起こしているが、賛成でも、反対でも、そのどちらも自然で、正常なことである。私は、「08憲章」が提起した目標は、いずれ必ず実現されるだろうと心から信じている。なぜならば、それは歴史の発展における必然であるからだ。しかし、いつ実現するか、どのような方法で実現するかは、人民の自覚と為政者の覚醒によって決定するだろう。人々が、専制主義と奴隷主義の影響や、毛沢東の左派のたぶらかしから解放されれば、そして、為政者がスターリン主義の影響や、個人の既得権益の束縛から抜けだして、理性的、和解的、協力的な態度を取れば、「08憲章」は漸進的に実現できる可能性があるのだ。そのために、多方面にわたって深く掘り下げた持続的な啓蒙運動が必要だ。当局が、比較的伸びやかな環境を提供し、皆が様々な輿論を伝えるメディアを用いて思う存分に自分の意見を述べることができるようにさせ、現在のような封殺や制圧をしないように希望する。真理は押さえきれるものではなく、自ら前進する道を、必ずや切り拓くことだろう。

この文章で述べたことは、全て私個人の管見であり、ほかの「08憲章」署名者とは関係ない。適切でないところは、「08憲章」の友人たちのご教示に、ぜひご注目いただきたい。

二〇〇九年三月一日

訳注

（1）売国奴、侵略者の手先の意味。もとは、漢族であって漢族の政権に対する反逆者や背反者を意味したが、現在では中国に対する裏切り者の意味で使われる。

（2）清朝末期の洋務運動の際に、改革を進める「洋務派」に対して、守旧派は「頑固派」と呼ばれたことを模している。

（3）中国共産党の思想・組織・行動の最高準則であり、「中国共産党章程」を省略して「党章程」と略称される。党規約は「マルクス・レーニン主義」、「毛沢東思想」、「鄧小平理論」、「三つの代表」を重要思想として掲げ、二〇〇七年の第十七回党大会では「科学的発展観」が追記された。国家の最高準則は「中華人民共和国憲法」だが、憲法では中国共産党が「中華人民共和国を領導する政党」と明記されている。「領導」とは上下関係のある統率や指導を意味する言葉で、このことからも、杜光が「党が法よりも大きい」と指摘していることが理解される。

（4）理想的な共産主義社会の建設を目標として、一九五八年から人民公社の設立、大衆動員による農業・工業の増産運動などが急進的に進められた運動。社会的な大混乱と、共産党内部での権力対立を生み、後の文化大革命の要因ともなった。

（5）一九六六―一九七六年、中国全土において展開された政治・文化・思想の運動。一〇年に及んだ文革の被害は、政治・経済のみならず、社会・文化の面でも極めて深刻であった。一九八一年の「歴史決議」により、文革における毛沢東の誤りが認められた。

（6）一九七九年の中央理論工作会議で鄧小平が提起した政治路線の基本原則。①社会主義の道、②人民民主独裁、③中国共産党の指導、④マルクス・レーニン主義と毛沢東思想、これら四項目を堅持すること。文化大革命に対する批判と対外開放によって社会的な動揺が広がっていた当時、共産党の支配を堅持する基本原則として提起され、憲法と党規約にも明記された。一九八〇年代の民主化運動や、現在の政治体制改革を主張する改革派からは、四つの基本原則の教条主義が批判されている。

（7）一九九八年、当時の江沢民総書記が提唱した「三講教育」で、「講学習、講政治、講正気」を「三講」と略称した。「講」は「講究（重視する）」の意味で、「学習を重視し、政治を重視し、正しい気風を重視せよ」という思想教育運動を展開。汚職の蔓延やイデオロギーの希薄化に対し、党幹部の綱紀粛正を目的とした。

（8）二〇〇二年、当時の江沢民総書記が提唱した理論。中国共産党は、①中国の先進的な社会生産力の発展の要求、②中国の先進的文化の前進の方向、③中国の最も広範な人民の根本的利益、の三つを代表すべきであるというもので、「三講」教育とともに党内の綱紀粛正運動として展開された。

（9）毛沢東が、一九四五年に延安で開催された中国共産党第七回党大会に提出した「連合政府について」の一節。当時、コミンテルンの解散後、中国共産党の解散や名称変更が議論され、毛沢東は中国共産党の綱領を論述した中で、共産主義と民主革命について指摘した。

（10）英語では the Great Charter、ラテン語の「マグナ・カルタ」で知られる。

（11）「フランス人権宣言」を指す。

（12）「中華人民共和国憲法」第一章、第二条。

（13）西アフリカの南部、ギニア湾に面するトーゴ共和国では、フランス領から独立して以来、長くトーゴ人民連合（RPT）による一党独裁が続いた。一九九〇年に民主化の動きが高まり、その後複数政党制に移行。一九九三年には大統領選挙が実施され、翌年には議会選挙で野党が過半数の議席を獲得した。

（14）胡喬木（一九一二―一九九二年）、中国共産党の保守派のイデオローグ。建国後に、新聞総署署長、党中央宣伝部副部長などを務め、党中央秘書長として一九五四年の憲法起草に参加した。その後、中国社会科学院院長、毛沢東著作編纂委弁公室主任、中央文献研究室主任などを歴任し、文革を総括した一九八一年の「歴史決議」を起草した。

（15）一九一二年、孫文が臨時大総統を務めた中華民国臨時政府が、憲法に相当する「中華民国臨時約法」を制定した。翌年、これを基とした「中華民国憲法草案」（天壇憲法草案）が国会に提出されたが、袁世凱総統が反対したために、その後審議されることなく廃案となった。「天壇憲法草案」は、国会の二院制、大統領の任期制、責任内閣制を明記し、「中華民国憲法」の基礎となった。

（16）原文は「唯共産党的馬首是瞻」。「馬首是瞻」は、将軍が乗った馬の首だけを見るという意味で、指導者の命令に従って一糸乱れず行動するという意味。

（17）中国人民解放軍は中国共産党の軍であるため、党の軍隊から国の軍隊に転換する議論を「軍の国家化」と言う。
（18）原文は「党指揮槍」。「槍」は「銃」の意味で、「党が銃を指揮する」が直訳。かつて毛沢東は「政権は銃口から生まれる」と語った。
（19）一九四五年、日中戦争の終結後に、国民党と共産党が締結した条約。両党による分裂を収束させ、民主的な政権の樹立を目的として開催された会議記録。一〇月一〇日に締結されたことから。「双十協定」と呼ばれる。
（20）政治体制改革の機運が高まった一九八九年、中国政治体制改革研究会の会誌として創刊された。雑誌刊行の経緯と、ここで挙げられた文章の掲載については、杜光の文章「短命早殤的《中国政治体制改革》双月刊」に詳細が記されている。
（21）中国人民解放軍の七大軍区のひとつ。山東省、河南省方面を守備範囲とし、司令部は山東省済南に設置されている。
（22）正式名称は、中国共産党中央党校。中国共産党中央委員会に直属し、高級・中級幹部を対象とする政治研修の機関。中央党校の校長は中央の指導者が兼務し、胡錦濤もかつて校長を務め、現在の校長は習近平。中央党校は、文革後の一九七七年に胡耀邦が副校長に就任し、理論研究室を設立して改革理論を提起し、その後の改革開放政策への転換に理論面で貢献した。
（23）原文では、二二の州と記されているが、現在、スイス連邦は二六の州（カントン）により構成されている。
（24）中国共産党の革命根拠地。当時、国民党の根拠地に対して、共産党が設置し、農地解放を目指した行政区。

（「08憲章——和解的宣言、合作的宣言」）

中国の民主化と民族問題
──「真理の光」受賞講演──

王力雄《ワンリーシュン》
劉燕子訳

訳者付記

王力雄氏は、中国の著名な作家、民族問題研究者で、多数の著書がある。チベット問題では『天葬』（一九九八年）、『聴説西蔵』（二〇〇九年、妻のツェリン・オーセルとの共著）があり、ウイグル問題では『我的西域、你的東土』（二〇〇七年、これは馬場裕之訳、劉燕子監修・解説で『私の西域、君の東トルキスタン』として集広舎から二〇一一年に翻訳・出版）がある。また、民主化についても取り組み、二〇〇四年に『遞進民主制──中国的第三道路』を発表し、漸進的、重層的、相互的な民主化を提唱した。さらに、北京オリンピックを前にした二〇〇八年三月一四日、チベット自治区の区都のラサで大規模な抗議デモが起き、警官隊と衝突して多数の死傷者が出た「三・一四事件」の直後、劉暁波氏をはじめ約三十名の有志とともに「中国知識人有志のチベット情勢処理に関する十二の意見」を発表し、「善意、平和、非暴力の原則に従って民族紛争を適切に処理することを希望する」などと訴えた。そして、これが評価され、二〇〇九年一〇月七日、王氏はワシントンでダライ・ラマ十四世からインターナショナル・キャンペーン・フォー・チベット（ＩＣＴ）の「真理の光」賞を、前記「十二の意見」の署名者を代表して受けた。以下は、その受賞講演の日本語訳である。

尊敬するダライ・ラマ師、尊敬する諸先生、

まず、インターナショナル・キャンペーン・フォー・チベットが「真理の光」賞を私たちのグループに授与してくださいましたことに感謝いたします。

この光栄ある時に際し、私は中国知識人有志による「チベット情勢処理に関する十二の意見」起草者である劉暁波氏についてなお一層想いを強くします。今この時、彼は国家政権転覆煽動の容疑で中国政府により投獄されています。

ここで補いますと、「08憲章」が公表された時の署名者は三〇三人でした。その時、署名を受け付けていたボランティアは警察から脅かされ、やむを得ず作業が中断されました。署名を受け付けるメール・ボックスもハッカーの攻撃で、集計されていない署名が破壊されました。さらに、その後の署名も受けられませんでした。我々はこのような署名者の名前を永遠に知ることができませんが、疑いもなく、今日の受賞には、この人たちも含まれるべきです。

三〇八名の署名者の大半は中国大陸の人々ですが、海外の中国人や他国の人たちもいます。大半は漢人ですが、他の民族もいます。多くは知識人ですが、労働者、農民、一般市民もいます。このように様々な方面から集まった私たちは、共通点でまとめるとすれば、まさに民間です。

我々は断じて中国の官憲や大漢族主義者たちが揚言したような反中国ではありません。逆に、我々は心から中国を愛しています。しかしながら、中国を愛するのは、中国政府を愛することと等しくありません。勇気をもって政府を批判してこそ、中国をよくすることができます。他方、批判を受け入れない政府は必ずや中国を害します。

我々はまた、一部の評論家が言うようなチベット人の側に立つ者でもありません。我々が態度を表明するのは、陣営を選ぶようなものではなく、真理を追求するためです。まさに怒濤逆巻く暗闇の大海原を航行するときに灯台の光を求めるようなもので、そうしないのが不思議です。まさに「真理の光」という名のとおりです。

専制権力によるウソの宣伝と情報の封鎖により、中国の民衆の多くはチベットの真相を知ることができません。またダライ・ラマ師の中道路線を知ることができません。そのため、チベット問題は長期にわたり解決できていません。この障害を取り除くことを、中国の知識人は使命とすべきです。何故なら、最大の知識は、他ならぬ真相だからです。

チベットでの抗争が落ち着かないうちに、新疆の不穏な状況が中国を揺り動かしています。ウルムチのウイグル人と漢人との衝突の熾烈さや残酷さは、我々が最も心配すべき問題をはっきりと示しています。つまり、中国の民族の対立はもはやエスニック・グループの対立へと変化しています。これは専制権力がもたらした悪い結果ですが、それが民主化への転換において全面的に暴発するようになるかもしれません。何故なら、専制主義は武力鎮圧できますが、民主主義は鎮圧の効果を使えないからです。

このことについて我々は十二分に注意しなければなりません。――民族問題の解決は、政府側の政策の変化だけでも、また民主主義が到来して自然に解決されることを静かに待つだけでも不可能です。民族の怨恨が解消され、人民に和平が実現されなければ、たとえ政権が交代しても、たとえ民主主義が到来しても、民間では依然として敵対関係が続き、内戦や虐殺の可能性は存在し続けます。

専制政治は民族の怨恨をもたらし、その反面、これを民主化を拒む理由に使い、蠱惑的な大漢民族主義で国民の支持を得ます。このような誘拐犯と人質の共生共死のロジックこそ、中国が民主化に向かうためには解きほぐさなければならない難問です。

このジレンマを乗り越えるためには、民間において民族間の対話を促進し始めなければなりません。各民族の人民の抱く怨恨を解きほぐし、団結を実現し、暴力を拒絶するときこそ、専制権力が国家の分裂を理由に民主化を拒むということを論破できます。

このようなことを民間において実現できるようになるためには、人民大衆の十分な規模が必要であり、また、十分に幅広い範囲で臨機応変に対応できるようになることも重要です。さらに、民主主義のメカニズムが動きだし、言論の自由が広がり、合法性を獲得することも必要です。これはまれに見るジレンマです。つまり、民主主義が到来するときに、専制権力による悪い結果を引き起こさないため、まず専制の下で民主的な民衆やコミュニケーションを形成しなければならないのです。これは勇気や智恵にとって大いなるチャレンジですが、我々は身を挺して迎えなければなりません。なぜなら、他に途はないからです。

専制主義の封殺に直面してもなお、各民族の民間でのコミュニケーションはインターネットなどの最新技術などにより発展しています。これにより、かつてない民主主義の方式を生みだし、優れた組織構造を創出しなければなりません。我々はこれに着手していますが、極めて困難な課題も多いのです。幸いにも、現代のグローバリゼーションにおいて、正義のための事業は全世界から支援を求めることができます。我々が、今日、一堂に会していることは、まことにすばらしく、この時代において精彩を放っています。

ダライ・ラマ一四世に感謝します。終始たゆまず中国人民との共通認識を探求し、チベット人と漢人がウィン・ウィンとなるような未来を獲得できるように努めてきました。また、ご臨席の諸先生が与えてくださったこれまでの支援とともに、これからの支援について感謝します。
ありがとうございました。

二〇〇九年一〇月七日、ワシントン

分化する中国
――「党の天下」は崩れるか――

藤野彰

「08憲章」署名者、茅于軾氏

劉暁波《リュウシャオボ》氏のノーベル平和賞受賞を、中国の知識人たちはどう受け止めているのか――。二〇一〇年晩秋、そんな取材テーマを念頭に中国を訪れた。北京では、一般に「自由派（自由主義派）」と呼ばれている、共産党独裁体制に批判的な知識人たちを訪ね歩いたが、その中に、劉氏らが中心になって起草した民主化要求宣言「08憲章」の署名者がいた。

経済学者の茅于軾《マオユィシ》氏。日本ではあまり知られていないものの、自由派の代表的な長老の一人である。一九二九年一月、江蘇省南京に生まれ、上海交通大学機械学部を卒業。チチハル鉄路局、北京鉄道科学研究所などに勤めたが、五七～五八年の反右派闘争で「右派分子」と決めつけられ、文革中は地方の工場での労働を強いられた。七五年からミクロ経済学の研究を始め、八五年に中国社会科学院米国研究所に入所。副研究員、研究員を経て九三年に退職し、現在は民間シンクタンク「北京天測経済研究所」の理事長を務めている。

茅氏とは四年八か月ぶりの再会であった。中国当局が反体制派や外国人記者への監視を強化している「敏感な時期」にもかかわらず、快く取材を承諾してくれた。実は、民主化を大胆に訴える自由派の中でも、そのような知識人は必ずしも多くない。外国人記者の取材を受ければ、当局からの嫌がらせなど、身辺に余計な面倒を引き起こす恐れがあるからだ。その点、茅氏は警戒心も緊張感もうかがわせることなく、まったくの自然体であった。

「08憲章」に署名したときは、警察に尋問されたという。しかし、話を聞くうちに、彼の信念が以前と変わらず、終始一貫していることが分かった。その口調に気負いは感じられず、当たり前のことを当たり前に語っているだけと言うような、恬淡とした態度に感銘を受けた。「08憲章」の幾多の署名者は、中国の民主化について、基本的な見解を茅氏と共有していると考えていいだろう。インタビューの一部を以下に紹介しておきたい。

——劉氏のノーベル平和賞受賞は中国の政治改革を推し進めることになるか。

受賞の報を聞いてとてもうれしかった。受賞は当然のことだ。中国政府は劉氏を直ちに釈放すべきだと思う。受賞は政治改革に間違いなく影響を及ぼす。長期的に見れば、中国が民主と法治へと向かう上で、必ずそれを後押しするだろう。私が「08憲章」に署名したのは、それが政治改革を推進し、人権を尊重するものだからだ。劉氏はわが家に一度来たことがあるが、多くの点でお互いの意見は一致している。

——中国当局はノーベル平和賞委員会を厳しく批判しているが。

賢明なやり方とは思えない。全世界の人々は中国政府を信用しているのか、それともノーベル平和賞委員会を信用しているのか？　信用されていないのは中国政府だ。中国政府はいつもウソを言う。中国政府は（チベット仏教最高指導者の）ダライ・ラマ一四世を嫌っているが、日本にしろ、アメリカにしろ、フランスにしろ、どの国もダライ・ラマを拒否していない。みんなが耳を傾けるのは、中国政府の話ではなく、ダライ・ラマの言うことだ。

——六・四（天安門事件）からすでに二一年が過ぎたが、中国の政治体制に大きな変化は見られない。共産党はなぜ政治改革を恐れるのか。

やはり、利益の問題があるからだ。もし共産党が人々の利益だけを考え、党自身の利益は考えないということであるなら、何も政治改革を恐れることはない。しかし、現実はそうではなく、共産党は政治改革によって特権を失うことを恐れている。政治改革は平等の実現を促し、平等の実現は特権の消失を意味するからだ。政治改革はまず「言論の自由」から着手する必要がある。「言論の自由」がなければ、他のことは何も進まない。

ジャーナリストの仕事に、一種の職業規範のようにつきまとうのは、いわゆる「客観性」「中立性」といった言葉である。原則論としては、私はそれらを否定しない。事実報道とバランスのとれた報道姿勢はやはり仕事の基本だからである。だが、中国のような独裁国家を取材対象とする上では、少なくとも、そういう政治体制をどう考えるか、それに対して自分はどのようなスタンスで様々な事象を報じるかが否応なく問われる。具体的にいうと、そのような非民主的体制と、命をかけて闘っている国民がいることをどう見るか、彼らの主張や手法には道理があるのかないのか、極論すれば、是とするのかしないのか、それらがすべて問われる。そうした自問のプロセス抜きには中国報道は成立しない。

話がいささか脇道にそれたが、改めて強調するまでもなく、茅氏の主張には「道理がある」というのが私の評価だ。茅氏は二〇〇六年三月に私の最初の取材を受けた際、政治改革に消極的な胡錦濤《フーチンタオ》政権が政治課題に掲げる「調和社会」実現について、その偽善性をこう切り捨てている。

「『調和社会』とは道理を重んじる社会だ。今の中国がそうした社会でないのは、独裁体制の下、多くの問題が道理に基づいて処理されないからだ。例えば、裁判所は国民の訴えを受理しなくともよい。政府は絶えず(反抗する)国民を捕らえ、打ちすえ、殺したりする。これは文明社会ではなく、野蛮社会だ。『調和社会』へ至る道は人治から法治へと変わる道であり、独裁という矛盾が解決されないと、それは建設できない。政治的に安定した国はすべて人権、民主、法治を重んじる。これは世界の潮流であり、誰も阻止できない」

建国以来の犠牲者の遺志

現在獄中にある劉暁波氏の声を直接聞くことはできない。だが、茅氏の以上の観点は劉氏自身の現状認識とおおむね一致しているはずだ。そもそも、中国民主化の主張の核心とは何か。それは一言に集約すれば、「党の天下をやめよ」ということであろう。苦難の道を歩んできた中国民主化運動の歴史上、「党の天下」を舌鋒鋭く槍玉に挙げたのは、一九五〇年代に『光明日報』編集長を務めた儲安平《チューアンピン》氏であった。彼は「我々は政府批判を職業とする。目的は『(真実を) 暴く』こと。事実であれば、どんなニュースを載せてもよい」と堂々主張するようなリベラル派だったが、そうした言論が独裁者の毛沢東に受け入れられるはずもなく、反右派闘争で失脚させられ、文革が始まった六六年に行方知れずとなった。生死はいまだ確認されていない。

いみじくも、「08憲章」は、前書の中で「一九四九年に建国された『新中国』は、名義上は『人民共和国』だが、実質的には『党の天下』であった」と断罪している。憲章の文言を起草した劉氏らの脳裏には、儲安平の名前が深く刻まれていたに違いない。中国の民主化の歩みを振り返れば、死屍累々である。「08憲章」は、建国以来、「党の天下」に異議を唱えて押しつぶされた何千、何万もの犠牲者たちの遺志を引き継いでいる。いわば、劉氏も茅氏も、先人たちの衣鉢を継ぐ形で「党の天下」に物申しているのだ。その意味で、ノーベル平和賞は、天安門事件の犠牲者たちはもちろんだが、建国後の民主化闘争の中で志半ばにして倒れた有名、無名のすべての人々に贈られたものと理解したい。

ここで紹介した茅氏の発言は、二一世紀の中国政治の現状について語ったものではあるが、「党の天下」批判という本質的な意味合いにおいては、半世紀以上も前の五〇年代に儲安平氏が訴えたことと異同はない。両者の思考と視点は一本につながっている。裏返して言えば、中国社会が改革・開放、そして市場経済によって様変わりしたとはいえ、理不尽な「力」や「威圧」、あるいは「恐怖」によって民の声を封じ込めようとする共産党独裁体制の強権体質はずっと温存され、昔も今も基本的に何ら変わっていないことを物語っている。あえて、そこに変化を見出すとすれば——共産党が天下を取ってからの六十余年の間、数々の辛酸をなめてきた茅氏自身の実感に満ちた言葉であるが——「政治犯を捕まえて首をはねた毛沢東時代に比べると、今はずっとまし。さすがに命まではとられない」ということになる。もっとも、それが共産党への免罪符でないことは言うまでもない。

分化＝多元化を担う民間の力

今後、中国はどのような道を歩むのか。「08憲章」が訴えるように、政治改革を進め、民主社会へと変貌を遂げていくのか。それとも、「党の天下」がさらに二〇年、三〇年と続いていくのか。期待や悲観を交えて様々な予測はできても、明確な青写真は描けない。おそらく、権力を握る当の共産党指導者も、自国の針路について確たる見通しは持てないでいるのではないか。ただ、三十余年の改革・開放を観察して間違いなく指摘できるのは、好むと好まざるとにかかわらず、中国社会の自由空間は着実に拡大し、より多元性に富んだ世界へ向かっているということだ。何よりも、国民自身が、窮屈で、時代遅れで、不合理な政治体制に愛想を尽かし、面従腹背、あるいはデモ、座り込みなどの実力行使で抵抗している。

劉暁波氏は「体制内はもはや一枚岩ではない。その利益主体と価値観念はずっと急激な分化のただ中にある」(『未来的自由中国在民間』)と分析している。確かに、党員七八〇〇万人の共産党内部を見ても、一つの思想と目標の下で強固に団結した組織とは言い難い。旧左派、新左派、自由派、太子党、利権派から、搾取階級とされてきた資本家、果ては自らの処世上の利便だけを考えるノンポリまで、ありとあらゆるタイプの党員たちが混在している。上の統制がひとつ緩めば、「分化」はそれだけ加速していく。分化＝多元化を担っているのが「民間の力」であるとすれば、劉暁波氏や茅于軾氏の希望、さらに中国の未来はそこに見出せるのではないか。いや、多元化が阻むことのできない潮流である以上、そこに見出していかなければならないだろう。

追記

中国政府は、劉暁波氏のノーベル平和賞受賞に対して、「劉暁波は中国の法律を犯した罪人。こういう人物への平和賞授与は平和賞に対する冒涜である」（外務省）との強硬姿勢を示し、北京市高級人民法院も劉氏の釈放を拒絶した。このため、二〇一〇年一二月一〇日に行われた平和賞授賞式（ノルウェー・オスロ）は、獄中の劉氏本人をはじめとして、北京で軟禁状態に置かれた劉霞夫人、さらには代理人さえも出席できないという平和賞史上異例の式典となった。

新興経済大国として国際社会での影響力を拡大する中国にも、劉氏の平和賞受賞そのものを押しつぶす力はない。そこで、中国政府は授賞式を最大限「低調」なものにしたいと考えたのであろう、恥も外聞もなく関係各国に授賞式出席を取り止めるよう外交圧力をかけた。授賞式に招待された六五ヵ国のうち、最終的に、中国以外ではロシア、パキスタン、ベトナムなど計一六ヵ国が対中関係への配慮などから欠席したが、中国政府の思惑とは裏腹に、傲慢とも言えるその対外姿勢は民主・人権意識の欠如を国際社会に一段と鮮明に印象づける結果を招いた。一方、国内では授賞式を前に、民主派、自由派と目される知識人らの海外への出国を阻止するという暴挙に出た。茅于軾氏もこれに巻き込まれた一人だった。

茅氏のブログによると、一二月一日午後、北京首都空港からシンガポールへ向かおうとしたところ、出入国検査所で当局者に「国家の安全を脅かす」との理由で出国を阻止された。茅氏の出国は平和賞授賞式とはまったく関係がなく、シンガポールで開かれるヒマラヤ流域開発国際協力会議に出席するのが旅の目的だったという。茅氏はブログの中で、理不尽極まりない当局のやり口を、こう痛烈に皮肉っている。

「出国阻止は私に文革を思い出させた。わが家は捜索を受けて家財を没収され、私たちは着の身着のままで追い出された。家内は髪の毛を剃られて坊主頭にさせられ、私は血が出るまでムチで打たれた。あろうことか、私が首都の危険分子だというのである。今回、私は出国を阻止されたが、なんと国家の安全が脅かされているというのだ。同じロジックである。……ブログに『人民の利益は至上、人民の生命は至上』という文章を書いたが、一〇分もしないうちに削除されてしまった。まったくもってインターネット管理の能率はすばらしい。私たち納税者は、カネを使って、自分たちの自由を制限する者たちを養っているわけである。ばかばかしいにも程がある。」

劉暁波と趙紫陽
——近似する政治改革論——

横澤泰夫

序にかえて——劉暁波の趙紫陽評価

劉暁波《リュウシャオボ》は「08憲章」の執筆者、ノーベル平和賞の受賞者の民主化運動の闘士。趙紫陽《チャオツーイアン》は元中国共産党総書記で開明的指導者として知られた曾ての中共のトップにあった人物。この二人の政治改革論には多くの共通点がある。勿論、微妙に対立する見解も。本論は二人の政治改革論を比較検討することによって、中国の民主化の可能性を考えようとするものである。

ここではまず、劉暁波の趙紫陽に対する評価を紹介し、以下の論の手がかりとする。劉暁波は、二〇〇四年、香港の雑誌『争鳴』一一月号に『趙紫陽の中国改革に対する貢献』と題する一文を寄せ、次のように趙紫陽を評価した。「八〇年代の人心を揺さぶる改革の時代、趙紫陽は中国社会の転換に大きな貢献をした。趙紫陽時代の中国には、民主制度はなかったが、思想文化面では民主の雰囲気に満ちていた。中共の執政の五〇年の歴史で、政権と民衆が重大な衝突を起こしている時に、趙紫陽は中共の総書記であったが、なんと公然と政権の立場を放棄し民間の立場に立った。このような道義的な姿勢は曾てなかったことだ。大陸の制度環境のもと、趙紫陽は89運動(1)の中で政治改革を推進し流血を避けるために力のたけを尽くした。彼は悲劇の英雄のイメージの中で政治生命を終えた。彼の姿勢は大変革の時代に為すところあらんとする政権担当者にとっては、一つの啓示であり、道義的圧力でもある。」

劉暁波は更に、趙紫陽がトップにあった時期には思想や言論の開放は改革開放が始まってから最も進み、党内自由派や知識分子で人身の自由を失った者はいなかったと評価している。趙紫陽は一九八七年の第一三回党大会で「党政の分離」など七項目の政治改革案を提出したが、劉暁波は、これは中共が政権を握って以来体制内から出された最も立派な政治改革のプランであると述べている。

劉暁波の趙紫陽に対するこのような評価は、趙紫陽の失脚以前の言動について述べられたもので、失脚から死去までの一五年あまりの軟禁下で更に深化した彼の政治改革論を知らない段階のものである。それでもこれだけの高い評価があった。

本論で比較検討の材料とした趙紫陽の政治改革論は、軟禁下で思考した政治改革論であり、引用は以下の文献から行った。

- 宗鳳鳴『趙紫陽——軟禁中的談話』二〇〇七年一月、開放出版社
- 趙紫陽『改革歴程』二〇〇九年五月、新世紀出版社

・杜導正『趙紫陽還説過甚麽?――杜導正日記』二〇一〇年一月、天地図書

である。

一方、劉暁波の政治改革論については、

・「社会の変革によって政権を変革する」二〇〇六年二月二六日、ウェブサイト「中国人権」

・「08憲章」二〇〇八年一二月一〇日

・『天安門事件から「08憲章」へ』二〇〇九年一二月、藤原書店

・「私の自己弁護」二〇〇九年一二月二三日

から引用した。

以下各論に入るが、煩雑にわたるので引用の出所については、例外を除いて一々注記しない。

政治改革全般について

一九八九年の天安門事件における趙紫陽の失脚後、中国の政治改革が停滞したままであることは周知の事実である。劉暁波は「08憲章」の中で政治改革の重要な柱としての自由、人権は人類共通の普遍的価値であり、中でも自由はその核心だとし、普遍的価値という言葉を多用して政治改革の必要性を強調している。一方、趙紫陽の政治改革論には普遍的価値という言葉は出てこない。だが彼は次のように述べている。「中国は政治体制改革をし、民主政治国家を建設しなければならない。台湾も韓国もタイもマレーシアもそうした。現在、当局はこの道を歩もうとせず、この道に抵抗している。だが中国は国際的な大きな流れに従

わざるを得ない。民主という大潮に抵抗しようとしても抵抗しきれない。そうでなければ中国は立ち遅れるだけだ。」言葉にはないが、趙紫陽も民主が普遍的価値だということを認め、中国の民主化は不可欠だと認識していたことが分かる。趙紫陽の民主という言葉の中には後に触れるように自由という概念も含まれている。

それでは、中国で政治体制改革が必要とされる独自の理由は何か。劉暁波は「現行の跛行的改革には種々の弊害があり、執政の党が跛行から二本足に変わること、即ち政治と経済が歩調を揃えて進む均衡ある改革が要求されている」、「このままでは各種の社会矛盾が不断に蓄積し、民衆の不満が高まり、官民の対立が激化し、大衆の抗議行動が激増する。現行の体制の遅れは待ったなしの変革を迫られている」と言う。一方趙紫陽も政治改革と経済改革が同時に進まなければ社会の矛盾は大きくなり、矛盾が重なれば社会の不安定を引き起こすとし、このままでは「権力と金銭の取引が行われ、特権階層が生まれ、更には官僚資本主義が発展する」と政治改革不在の改革の弊害を指摘している。劉暁波も経済の奇形的発展や腐敗の問題を指摘しており、劉暁波と趙紫陽の政治改革の必要性に関する認識は極めて近いと言える。以上述べたところは一般論と言っていい。これからは具体的問題を取り上げる。その中での最大の問題は一党独裁の是非である。

一党独裁について

「一党独裁の廃止を求める『08憲章』」ということがよく言われる。では「08憲章」の中で一党独裁の問題はどう扱われているだろうか。「08憲章」の「我々の基本的主張」（全て一九項）の第九項に「結社の自由」があり、次のように主張している。「一党が執政を独占する特権を廃止し、政党活動の自由と公平な競争の原則を確立し、政党政治の正常化と法制化を実現する。」ここでは一党独裁、一党専政という言葉はなく、「一党が執政を独占する特権」と柔らかな表現にとどめている。劉暁波の改革に対する柔軟な姿勢が見てとれる。だが中身は複数政党制の実現を意味し、実質的に一党独裁廃止の要求であると言ってよい。

ならば共産党員の趙紫陽の考えはどうか。彼も一党独裁には反対でその廃止を幾度となく主張している。箇条書き的に紹介すると、「改革開放は民主の旗を高く掲げることであり、民主政治を実行し一党独裁を終わらせなければならない」、「プロレタリア階級独裁といった理論を放棄しなければ民主政治、法治の建設は実現しがたい」、「過去にプロレタリア階級独裁を言ったが、それは我々の目標ではなかった。民主を実現するための独裁だったが、後に独裁が目的にすり替わってしまった。我々の革命とはいったい何だったのか」などなどである。

とは言っても趙紫陽は中共が政権を手放すことには反対である。その理由として趙紫陽は「発展途上国では社会的矛盾が多く、一定の集中と安定した環境、強力な権威の指導がなければ社会改革は推進しがたい。発展途上国では複数政党制はよろしくない、混乱を引き起こすし、改革も実行しがたい」、「もし中国で複数政党制を実行すれば、無数の政党が生まれるだろう」という。これは保守派、頑迷派の指導者がよく口にする言葉とほぼ同じだ。だが、彼らと違うのは、趙紫陽の考えは長年の間に培われ、堅持されてきたようなプロレタリア階級独裁的な強権的執政のあり方は改めなければならないと言うところにある。彼は言う、「しかし、現在中国で実行している一党専任の政体も続けられない。民主を実行するには次第に〝漸進〟

の方式をとるべきで、人民代表大会、政治協商会議の役割を強調し、バランスをとるようにする。」そして、これからの執政にあっては透明度を高める、対話のルートを作り各種の社会団体を党の道具にしない、民主諸党派と知識分子の役割を拡大することなどが必要だとしている。実は、趙紫陽は失脚前にすでにこのような政治路線を実行していた。例えば、一九八九年の民主化要求運動が始まるや、趙紫陽はこの運動にいかに対処すべきかを考えるため、民主諸党派の指導者、大学の責任者の話を聞き、更には大学の若手の教師の意見を聞くため自ら彼らのもとに出かけて行ったりしている。

趙紫陽の考えでは要するに権力の真空状態にともない混乱が生じるのを防ぐため、中共の執政は続けるが、強権的な独裁とは異なり、民主的、開放的な政権運営をすると言うことになる。独裁より主導という考えである。劉暁波も、自分の政治改革の考えは独裁化、独占化した執政の方式に反対するのであって、政権の転覆を扇動するのではないと言っており、趙紫陽の考えも劉暁波の政治改革のキーワードの一つである「漸進」の中での一段階として捉えることが可能だろう。

「下から上へ」か「上から下へ」か

劉暁波は「社会の変革によって政権を変革する」の中で次のように主張している。「総じて中国が自由社会に向かう道筋は、主として〝下から上へ〟の漸進的改良であり、〝上から下へ〟の〝蔣経国式の革命〟(2)におすがりするということにはならない。下から上への改革は民間の自覚が必要であり、自発的、持続的でしかも不断に盛んになる国民の不服従運動或いは民間の人権擁護運動が求められる。つまり自由民主を追求する民間の力は過激な政権の変革によって社会全体を再建することを追求せず、漸進的社会の変革によって政権の変革を迫り、不断に成長する国民社会によって合法性に欠ける政権を改造するのである。」また「私の自己弁護」の中では「下から上への民間の圧力が政府による上から下への政治改革の実行を促し、その結果、官民が相互に影響を及ぼす良好な協力関係を形成し、できるだけ早く百年間に及ぶ国民の憲政への渇望を実現する」とも述べている。つまり、下から上への改革の動きが政権の変革を迫り、上から下への改革の実現をも促すということになる。

これに対し、趙紫陽はむしろ上から下への改革を主張する。趙紫陽は、民主の実行は下から開始するという主張をする者もいるが、これは実現が難しいとした上で、劉暁波が否定した蔣経国式の改革、つまり上から下への改革を肯定し次のように言う。「蔣経国は大した人物だ、彼のことをよく研究すべきだ。韓国やインドネシアなどは反対派の圧力の下で民主政治に転換したが、蔣経国は世界の潮流に順応し、自発的に民主改革を行った。蔣経国は国民党から長期間一党独裁の伝統的教育を受け、ソ連で長年プロレタリア階級独裁の教育を受けたが、こうした古いイデオロギーから抜け出したのは尋常なことではない。」またイギリスの香港統治も趙紫陽の念頭にあった。「香港はイギリスの統治下で民主はなかったが、自由はあり、誰でも香港総督を批判できた。司法も独立しており、政府の支配を受けなかった。また結社を許し、人民を啓発し、人民の民主に対する意識をたかめた。」趙紫陽からすれば、蔣経国の改革とイギリスによる香港統治は上から下への改革で民主が実現できるという証明なのである。

ところで、趙紫陽は『改革歴程』の中で「自分は一九八〇年代半ばまで政治的には保守派だった。一九八五年、一九八六年になって政治体制改革の問題に対する認識が初めて変わった、その原因の一つは国際政治の情勢で東ヨーロッパの社会主義国で起こった問題と関係がある」と述べている。だが一九八六年暮れから一九八七年始めにかけては、中国国内でも胡耀邦総書記（当時）の失脚の要因の一つとなった民主化要求運動があり、更に一九八九年には自身が失脚する原因となった天安門事件が起こっている。このような状況を考えると、趙紫陽の政治改革論の深化はこのような下からの民主化要求運動の影響を一定程度受けたものであろうことが容易に想像できる。つまりは、劉暁波が言うところの、下から上への民間の圧力が趙紫陽の思考を深める結果となったということになろう。

台湾問題や多くの少数民族を抱える中国にとっては将来の国家体制をどうするかは大きな問題である。現在、中国の党や政府は台湾にたいしては一国二制度を提案し、少数民族地域については自治区の制度を適用しており、この枠組みは絶対に変えないという姿勢である。これに対し、劉暁波や趙紫陽には連邦制という提案がある。ただ、両者の連邦制の考えには少々ずれがあるようだ。

連邦制

劉暁波は「08憲章」中の「我々の基本的主張」の第一八項で連邦制の提案を行っている。「香港、マカオの自由な制度を維持する。自由民主の前提のもとに平等と、協力に基づき相互に影響しあうという方式により海峡両岸の和解の方案を追求する。大いなる知恵を働かせ各民族がともに繁栄する可能な道筋と制度設計を探求し、民主憲政の枠組みのもとに中華連邦共和国を打ち立てる。」各民族と言っているので、台湾だけでなく少数民族地域も含め中国全体を連邦制の枠組みの中に置こうとする提案に見える。

一方、趙紫陽は沿海地方、西部地方、台湾、香港など地域、地区別の方策についての考察の中で次のように述べている。「チベットについては、中央政府はチベットの経済についてはきっぱりと関わり合うことをやめ、軍事、外交、国防だけを管理し、その他の問題は関与せず、彼ら自身が独立してチベットを発展させるようにする。即ち連邦制を実施するのだ。そうすればアメリカ連邦のように発展するだろう。一切の民族問題、地方の矛盾はみな自治をさせないということから作り出された。」また「中国数千年の大一統[3]のやり方は、見たところ多くの問題がある」とも言っている。趙紫陽がとりあえずチベットを取り上げて連邦制の問題に言及したのはチベット問題が一貫して中国の党と政府を悩ませてきた問題だったからだろう。ただアメリカ連邦（合衆国制）、一切の民族問題、大一統、地方の矛盾などにも言及しているところから見ると中国全体のことも視野に入れてのことかも知れない。二人の連邦制の提案にはまだはっきりしない点も多いが、政治改革論の中で連邦制という共通の考えがあることは注目に値する。

そのほかいくつかの論点があるが、最後に劉暁波が最も重視している言論の自由について簡単に触れたい。簡単にしか触れない理由は、これについては趙紫陽にも全く異論がなく両者に対立点がないからである。趙紫陽は党総書記の時代に自ら主導し、元人民日報社長、編集長の胡績偉《フーチーウェイ》らに報道の自由を保障し、民間の新聞発行を容認する「新聞法[4]」を起草させている。趙紫陽の言論の自由、報道の自由に対する思いはその後も強く、軟禁中にも「新聞法」の成立の必要を説き、「政治改革では党禁と報禁を開放し、言論と結社の自由を実行し、政府に対する公然の監督を実行しなければならない」などと主張している。ただ彼は、このような改革は中共の指導的地位を動揺させ覆す危険すらあり、権力の掌握者は絶対に受け入れないだろうとも指摘している。司法の独立も二人の共通の主張である。

おわりに

劉暁波と趙紫陽は一九八九年の天安門事件で直接の対面はなかったものの、同じ広場に立ち、ともに民主化を要求する人々の側に立ち、ともに流血を避けるという目的、つまり平和的解決のために尽力した。劉暁波の趙紫陽にたいする評価の原点はここにあるだろう。劉暁波は、趙紫陽は天安門事件で政治生命を失ったと言うが、趙紫陽の政治改革への意欲、思考は死の直前まで深化を続け、その意味では政治生命は自身の中ではなお燃え続けていたと言えるだろう。これまで見てきたように劉暁波と趙紫陽の政治改革論には多くの共通点が見られる。劉暁波には民間の立場から当然民間の側からの政治改革の主張があり、一方趙紫陽は政権の頂点にあった人物でありながら、民間の側に立ち、民間の声を聞くというのが基本姿勢だった。二人の政治改革論の若干の相違点も「下から上へ」と「上から下へ」の相互作用によって補完し合うとみなしうるものだ。

今、劉暁波は獄中にあり、趙紫陽は死去してすでにこの世にはなく、現在の中国社会に直接に影響を及ぼす位置にはいない。しかし、二人の共通の思考は、今後の中国の政治改革に大きな啓示を与えるものと言えるだろう。「漸進」という言葉が示すように今を過渡期と捉えれば、二人が不在でも二人の思考は過渡期の段階での政治改革に大きな示唆を与えるものである。政治改革の推進者はこれからも民間側、体制側を問わず出てくるだろうし、民主、自由は世界の普遍的価値であり、「大勢の赴く所、人心の向かうところ」である。中国の政治改革の進展には絶望よりも希望の方が大であると楽観的に考えたい。

注

(1)一九八九年四月から六月にかけての学生を中心とした民主化要求運動。六月四日、武力で弾圧された。趙紫陽はこの民主化運動に理解を示し、話し合いによる解決を目指したが、鄧小平や保守派の反対で実現せず、趙紫陽は失脚した。

(2)国民党の一党独裁下の台湾で最後の総統だった蔣経国は、政権担当末期の一九八〇年代後半、新しい政党の成立を禁止した党禁や新聞の発行を厳しく制限した報禁を廃止するなど次々に開放的政策を実施し、以後の台湾の民主化に道を開いた。

(3)大一統:天下の諸侯がみな周の天子の系統に属するという説から、後世には封建王朝が全国を統一支配することを大一統と言うようになった。趙紫陽はこの大一統の思想が現在も続いているという認識の上で、この論を述べている。

(4)新聞法は天安門事件の影響で成立しないままに終わった。

共産党老幹部による全国人民代表大会宛公開書簡(1)

李鋭《リールイ》ほか
及川淳子訳

全国人民代表大会常務委員会　御中

中華人民共和国の一九八二年憲法第三五条には、「中華人民共和国の公民は言論、出版、集会、結社、デモ、示威の自由を有する」と明記されているが、この条文は制定以来二八年間実施されたことはなく、党と政府が制定した「執行」の細則によって否定されている。このように原則的には認めながら、具体的には否定するという偽民主は、世界の民主主義史における醜聞となっている。

二〇〇三年二月二六日、胡錦濤国家主席は就任後間もなく、中国共産党中央政治局常務委員会と民主諸党派が開催した民主協議会において、「報道の制限を撤廃し、人民輿論の陣地を開放することは社会の主流意見と要求であり、それは当然のことで、立法によって解決するべきである」と明確に述べた。共産党が自ら改革せず、改造しなければ、生命力を失って自然消滅の道を歩むことになってしまうだろう。

二〇一〇年一〇月三日、アメリカの有線テレビCNNは、インタビュー番組のキャスターであるファリード・ザカリア氏による温家宝総理の単独インタビューを放送した。温家宝は記者の質問に答えた際に、「言論の自由はいかなる国でも絶対に欠けてはならないものである。中国憲法は民衆に言論の自由を賦与している。人民の民主と自由を求める訴えを拒むことはできない」と述べた。憲法と胡錦濤国家主席や温家宝総理の発言の精神に基づき、我々は言論出版の自由について憲法が定めた権利の実現について、以下のとおり申し述べる。

我が国における言論と出版の自由に関する現状

我々は、れっきとした中華人民共和国公民として、六一年間にわたり「国家の主人公」であるが、しかし、私たちが享受している言論出版の自由は祖国返還以前の香港、すなわち植民地の住民にも及ばないほど劣っている。

返還以前の香港はイギリスの植民地で、女王の政府が総督を任命してその土地を管理していた。しかし、香港とイギリスの当局は香港の住民に言論出版の自由を与え、それは名ばかりのものでも、紙面上のものでもなく、確実に実施され、人々に対する約束が果たされていた。

一九四九年の建国によって、人民は解放に歓喜の声を挙げ、国家の主人公となり、毛沢東は「中国人民はここから立ち上がった」と宣言した。しかしながら現在に至るまで、建国以来六一年間、そして三〇年に及ぶ改革・開放を行ったが、我々はいまだに香港の人々が植民地時代に有していた言論出版の自由を手にしてはいない。現在、政治に対する意見を著した書籍の中には、香港で出版しなければならないものもあり、このような情況は、祖国に復帰したためではなく、植民地時代の旧法を踏襲しているだけにすぎない。大陸の人民の「国家の主人公」としての地位はあまりにふがいないものだ。国家が公言している中国の特色ある「社会主義民主」は、実のところ極めて尋常ではない。

一般の国民のみならず、共産党の高級幹部であっても言論出版の自由はない。最近、李鋭はある出来事に遭遇した。少し前に『周小舟《チョウシャオチョウ》記念文集』が出版されたのだが、もともとは李鋭が一九八一年に『人民日報』に発表した周小舟〔一九五九年の廬山会議で、毛沢東の大躍進政策の失敗を批判した彭徳懐を支持し、湖南省共産党委員会第一書記を罷免された〕を記念する文章も収められていたのだが、出版された文集には、結局見られなかった。周小舟夫人が電話で李鋭に説明したところによれば、「北京の当局から、李鋭の文章を使ってはならないと通知があった」のだという。一九八一年に党の新聞に発表した旧作さえも文集に収録させないとは、まさに荒唐の極みである！　李鋭は「これはいったいなんという国家なのか⁉　私は大声で叫ぶ。言論は自由でなければならない！　公民の言論の自由を扼殺するとは完全に違法だ！」と語った。

高級幹部のみならず、国家の総理でさえも言論出版の自由はないのだ！　二〇一〇年八月二一日、温家宝総理は深圳で「改革・開放を堅持してこそ、国家には光輝く前途がある」と題した講話を発表した。「経済体制改革だけでなく、政治体制改革も推進しなければならない。政治体制改革の保障がなければ、経済体制改革の成果は失われてしまい、近代化建設という目標は実現できない」と述べた。しかし、新華社が二一日に発表した「経済特区のすばらしい未来を創造する」と題した共通原稿〔当局の指示で掲載が義務付けられる原稿のことで、自由な評論を加えることはできない〕は、温家宝の講話から政治体制改革に関する内容を削除したのである。

二〇一〇年九月二二日（アメリカ現地時間）、温家宝総理はニューヨークでアメリカの中国語メディアや香港・マカオのメディアの責任者と座談会を行い、「政治体制改革」の重要性を再度強調した。温家宝は「政治体制改革に関して、私はかつて経済体制改革が政治体制改革の保障が得られなければ、本当の成果を得ることはできず、すでに手にした成果も失うことになると述べたことがある」と語った。温家宝はその後ニューヨークの国連本部で第六五回国連総会に出席して「真の中国を知るということ」と題した一般演説を行い、その中でも政治体制改革について言及した。九月二三日（北京時間）の夜、中央電視台のニュース番組「新聞聯播」や新華社が一連の活動を報道した際には、温家宝が海外に暮らす中国人の現状や、海外の中国語メディアの役割などについて語った内容だけを報道し、政治体制改革について言及したことはすべてフィルターをかけられ伏せられてしまったのである。

これらのことについて、もし責任を追及したとしても、絶対に具体的な人物を調べつくすことはできない。それは目に見えない黒幕なのである。彼らは自分たちが道理にもとっていると知りながら憲法違反を犯しており、通常、電話をかけてきて誰それの作品は発表できないとか、その事件について報道してはならないと通知する。電話の担当者が名乗ることはなく、関係者は秘密を守るように繰り返し言い含められるが、しかしその電話の指示は必ず実行しなければならない。その見えない黒幕とは、中国共産党中央宣伝部である。現在、中宣部が中国共産党中央委員会を凌駕し、国務院をも凌駕している。中宣部はいったいどのような権力を有して総理の声を封鎖するのだろうか、そして、どのような権力を有して全国民が総理の講話を知る権利を剥奪しているのだろうか。

審査許可制度の廃止・追徴制度への改変こそ我々の要求の核心

憲法第三五条が定めている言論出版の自由を絵に書いた餅にしているのは、「出版管理条例」などの具体的な執行細則による。これらの執行細則は、つまるところ事実をまげて人に罪を着せる検閲制度を意味する。数え切れないほどの杓子定規の規則や制度が言論出版の自由を制限しているのだ。新聞出版法の制定、検閲制度の廃止はすでに急務となっている。

全人代が直ちに新聞出版法の制定に着手し、「出版管理条例」と地方当局が報道や出版を統制している様々な規定や制限を廃止するよう建議する。憲法第三五条が公民に与えている言論出版の自由を確実なものとすることは、制度的に見れば党と政府の関係機関による直接的なコントロールからメディアが相対的に独立するということで、「党の喉舌」から「社会の公器」への転換である。したがって、新聞出版法制定の基礎として、追徴制度が実施されなければならないのであり、「党の指導を強化する」という名目で検閲制度をさらに強化することがあってはならない。いわゆる検閲制度とは、出版物を出版する前に党と政府の関係機関による審査を経なければならないとするもので、許可を得てようやく出版が可能となり、許可されないまま出版したならば違法出版物ということになる。いわゆる追徴制度とは、出版物は党や政府の機関に対して出版許可の申請をする必要はなく、編集長が許可すればすぐに印刷でき、出版と発行は完全に自由である。出版後に仮に好ましくない結果やもめごとがあった場合には、政府がはじめて介入して、法律に基づいてその是非や正誤を判断する。世界各国における新聞出版法の発展は、検閲制度から追徴制度へと移行した道筋の歩みなのだ。疑うべくもなく、追徴制度は検閲制度よりも歴史的に進歩したもので、人文科学と自然科学の発展を推進し、調和の取れた社会が歴史的に発展する上でも、大きな役割を果たした。イギリスは早くも一六九五年に検閲制度を廃止した。一八八一年にはフランスが検閲制度を廃止し、新聞と刊行物に対する出版以前の手続きは簡単な声明を必要とするだけで、新聞や雑誌の発行責任者が署名して共和国検察院に郵送すればすぐに可能になった。我が国が現在実施している書籍や新聞の検閲制度は、イギリスよりも三一五年、フランスよりも一二九年も立ち遅れているのである。

我々の具体的要求

一、メディアの主管機関を廃止し、事業実施部門が独立して責任を負い、出版社の社長や編集長の責任を確実なものとすべきである。

二、記者を尊重して、記者は「無冠の王」であるという社会的地位を確立すべきである。記者が集団的抗議行動を報道し、官吏の腐敗や汚職を摘発するのは、人々の代弁者としての神聖な仕事であり、保護され支持されるべきである。直ちに、地方政府や公安機関が記者を勝手に拘束するという違法行為を制止せよ。謝朝平《シィェチャオピン》の事件〔ノンフィクション作家の謝朝平が、長江三峡ダムの建設による大規模な立ち退き問題と関連する汚職事件を著書『大迁徙』にまとめて出版した後に逮捕された事件〕を背後で操作した者を追及し、渭南市共産党委員会書記の梁鳳民《リャンフォンミン》を辞職させ、党規約に則って処罰し、悪事を真似る者への警告とすべきである。

三、メディアがほかの省で発生した事件を報道して輿論による監督を行うことを規制した禁止令を廃止し、中国の記者が中国のすべての領土で取材し報道する権利を保障すべきである。

四、インターネットは社会の情報や公民の意見を交換する重要なプラットフォームであり、国家の機密に関する情報や公民のプライバシーを侵害する言論を除けば、インターネットの管理部門はウェブサイトや書き込みを勝手に削除してはならない。インターネット特務を廃止し、「五毛党」〔当局を支持する書き込みを行うことで五毛（〇・五元）相当の報酬を得ると言われるネットユーザーたち〕を廃止し、「壁を乗り越える」〔専門のソフトなどを用いて当局によるインターネットの規制をかいくぐる〕技術の制限を廃止すべきである。

五、中国共産党の歴史に関するタブーをなくす。中国の公民には執政党が犯した罪過を知る権利がある。

六、週刊紙『南方週末』と雑誌『炎黄春秋』が民間の刊行物として試験的な試みを行うことを認めよ。新聞や雑誌の民営化は政治改革の方向である。歴史の教訓が示すように、為政者と評議者が高度に一体化し、政府とメディアがいずれも「党」を名乗り、自ら舞台に立って芝居を演じて自ら拍手喝采するというのでは、民意と疎通して正しい指導を実現することは困難である。大躍進運動から文化大革命に到るまで、大陸のあらゆる新聞や雑誌、ラジオとテレビはこれまで本当の民意を反映したことがなかった。党と国家の指導者たちの耳には異なる意見は届かず、現在まさに発生している全面的な誤りを発見することも難しければ、その誤りを是正することはさらに困難である。執政党と政府が納税者の税金を使ってメディアを運営し、自分たちのために為政者の功績や徳を褒め称えるということは、民主国家では許されないことだ。

七、すでに中国に返還された香港とマカオの書籍や刊行物を、大陸で公開し発行することを認めよ。我が国はWTOに加盟して、経済面ではすでに世界に溶け込んでいるが、文化面では鎖国を企てており、これは改革・開放政策が定める方針に背くものだ。香港やマカオの文化は先進的な文化を大陸に届けており、香港やマカオの刊行物や書籍は人々から歓迎されて信頼を得ている。

八、各レベルの宣伝部門の職能を転換させ、いくつも「許可しない」と定める機関から、情報の正確さ、適時性、速やかな伝播を保障する機関に転換させよ。汚職官吏が批判や暴露の記事を抑え付けて封鎖することを支援する機関から、党と政府の関係機関に対するメディアによる監督作用を支援する機関に転換させよ。発行停止、編集長の更迭、記者の拘束などを行う機関から、強権に対抗してメディアと記者を保護する機関に転換させよ。宣伝部門は党内でも社会的にも評判が悪いのだから、いくつか良い事をして名誉を回復しなければならない。適当な時期に、宣伝部が名前を改めて、世界の潮流に適うようにすることも考えられる。

切に訴え、謹んで亮察を望む。

二〇一〇年一〇月一日

発起人（二三名）

李鋭（元中国共産党中央組織部常務副部長、中国共産党第一二期中央委員、中国共産党中央顧問委員会第一二、一三期委員）

胡績偉（元『人民日報』社長、編集長、第六、七期全国人民代表大会常務委員会委員、全国新聞学会連合会会長）

江平（元政法大学学長、終身教授、第七期全人代常務委員、全人代法律委員会副主任）

李普（元新華通訊社副社長）

周紹明（元広州軍区政治部副主任）
鍾沛璋（元中国共産党中央宣伝部新聞局局長）
王永成（上海交通大学教授、The European Academy of Sciences, Arts and Humanities, CORRESPODING 院士）
張忠培（故宮博物院研究員、元院長、中国考古学会理事長）
杜光（元中国共産党中央党校教授）
郭道暉（元『中国法学』雑誌社編集長）
蕭默（元中国芸術研究院建築芸術研究所所長）
荘浦明（元人民出版社副社長）
胡甫臣（元中国工人出版社社長兼編集長）
張定（元中国社会科学院社会科学出版社社長）
于友（元『中国日報』社編集長）
欧陽勁（香港『太平洋雑誌』編集長）
于浩成（元群衆出版社社長）
張清（元中国電影出版社社長）
兪月亭（元福建テレビ社長、高級記者）
沙葉新（前上海人民芸術劇院院長、現在は回族独立作家）
孫旭培（元社会科学院新聞研究所所長）
辛子陵（元国防大学現代中国編集室主任）

鉄流（民間刊行雑誌『往事微痕』編集長）
法律顧問：宋岳（中国国籍公民、アメリカニューヨーク州開業弁護士）
署名者：四七六名（省略）
博訊：http://boxun.com/hero/201010/youpaiershi/6_1.shtml

（二〇一〇年一〇月一一日発表）

訳　注

（1）原文タイトル「執行憲法第三五条、廢除預審制、兌現公民的言論出版自由！――致全国人民代表大会常務委員会的公開信」

Ⅳ　天安門事件とは何だったのか

——劉暁波の原点

天安門広場空白の三時間と劉暁波

加藤青延

ノーベル平和賞受賞の理由

中国の民主化運動の指導者として広く世界に知られる劉暁波《リュウシャオボ》氏が、二〇一〇年のノーベル平和賞受賞者に選ばれた。天安門事件以来二十余年、中国国内にとどまり、当局による拘束や監視を受けながらも、かたくなに中国の民主化を訴え続け、多くの人々の心を動かしてきたことが、最大の功績であろう。劉氏が描いた中国民主化の青写真は、二〇〇八年暮れに公表された、「08憲章」に凝縮され、一万人近い賛同者の署名が集まったという。また、署名をためらいながらも、内心では共感を覚え、賛同している中国人がどれほどいることか、推して知るべしではないか。劉氏は、国家政権転覆扇動罪で懲役一一年の刑を受け、いまも獄中にいる。

劉氏がノーベル平和賞に選ばれたもうひとつの理由として、彼が、終始、非暴力運動を訴え続けてきた点も見逃すことは出来ない。政治体制の民主化という理想を求めながらも、あくまで非暴力を貫くというその強い信念によって、天安門事件の時には、最後まで広場に残った多くの学生や市民の命が救われた。その点については、劉氏の記した著述にも記されている（邦訳『天安門事件から「08憲章」へ』藤原書店、一一〇頁及び編者解説、二七八頁）。ただ、その事実が、大勢の犠牲者を出した天安門事件全体の重大性の陰に隠れ、あまり知られていないのは残念だ。

そこで本論では、劉暁波氏が天安門事件で果たした役割について、事件当時、外国メディアがほとんど取材できなかった、一九八九年六月四日の午前二時から五時までの、天安門広場の「空白の三時間」を中心に、私の知りえたエピソードをご紹介したいと思う。

広場での衝突を回避

中国の民主化運動を人民解放軍が武力制圧した事件。これを日本や欧米諸国では、天安門事件（Tiananmen incident; Tiananmen massacre）と呼んでいる。一方、中国語では、「六四事件、六四大屠殺」と称するのが一般的だ。中国語では、発生した日付を事件の名に冠することが多いので、当然かもしれないが、実は、中国語の表記こそが事件の実態をよりよく表しているといえる。

つまり、事件で大勢の犠牲者が出た場所は、結果的には、天安門広場そのものではなく、長安街などその周辺だった。戦車が学生や市民をひき殺した場所も、広場ではなかった。戦車の事件は、四日朝、広場より西側の六部口で発生、広場から撤退し、大学に戻る途中の学生たちの列に、一両の戦車が、突然突っ込む形で起きた。この事件で、五人が死亡、九人が負傷したといわれる。負傷者の中には、両足を切断した人など、深い傷を負った人も少なくない。

「戦車が人をひいた」という衝撃的な出来事は、瞬く間に、北京の人たちの間に広まった。それが、「天安門広場でテントの中で寝ていた学生たちが、次々と戦車にひき殺された」という、より深刻な話に膨れ上がり、天安門広場で大殺りくが起きたという誤った報道につながったようだ。実は、事件の後、天安門広場で大殺りくがあったと証言した民主化運動のリーダーたちは、誰も、その現場を目にしていない。ある男性リーダーは、武力制圧前日の夜に、「心臓発作」を起こして、現場から離脱。また別の女性リーダーは、天安門広場から学生たちが撤退を決めた後、真っ先に広場を離れ、最後まで広場には留まらなかった。

そんな状況の中、最後まで広場に踏み留まり、学生や市民を広場からすべて安全に撤退させた人物こそ、劉暁波氏だったのである。

人民解放軍が、天安門広場の武力制圧に着手した四日午前二時頃から制圧が完了した五時頃までのおよそ三時間に、広場で一体何が起きたのか、当時、広場から排除された我々外国メディアは知ることができなかった。まさに「空白の三時間」であった。その時に、劉氏が果たした役割も、事件から一定の年月を経て明るみになってきたのだ。

事件が発生した一九八九年、私は、胡耀邦元総書記の死去をきっかけに学生デモが始まった四月から、北京に滞在し、百万人規模の大デモや、広場に姿を現した趙紫陽総書記（当時）の最後の姿、その翌日の戒厳令発令、そして、民主化運動に対する軍による武力鎮圧の過程の一部始終を目の当たりにした。

今でも私の目に焼きついている劉暁波氏の姿とは、事件の二日前、六月二日の午後四時、劉氏が三人の仲間（周舵《ゾウトオ》氏、高新《ガオシン》氏、侯徳建《ホウドウジュン》氏）と共に、天安門広場で座り込みを始めた時の様子だ。人民大会堂の上に傾いた西日の下で、劉氏ら四人が、広場中心の人民英雄記念碑のたもとで、七二時間のハンガーストライキを始めた。

その際、私が強い印象を受けたのは、劉氏らが、ハンガーストライキを始める宣言の中で、学生側と政府側の双方に対して、「平和的な話し合いで対立を解消すること」と、「冷静になって自分を反省すること」を呼びかけたことだった。当時、軍による武力鎮圧が目前にせまっていることは誰にでも実感できた。そうした緊迫した事態の中で、劉暁波氏らは、話し合いによる平和的な解決と、双方の反省を呼びかけるハンガーストライキを行ったわけだ。それは、政府にむけて、民主化要求ばかりを強く訴えた他の学生リーダーたちとは、明らかに異なるものだった。

人民解放軍が、民主化運動の武力制圧に乗り出したのは、翌六月三日の深夜から四日の早朝にかけてだった。しかし、残念ながら、我々外国メディアは、ことごとく天安門広場から排除され、その多くは、広場のすぐ北東に位置する北京飯店を取材拠点として踏みとどまった。私も北京飯店の一室に設けたＮＨＫの取材拠点から目の前で起こる惨劇の一部始終を、国際電話による中継レポートという形で、夜通し日本のテレビ視聴者に伝えた。

軍の広場制圧が始まりメインストリートの長安街では、西側から市の中心部に入り込もうとした人民解放軍の部隊が実弾を発砲。これを食い止めようと、広場などから長安街に大勢の学生市民が飛び出して行き、実弾を受けて次々と倒れた。私は、血に染まった学生や市民が、長安街をリヤカーに乗せられ次々に運ばれてゆくのを目撃した。市内の病院にもくまなく連絡を入れ、確認できた死者の数が一〇〇人以上に上っていることも報道した。

だが、当時、最大の謎だったのは、天安門広場の中心部に総指揮部を設け、座り込みを続けていた劉暁波氏や学生市民の安否であった。北京飯店の窓からは、長安街や、天安門広場の北側の一部は見通すことが出来たが、学生たちが座り込みを続けていた広場の中央付近は、歴史博物館（当時）の建物の陰になってまったくわからなかった。軍の車両が次々と広場に入り始めた四日の午前二時頃から、広場が完全に制圧された午前五時頃までの空白の三時間、その三時間の空白を、後に埋めてくれたのは、西側のテレビ・メディアとして、唯一広場の中心部に残ることが出来たスペイン国営放送の映像だった。

明らかにされた空白の三時間

その映像素材は、事件から四年後の一九九三年、スペイン国内に埋もれていたのを、NHKの特派員が発見した。我々は、その映像と取材した記者のインタビューなどをもとに、その時、広場で何が起きたかを分析、再現し、その年の六月三日、「クローズアップ現代」という三〇分番組で紹介した。

その映像素材には、数千人の学生や市民が、広場中心の人民英雄記念碑の周囲に座り込み侵入してくる軍に対して徹底抗戦を叫んだり、「インターナショナル」という国際共産主義運動の歌を歌ったりしている光景が延々と映っていた。一番驚いたのは、劉暁波氏が、記念碑の欄干の上で、市民が軍から取り上げた小銃を破壊するシーンだった。劉氏は、「我々は武器を破壊することで、非暴力を貫く我々の意思を表明する」と叫ぶや、その小銃を石の欄干に打ちつけ壊したのだ。劉氏は、非暴力運動の重要性を学生や市民に強く訴えることで、学生や市民が手にしていた一切の武器を回収し、軍と学生市民の武力衝突を回避。最終的には、学生や市民を広場から整然と撤退する道を切り開いたのである。

劉暁波氏のこの時の様子について、当時、劉氏と一緒にハンガーストライキに加わった台湾のシンガーソングライター侯徳建氏は、事件の後、台北市内で私の取材に応じ、次のように語っている。

「その時の私たちの戦術ですが、まず、みんなが手に持っている棍棒や瓶、石を回収しました。部隊が広場に入った時に武器となるような物は、全て没収しました。ちょうどその時、数人の学生がかけ寄ってきて、『記念碑の上に機関銃や武器がたくさんあり、集めたいのですが、労働者が鉄パイプで抵抗するので集めることができない』と訴えてきました。そこで、劉暁波さんや私と周舵さんは、その場所に行きました。そこには、二十数歳の若い労働者たちがいて、全身血だらけでした。眼は血走っており、見ただけで、(市内に進入してくる軍と)闘ってもどってきたことがわかりました。私が行くと彼らはすぐに私に気づき、棍棒でなぐったりしなくなりました。ふり向いて私を抱きしめ泣き始めたので、私も一緒に泣きました。当時は今と違う状況でしたから。その後、彼らは、泣きながら『友だちが殺されたので仇を討つ』といいました。機関銃には弾が詰め込んであり、ふとんで隠してありました。私たちは、長い時間かけて彼らを説得し、機関銃を回収しました。このほかにも、ピストルや小銃がありました。(中略)劉暁波さんが、これらの銃をどうするかとみんなに聞いたところ、『直接、戒厳部隊に返すのは危険だ。銃を持って部隊に行けば、闘いに来たと思われる』という声が圧倒的でした。そこで、劉

暁波さんは、広場にいた記者に証人になってもらおうと、カメラの前で銃を壊すことにしました。」（加藤取材メモより）

スペイン国営放送の撮影したビデオ映像には、まさに、その一部始終が、現場の音声と共に記録されていたわけである。侯徳建氏の証言がテレビ映像でも裏付けられる形となった。

もし、現場に非暴力を訴える劉暁波氏がいなかったら、天安門広場では、銃撃戦が起こり、それこそ恐るべき大殺りくが引き起こされていたであろう。

当時の模様について劉暁波氏本人も、二〇〇七年三月、次のようにメールに記している。

「六四の夜、ぼくは広場にいた。ぼくには発言権がある。その夜、ぼくと侯徳建、高新、周舵は、いっしょに学生の平和的な撤退を組織した。ぼくたちは、戒厳部隊と交渉し、広場の東南の隅に隙間を開け、学生たちを平和的に撤退させることで合意した。やがて無念の涙を必死にこらえて、学生、労働者、市民たちは記念碑から東南に向かい整然と撤退を開始した。しかし、それを待ちきれずに戒厳部隊は『清場（広場に残された学生のテントなどの撤収作業）』を始めた。こうして、五〇日にも及んだ民主化運動の拠点であった天安門広場における大量虐殺という最悪の事態はかろうじて避けられたが、しかし、犠牲者を出したあの血まみれの残酷な弾圧と、心の中にたれこめる恐怖の暗雲は、二〇年が過ぎても、心の奥底まで苛んでいる」

（『天安門事件から「08憲章」へ』藤原書店、編者解説、二七九頁）

「戦車に立ち向かう若者」をめぐる疑惑

余談になるが、天安門事件をめぐり、私はもう一点、我々西側メディアの誤解かもしれないと、気にかかっていることがある。それは、軍による天安門広場制圧の翌日、六月五日に、我々外国のメディアが最前線の取材拠点としていた北京飯店のすぐ目の前で起きた「戦車に立ち向かう勇敢な若者の姿」だ。私も、北京飯店の窓からその一部始終を見ることが出来た。

その若者の行動を簡単に記すとこうなる。天安門広場から一列縦隊で出てきた戦車の一団の前に、突然、両手に白い袋をぶら下げた一人の若者が飛び出し、戦車の行く手をさえぎる。現場は広い長安街。周囲の道路わきには、大勢の兵士や私服警察官がいたはずであるのに、誰もその若者を捕らえようとせず、若者と戦車のにらみ合いはしばらく続いた。やがて先頭の戦車が舵を右に切って進む方向を変えようとすると、若者は少し方向を変えた戦車の前に体を移動させ通せんぼをするように妨害した。戦車は再びもとの方向に車体を戻すと、若者もまた、そちらに移動して通すまいとする。やがて、若者は、戦車の上に乗ったり、降りたりしているうちに、ようやく、道路の周辺から飛び出してきた私服警官と見られる男たちに取り押さえられ、連行されてしまう。

十数両もの戦車を相手に、たった一人で抵抗したその若者の映像や写真は、今でも、天安門事件を象徴するものとしてよく使われている。海外の多くのメディアの間では、天安門事件の最大のヒーローといえば、劉暁波氏ではなく、あの戦車の列に立ち向かった勇敢な若者と考えられてきた。

だが、よく考えると、この「事件」には、不思議な点が実に多い。第一に、十数両もの戦車が一列縦隊で長蛇の列を作り移動するというのは不自然だ。しかも、最初の戦車が妨害されている間に、二両目以降の戦車は、その脇を通り抜ければいくらでも目的地には移動できたはずである。道幅が何十メートルもある広い道路上で、たとえ先頭車両が妨害されたとしても、後続の戦車がいっせいに立ち往生するということは、普通ではありえない。

飛び出した若者が、なぜ両手に白い袋をぶら下げていたのかも不思議だ。戦車を止めるのに、袋はかえって邪魔になるはずだ。ただ、両手に袋をぶら下げていたため、我々には大いに目立った。大変緊迫した当時の現場周辺には、そのような白い袋を両手にぶら下げた学生・市民の姿は、他にはまったく見当たらなかった。見方によっては、むしろ、戦車側からその若者と、他の学生や市民と区別するための目印だった可能性がある。

若者が、戦車の前に飛び出した場所や時間も不自然だった。我々が撮影する上で、あまりにも好条件だったからだ。つまり、北京飯店に拠点を設けた多くの外国メディアは、天安門広場の方向にカメラを向けていたが、そのファインダーの中に、飛び込むように若者が現われたわけだ。タイミングも、太陽光線が順光と、いちばんはっきり撮影できる時間帯だった。外国メディアが、ホテルの部屋からいっせいに撮影したため、どこの社の映像や写真を見ても似たり寄ったりの構図になっている。だが、あの若者が一体何者で、その後どうなったのか、詳細はいまだ謎のままだ。うがった見方をすれば、一日前、つまり天安門事件の当日に、戦車が北京市内の六部口で学生たちをひいた事件と関連があるのではないかとさえ疑える。六部口の事件は、結局、「天安門広場で大勢の学生が戦車にひき殺された」という話に作り替えられ世界に報道されてしまった。そこで、その翌日に起きた一連の「勇敢な行動」は、むしろ、「戦車は人をひいたりはしない」ということをアピールする当局側の演出ではなかったのかという疑問が今も残る。真相はいまだ闇の中だ。

『劉暁波――其人其事』

話を劉暁波氏にもどすと、劉暁波氏は、北京師範大学の出身で、その教え子から民主化運動に身を投じた若者は少なくない。劉氏の思想は、それだけ若者にとっては魅力的であり、逆に、当局は、劉暁波氏のことを民主化運動の黒幕と考えていたようだ。事件の直後、劉暁波氏は、身柄を拘束され、『劉暁波――其人其事』と題する本（中国青年出版社）まで出版された。表紙に「学生運動の黒幕」「動乱を扇動した狂人」などと劉氏を非難する言葉が掲げられたこの本も、慎重によく読むと、もうひとつの主張が見えてくる。

本は、劉氏がいかに邪悪な思想の持ち主であるかという視点で書き記されてはいるが、その論拠として、劉暁波氏の公開書状や演説の全文など、劉氏の主張がかなり多くそのまま掲載されていた。つまり、別の角度から読む人には、劉氏の思想や訴えが正確に伝わる本であり、かえって、劉暁波氏の名を広めてしまう結果になったといえる。

中国国内では、共産党の一党支配体制の下で、劉氏を称える言論はいっさい認められるはずはない。しかし、天安門事件直後から「08憲章」にいたるまで、劉氏の訴えや理想は、さまざまな形で、それを支持する中国の人々によって、水面下で、脈々と語り継がれているのではないか。

歴史に対し責任を負う劉暁波

矢吹晋

天安門広場からの無血撤退をめぐって

劉暁波《リュウシャオボ》の勇気と気骨がわれわれの目に明らかになったのは、天安門広場からの無血撤退を契機とする。畏友高井潔司のエッセイに触れて、忘れかけていた二〇年前の事件を想起した。高井は、元読売新聞の中国支局長を経て論説委員、現在は北大大学院でメディア論を研究中だ。彼は劉暁波のノーベル賞受賞報道に接して、あるエッセイをメルマガに書いた（On Line Journal「ライフビジョン」二〇一〇年一〇月二七日）。主題は天安門広場における虐殺の有無についての劉暁波証言である。

当時『人民日報』はこう報じた――北京師範大学中文系講師の劉暁波は、六月四日の天安門広場の「清場」を語った。私は歴史に対して責任を負わなければならない。あの時に私が目撃した事実を話しておく必要がある。六月四日の午前二時頃、私は北京市大学学生自治連合会のスピーカーがリーダー・ウルケシの演説を流しているのを聞いた。ウルケシは、天安門広場と生死を共にしなければならない、最後の一人まで闘わなければならないと演説していたが、演説しながら喘ぎはじめた。多分心筋梗塞の発作が起きた。これ以後は彼を見かけなかったし、彼の声も聞いていない。当時ウルケシが寝ていた担架は、われわれがハンストをやっていたテントの東側に置いてあったが、われわれがテントから出たときはすでにその担架は見当たらなかった。そこで、私は侯徳健《ホウドウジエン》（シンガーソングライター）、周舵《ゾウトオ》（四通公司計画部長、北京大学社会学系講師）、高新《ガオシン》（『北京師範大学週報』編集者、当時党員）（ハンスト四人組・矢吹注）と相談し、侯徳健、周舵の二人が戒厳部隊と交渉しに行くこととなった。この二人のほかに北京市大学学生自治連合会からも二人の学生代表を行かせようとしたが柴玲《ツァイリン》（天安門広場指揮部総指揮）に反対された。

天安門広場から撤退するときの情況については、劉暁波は「私は戒厳部隊が群衆に向けて発砲するのは見ていない。彼らが発砲したのは、空に向けてか、スピーカーに向けてだけであった。また私は一人の死者も見なかったし、まして天安門広場で流血が河を成したなぞということは見ていない」と語った（白石和良訳、原載は『人民日報』一九八九年九月一九日付、矢吹晋編訳『チャイナ・クライシス重要文献』第三巻、蒼蒼社、一九八九年、一六八―一六九頁所収）。

証言が掲載された当時、劉暁波は獄中にあり、自由の身ではなかったが、柴玲らの流した「天安門広場で流血が河を成した」といった類の誇張された報告を明確に否定したわけだ。世界中のマスコミが、香港に逃れた柴玲の録音を繰り返し流し続けたことはよく知られている。「今、一九八九年六月八日午後四時、私は柴玲です。私は天安門広場指揮部総指揮（者）です。私はまだ生きています」に始まる、甲高い「柴玲の語る屠殺経過」である。この「虐殺証言」があまりにも広範に広まったために、劉暁波らの真実の声は、ほとんど無視された。実は広場制圧の時点で病院にいたウルケシが生き延びたのは当然として、広場に最後まで残った柴玲らが無事に撤退し、生き延びることができたのは、劉暁波がその仲間、侯徳健と周舵に依頼して、戒厳部隊の将校（北京部隊某連隊政治委員季新国大佐、顧本喜中佐）と折衝し、学生たちの平和的撤退のために、逃げ道を用意したからなのだ（白石和良訳、「戒厳部隊の将校が天安門広場「清場」を語る」。原載『人民日報』一九八九年九月一九日、矢吹編『チャイナ・クライシス重要文献』第三巻、一五三―一五七頁所収）。

解放軍の鎮圧部隊が東西南北四方から広場に向かう過程で、特に西線や南線において多数の死者が発生したことは事実だが、広場制圧の最終過程（六月四日未明）においては、撤退は流血なしに行われた。その功績は、何よりも劉暁波を代表とするハンスト四人組の非暴力主義に基づく冷静な判断のためであった。劉暁波らの勇気と知恵がなければ、撤退局面での流血は避けられなかったであろう。私は共訳者の白石和良、村田忠禧らとともに、この事実に接して深く感動し、三冊の資料集の末尾近くに「劉暁波証言」と「戒厳部隊の将校証言」とを並べた次第である。

高井は往時をこう回想した。「私はこのことを矢吹晋編著『天安門事件の真相』下巻の矢吹氏のあとがき〔実は、矢吹の「あとがき」ではなく、この部分の執筆者は白石和良〕を読んで知った。いや、かすかな記憶では当時『人民日報』の記事を読んだはずである。ただその当時劉氏は当局によって拘束中であり、『人民日報』の報道をにわかに信じることができなかったのだと思う。だが、矢吹氏らの研究は、当時、すでにスペイン国営報道のビデオの存在や侯徳健氏の証言にも触れており、事件から四年後のＮＨＫの番組（クローズアップ現代「天安門事件――空白の三時間に迫る」）を待つまでもなく、『真相』は明らかにされていた。

ただそれが世間に流通し、『世論』を形成しなかったのである。その後のNHKテレビさえ、『世論』を変えることができなかった」「劉暁波氏の証言はいまから振り返ってみるとすごい。劉氏は獄中で取材を受けたが、『私の考えははっきりしていた。たとえ広場撤退の際、死者がなかったのは事実にしても、この種の取材の目的は事実を明らかにするためではなく、発砲し、殺人を犯した政府の自己弁護のためである。なぜなら当時、全世界は戒厳部隊が広場を血で洗ったと信じていたし、一部の海外に逃亡した事件関係者は自らの英雄的イメージを高めようと事実を歪曲し、デマを言いふらしていた。私がテレビに出て死者がなかったと証言したら、全世界の怒りを買い、私のイメージはどん底に落ちるだろう。私はきっぱり取材を拒絶した』。しかし、最後には彼（劉暁波）は取材に応じた。それは検察関係者が、侯徳健氏の広場での目撃談を報じた『人民日報』の記事を劉氏に見せ、『広場から学生たちを平和裏に撤退させたのはあなたがた四人の功績である。事実を話すのに、何が悪いことがあるのか』と、説得したからだった」「検察関係者の話は私を突き動かした。私はすぐ取材を受ける理由に思い至った。一つは死者を見なかったのは事実であり、事実を語ることは歴史への責任であり、自分への責任でもある。私が最も嫌うのは、中国人が道徳という美名の下に事実を歪曲する道徳至上主義を望むということだ。ウルケシはまさに道徳の美名を選択し事実の尊重を放棄した。二つ目は侯徳健が広場撤収の事実を明らかにしたために、社会輿論のとてつもない圧力を受けたことだ。真実を語ったために全世界の糾弾を受けている以上、事実の目撃者である私としては、彼一人にこの糾弾を受けさせるわけにいかなかった」。高井は劉暁波の立場をこのように理解して、エッセイを結んだ。「このような経緯の下に、劉氏は証言したのだが、私自身、知らないままでいた。わが身の不明を恥じるのみである」。

高井が「道徳の美名を選択し事実の尊重を放棄した」ウルケシと、「道徳という美名の下に事実を歪曲することを嫌う」劉暁波を対比させて、劉暁波の思想の一面を浮かび上がらせたのは、いかにも元敏腕ジャーナリストらしい感性だ。

ここで感性の鈍い例を一つ挙げておきたい。『朝日新聞』は、二人の記者を天安門広場に残らせたが、彼らはなぜか本紙には記事を書かず（書かせてもらえず）、社内報にだけ真実を書いた。一人は朝日教之カメラマンであり、もう一人は永持裕紀記者である。同社の社内報『朝日人』（一九八九年八月号）「激動の中国特集」がそれだ。「〝血の日曜日〟再現、カメラマンの目、ストロボ発光に銃口キラリ、記念碑の学生へ乱射はなかった」から引用しよう。――午前四時。広場のすべての証明がいっせいに消えた。市民たちが「ウォー」という叫び声を上げながら南東の出口に向かって走り出した。いよいよ軍隊が入ってくる。（中略）突然、闇の中に置かれた恐怖感は想像以上だった。このまま逃げ出してしまおうと思った。――午前四時四〇分。広場の証明が再び点灯した。暗闇に慣れた目には昼間のように明るく感じる。ふっと見ると人民大会堂の方から、銃を手にした数十人の兵士たちがゆっくりとこちらに向かって進んできていた。草色のヘルメットのにぶい光が、歩くたびにちらちら揺れて、恐怖感をかきたてる。――英雄記念碑のすぐ近くまで軍が迫った時、学生たちがいっせいに退去を始めた。数百人の学生が列を作って順番に引き揚げる。毛布や食糧などを持って整然と出口に向かう。一部の報道で、戒厳部隊は記念碑に座り込んでいる学生に向かって銃を乱射し、数百人が一挙に殺されたと伝えられているが、その事実はなかった（a）。威かく射撃や流れ弾、戦車にひかれて広場で死んだ学生は（おそらく数十人の単位）でいると思うが（b）、数百人の大量虐殺はなかった。もしそうだとしたら、学生のなかにいた私は今ごろ死んでいるはずだ。北京市全体の死者は何千人と言われている。しかし広場そのものではそれほどの死者はなかった（八一—一〇頁。符合は矢吹）。（a）はカメラマンが目撃した事実であり、（b）は「思う」で、他の情報に基づいた推定だ。同誌（一一一—一一二頁）には、永持裕紀記者の証言もある。「助っ人奮戦記、外報部員の目、忘れられぬ〝栄養ドリンク〟、広場で学生と運命共同体を実感」でこう書いた。——四時四〇分に記念碑に現れた兵士たちが持つ本物の武器の迫力は、想像以上だった。威嚇射撃をすると、ターンターンという銃声がだだっ広い広場に響きわたる。これを間近でやられた学生たちの恐怖は相当なものだったはずだ。ギャーといった叫びは聞こえなかったが、多くは下を向いて、必死に耐えている様子だった。何が次に来るか、と小心な私も怖かったが、兵士が学生めがけ機関銃を乱射——ということはなく（c）、学生たちは退去を命じられた。学生がぞろぞろ記念碑を後にするのに私もそのまま従った。——「天安門広場の虐殺」というフレーズがよく使われる。今回の惨劇を象徴するものとしてそれはそれで良いと思うが、「虐殺」は実際は広場の外の北京市街地が主な舞台だった。広場、特に人民英雄記念碑は新中国の中心の中心。そこを真っ赤に染める戦略を、さすがに中国指導部は取らなかったのではないかと推測してみる（d）。（c）では「機関銃を乱射」を実見によって否定し、（d）では「広場内における虐殺」の有無をこの記者は目撃し乱射なしの理由を推測したが、ここで劉暁波の沈着な行動に言及しないのは不可解だ（符合は矢吹）。

繰り返すが、カメラマンと外報部記者、二人の目撃証言は『朝日新聞』には掲載されず、六月八日に掲載されたのは、すでに指摘した柴玲の虐殺証言（香港『文匯報』六月五日付）の翻訳であった。両記者の証言が内輪の「社内報」ではなく、『朝日新聞』に掲載されていたならば、広場の真実は八九年八月、すなわち二カ月後の時点で日本の読者に伝わったはずだ。なんとも不可解な事件だ。『朝日』はこの経緯を、天安門事件から二〇年以上を経た今日に至るまで、未だに一言も説明していない。

虚報が世界中をかけめぐった理由

ロビン・マンロー「天安門広場の回想」(『ザ・ネイション』一九九〇年六月一一日号)によると(矢吹編『天安門事件の真相・下』蒼蒼社、一九九〇年、所収)、六月三―四日に北京には一〇〇〇人以上の外国人ジャーナリストがいた。しかし、戒厳部隊が広場を完全に包囲した四日午前三時の時点で、軍隊に包囲された天安門広場のなかにいたのは、およそ一〇人にすぎなかった。それは、①クラウディア・ロゼット(『ゼ・エイシァン・ウォールストリート・ジャーナル』)、②ジョン・ポムフリット(AP通信社)、③④⑤ジュアン・レストレポ、フェルミン・ロドリゲス、ホセ・ルイ・マルケス(テレビ・エスパニョーラ)、⑥今枝弘一(報道写真家)、⑦リチャード・ネイションズ(米・フリーランサー)、⑧ケネス・ラム(香港・フリーランサー)、⑨⑩リチャード・ロス、ディレク・ウィリアムス(CBSテレビ)、⑪ロビン・マンロー(アジア・ウォッチ研究員)であった(以下、矢吹がマンロー情報に基づいて事後に得た情報を補足。⑫朝日教之カメラマン(朝日新聞)、⑬永持裕紀記者(朝日新聞))。

では彼らの報道にもかかわらず、「広場撤退」の真相が世界に伝えられなかったのはなぜか。マンローの追究によれば、そこにはいくつかの理由が存在していた。「ロゼット記者とポムフリット記者は撤退について正確な報告を送ったが、これらは孤立した報告として、北京の他の地域(主として西線)からの長い報告のなかに埋没してしまった」。「ロス記者とウィリアム記者は人民大会堂で逮捕され、五時三〇分まで活動できなかった」。「撤退を写した唯一の外国フィルムはスペインのテレビ・チームによるものであり、彼らは殺戮を見ていないと主張した。……レストレポ記者は、その夜の出来事を写したフィルムはマドリッドのテレビ・エスパニョーラの編集者によって、殺戮は広場の整頓過程で起こったとする偽りの印象を与えるものに書き直されたと語っている」。では「唯一の外国テレビチーム・フィルム」をマドリッドのデスクが歪曲したのはなぜか。マンローは一例として、BBCのシンプソン記者の放送原稿を引用している。「われわれは戦車がテントを押し潰すのを写した。……数十の人々がそのようにして死んだように見えた。そしてそれを見た人は戦車の騒音のなかからテントのなかの人々の悲鳴を聞くことができたと語った。われわれは広場の街灯が四時に消されたときに写した。彼らは四〇分後に再び点灯したが、そのときに軍隊と戦車が記念碑に向かって移動し、まず空に向けて射撃し、それから学生を直射した。こうして記念碑の石段とそれを飾る英雄の浮彫りは銃弾で撃破された」。シンプソンの原稿がいわば「天安門広場虐殺」の定本となったわけだ。しかし、彼〔BBCシンプソン記者〕はこの原稿を北京飯店の一室で書いていた。そこから人民英雄記念碑は完全に視界をさえぎられていることは、北京をちょっと旅行したことのある人なら誰でも気づく。マンローはこうして、真実を書いた報道がいくつかの理由で歪曲され、視聴者のもとに届かず、逆に虚報が世界中をかけめぐった背景を実に詳細に、虫眼鏡で見るかのごとく描ききっている。私自身が相棒たちの協力のもとに『天安門事件の真相・上』で書いた分析がマンローの証言によって裏付けられたことにほっとしたが、大マスコミの世界的大虚報に対しては、ほとんど戦慄さえ感ずる。天安門事件は「テレビ・カメラの前の惨劇」として、情報を考える恰好の素材を提供したわけだが、そこにはこのような陥穽が存在していた。

念のために記すが、ロビン・マンローはアメリカ人で「ヒューマン・ライツ・ウォッチ」に属する人権擁護の活動家である。彼もまた仲間の一部から、虐殺情報を否定しないほうが中国当局を非難するには好都合ではないか、と批判されたが、自らの目で確認した事実を正確に記録したのであった。アメリカ政府のいわゆる人権外交には疑問が多々あるが、アメリカ人の人権擁護活動家には、マンローのような誠実な若者もいた。私は九〇年一〇月二三日、東京狸穴のそば屋で天ぷらそばを食べながら、マンローとその友人リチャード・ネイションズ（『インデペンデント』『スペクテーター』などに寄稿しているフリーランサー）と大いに意気投合した往時を想起する。マンローは「天安門広場の最後の光景」を香港『サウスチャイナ・モーニング・ポスト』に書いた（邦訳は『チャイナ・クライシス重要文献』第三巻所収）が、この文章の要旨は『人民日報』八九年九月二八日付に中国語訳された。『サウスチャイナ』への投稿が『人民日報』に訳載されたとき、マンローは「一部の人権擁護運動家たちから厳しい指弾を受けた」と苦笑した。「人権侵害問題に取り組んでいるはずのマンローの書いたものが反動的中国当局の『人民日報』に訳載された事実は、この証言が誰にとって有利なものかをよく示しているではないか」と非難されたというわけだ。私はマンローをこう慰めた。「事実は事実である。あなたの証言は客観的事実を述べたものであり、中国当局も他の人々も等しく利用できるのだ。ちなみに、もしあなたの証言が『人民日報』に紹介されなかったならば、われわれの目に触れることもなかったかもしれないのだよ。われわれはまず中国語訳を通じてあなたの証言を知り、その後英語の原文を探したのですよ」と。私の拙い英語の説明を聞いて納得したマンローの会心の笑みがたいへん印象的であった。

ここまで書いたところで、編集部から資料が届いた。それは永持裕紀記者の書いた「虐殺推定四千人、天安門事件を再現する」(『アエラ』二〇一〇年一〇月二五日号)である。一読して、深い慨嘆を禁じ得なかった。はじめからおわりまで、すべてがどこか狂っているのだ。まず「虐殺推定四千人」だが、これは「米ホワイトハウス首席補佐官」のもので、補佐官が「死者は四千人以上にのぼる」との見方を非公式に表明したものに基づくという。しかしながら、「その後米国は死者数に言及せず」と括弧内に、補足がある。首席補佐官とは誰か。固有名詞を書くべきではないか。この数字をいつ表明したのか。「その後、言及せず」というとき、「その後」とはいつか。「言及しない」のはなぜか。そもそもホワイトハウスは、何に基づいてこの数字をはじきだしたのか。このようなあいまいな説明を行いつつ、冒頭にいきなり「虐殺推定四千人」が出てくるのは、曖昧な形で責任を回避しながら「虐殺」だけを印象づけるきわめて、安易かつ卑怯な書き方である。

実は首席補佐官のニュースソースは、柴玲が一九八九年六月八日午後四時に録音し、一一日の香港テレビ放送で流した数字である。彼女はこう語った。「事後に知ったのだが、一部の学生は疲れて眠り込んでいたときに、戦車で轢かれて肉団子となった。ある者は学生二〇〇人余り死んだといい、ある者はすでに四〇〇〇人余りが死んだという。具体的な数字はいま私も知らない」(矢吹『天安門事件の真相・上』蒼蒼社、一九九〇年、二一七―二一八頁)。柴玲が語った四〇〇〇人が世界に広く伝えられ、『朝日』も転載したのであるから、『朝日』に誇りをもつ記者ならば、ここから引用するのが筋であろう。しかしながら、アメリカのABCテレビは同年六月二七日に膨大なビデオフィルムを点検した後、「天安門広場における虐殺はなかった」と結論した。日本ではこのニュースを『読売新聞』(六月二九日付)が転載した。首席報道官が「その後死者数に言及」しなくなったのは、この報道を意識したことは疑いない。事件から二年後、活動家たちによって「パリ秘密会議」が開かれた。林澄「天安門事件、パリ秘密会議の全容」(『現代』一九九一年一〇月号、講談社)には、虐殺否定の結論に至った会議の模様が報告されている。柴玲、封従徳、李禄、張伯笠ら天安門事件の主役たち約四〇人が、ドイツ、アメリカ、カナダ、香港、日本など八カ国からパリに集まり、九一年七月一六—二四日、「八九年民主化運動の歴史的回顧と反芻セミナー」を開いたのだ。その会議をルポしたこの文章の中見出しは「大量虐殺報道は事実無根」——六月四日の未明、天安門広場で虐殺があったかどうか、に関して……「伝聞や噂」ではなく「真実だけを述べるという鉄則に基づき、ほぼ全員が自分自身で見たままを忠実に次のように再現したのだ。「あの日、銃剣を構えて戒厳軍が戦車とともに広場に入って来た時、退去せよ！という命令を発して、解放軍は催涙弾を発し威嚇射撃を行った。そして……最後まで広場に残っていた学生たちは命令にしたがって、全員が撤退した」。天安門広場へ続く長安街では至るところで死傷者が出たが、広場内部では大量虐殺を見た学生たちはいなかった。これにより、会議に参加した学生たちは「天安門広場での虐殺は目撃されなかった」点で一致した。そして、今まで盛んに西側で報道されてきた「中国政府の大量虐殺の報道」は、推測に基づく誇大なもので「事実無根」だという共通認識を得たのだった。この共通認識は今回の会議の大きな収穫となった(同誌三一五頁)。

この文章から分かるように、天安門事件の二年後には、柴玲、封従徳、李禄、張伯笠ら天安門事件の主役たち自身が、事件直後の虚偽宣伝を自己批判していたのである。たとえばウルケシは「私はどれだけ死亡負傷したのか、具体的な数字はいいようがない。しかし少なくとも皆さんに言えるのは、天安門広場であの夜死んだのは少なくとも千をもって数える数字であることだ。今回の血なまぐさい鎮圧のなかで、北京では私が思うに万をもって数える数字であることは、いささかも過大ではなく、これはやや控え目な推計だと思う」。このウルケシ証言は台北『聯合報』六月二八日付で報じられたが、彼が広場の撤退局面を目撃していないことは、劉暁波の証言の通りであり、この劉暁波証言の重さをパリ会議の参加者たちは、身に沁みて感じていたはずであり、「歴史に対して責任を負う」劉暁波のスタンスの前に、政治宣伝を重んじて事実を無視する作風を改めたものと見てよい。

では六月三―四日における天安門広場の制圧過程での死者はどれほどか。総理李鵬《リーポン》が八九年九月一七日に訪中した伊東正義に対して語ったのは「死者三一九人」説（軍人を含む）である。この数字に加えて、広場制圧以後の戒厳軍とのゲリラ的衝突や、戒厳軍による事後報復に伴う死者等を含めても、八九年四月から数カ月にわたる民主化運動全体の死者が「千人の大台を超えることはあるまい」。これが私の研究結果であった（『真相・上』第一二章「天安門事件における死者」）。

永持記者は、『アエラ』において「天安門事件を再現する」と称したが、これは途方もない企画だ。矢吹が白石和良や村田忠禧と編集したのは、資料集だけで全三巻、それらを分析した『真相』（上・下巻）、これだけでも五冊だ。当時、大陸で出版された当局側の資料集（たとえば『劉暁波其人其事』など）、香港、台湾で出た資料集などを数えると、ゆうに本棚が一つ埋まるほどの資料がある。『アエラ』が全巻特集を行ったとしても「再現」は難しいであろう。わずか雑誌二ページで、「再現」しようとは、そもそも何を意図したのか、まるで分からない。無駄な随筆を書くよりは、『社内報』の永持記者の旧稿をそのまま再録するのが、まだましというものではないか。

さて、肝心の広場撤退時の模様についてはこう書いている。「空が白み始めた午前五時すぎ、学生たちは毛主席記念堂の方角に向けて、列を組んで撤退した。広場の外での惨事に比べれば、広場の少なくとも記念碑周辺では、結果として流血はなかった。劉（暁波）さんを中心としたリーダーが学生に撤退を促し、当局とも交渉したためだという」（『アエラ』一二五頁）。ここが肝心である。すでに紹介したように、劉暁波のリーダーシップに基づき、侯徳健、周舵が季新国大佐、顧本喜中佐と撤退交渉を行い、逃げ道を開けておいたから、永持記者を含めて、朝日教之カメラマンも、中国の学生同様、生きて広場を離れることができたのだ。永持記者が記者として実見したものは、二〇年前に『社内報』に書いた内容に尽きるようだ。それゆえ、「当時、現地で取材した朝日新聞記者が『そのとき』を再現する」試みにおいて最良の方法は、『社内報』旧稿をそのまま転載して、そのような真実の報道がなぜ新聞本紙に掲載されることがなかったのか、その舞台裏を検証することではないか。ここから逃避しようとする他のいかなる検証も恥の上塗りに陥るほかあるまい。二〇年前に不可解な編集方針を採用し、その後、誤報訂正への努力を一切怠ってきたこの新聞社は、二〇年後の検証においても大失敗したように思われる。

中国知識人批判

繰り返すが、天安門広場の学生たちが無血撤退できたのは、劉暁波ら四人組の非暴力主義と、「ハンスト宣言」に盛られた精神、すなわち銃を構える戒厳部隊さえも敵視しない開かれた精神のため、そして信念を行動に移す強靱な行動力のためである。その劉暁波精神は、建国後、反右派闘争や文化大革命に見られるような、政治権力に易々と屈伏した伝統的な中国知識人の弱さを徹底的に解剖する過程で彼が体得したものと見るべきである。劉暁波は『中国当代知識分子与政治』（邦訳『現代中国知識人批判』野沢俊敬訳、徳間書店、一九九二年）において、こう書いている。「文革が始まったとき、私は十一歳だったが、およそ私が参加できる活動にはすべて全力で参加した。いまでも私は『忠の字舞』のリズムや踊りの動作をまだはっきりと覚えており、毛沢東の語録と詩詞をまだ暗唱できるし、革命に関するスローガンをまだ覚えている」「不思議なのは、文革が終わると、四人組とその仲間を除いて、全中国のあらゆる人が受難者と反文革の英雄になったことだ……まるですべての者がそこに身をおいたこの大災難がわずか数人によってもたらされたかのようであった」（七五頁）。

文革が彼に政治権力の悪を教え、それに屈伏し、迎合する中国知識人の思想的、論理的弱さを教えた。「完膚なきまで」という表現があるが、劉暁波の精神はまさに完膚なきまでの中国知識人批判に貫かれている。いわく「中国の知識人の否定は自分に向けられることがめったになく、もっぱら他人に向けられる」「中国知識人の伝統である自己美化に満ちているが、『愚昧』な大衆への呼びかけが欠けており、人間の個性、権利、自由に対する関心が欠けている」（九頁）。「中国人には由来、誠実で自覚的な懺悔の精神が欠けており、いつもすべての錯誤と責任を他人に押しつけ、成功と栄誉と真理を自分のものとしてきた」（六九頁）などなど。劉暁波がこのように知識人を批判するとき、その対象はたとえば劉賓雁や新権威主義論者、そしてリベラルな思想家として名声の高い李沢厚まで、とどまるところを知らない。劉賓雁『第二の忠誠』は、自らを除籍した党に対してひたすら思いをよせ、二度目の復権を期待しているが、専制者の恩恵による復権を期待することは愚昧の極みを示す心理状態ではないか。専制者が復権させる権力をもつことは、ふたたび地獄に突き落とす権力ももつことだ（三九―四〇頁）と問題を剔抉した劉賓雁批判、そして魯迅の「中途転向」批判も興味深い。「魯迅の三〇年代の雑感文を読むと、誠実、賢明、深刻、独立した知者のイメージが消えて、残るのは個人的損失、私的怨恨、政治的功利だけに拘泥する凡才のイメージである」「狭量で器が小さく、理屈が通らなくなる」、と手厳しい（二二二頁）。

劉暁波が天安門広場で武力鎮圧が行われる直前の六月三日夕刻から広場でのハンストを敢行しつつ、ほとんど指揮系統を欠いて「烏合の衆」と化しつつあった座り込み部隊の無血撤退に貢献した実績、それを歪曲する敵味方双方の動きに対して異議を申し立て、「歴史に対して責任を負う立場」を明言したことは、私を深く感動させ、私は仲間とともに『チャイナ・クライシス重要文献』全三巻等を編集し、その後『保守派vs.改革派・中国の権力闘争』などで、劉暁波の思想と行動に着目してきた。八九年の民主化運動に対して、劉暁波の思想と行動が当局をいかに驚愕させたかは、当局が事後に編集した『劉暁波其人其事』（中国青年出版社、一九八九年九月）などを読むと、よく分かる。劉暁波のチョー過激な発想のインパクトが当局をいかに戦慄させたかがこの本の劉暁波批判の文言から逆に浮かび上がる。その衝撃度は明らかに、物理学者方励之や政治学者厳家其、そして有名作家劉賓雁の党内改革派による政治批判のレベルをはるかに超えていた。これらの伝統的知識人のタイプに属する人々が事後に海外に亡命したのに対して、劉暁波がそれを拒み、投獄を甘受する行動に出たことも、伝統的知識人批判の一面としてとらえることができよう。

事件から二〇年後の今日、亡命した知識人は、ある者は高齢で死去し（劉賓雁、蘇紹智など）、ある者は生活のために運動を離れ（李禄など）、海外にあって運動を続けている者も、その影響力は限られている。

天安門事件という劉暁波の原点

今回、劉暁波にノーベル平和賞が授与されたことについて、あるいは劉暁波その人について、さまざまの見方、論評が行われている。ここで私が最も違和感を感じるのは、天安門事件当時の劉暁波の発言と行動こそが彼の真面目であるにもかかわらず、その局面からのみ理解できるはずの彼の姿を直視せず、彼の書いた文章の断面や、彼をとりまく周辺の関連情報から、彼の印象をこねまわし、評価したり、くさしたりする傾向である。

天安門広場の制圧という、自らの死が予想される局面に、あたかも火中の栗を拾うがごとく飛び込む、(一見ドンキホーテ的)行動力とそれを支える精神こそが彼の真面目である。一見、味方陣営に不利と思われるような証言でさえも、「歴史に責任を負う」立場から、ためらわずに真実を語るのが、彼の知的誠実さであり、これは政治権力に屈伏し続けてきた中国知識人を批判しつつ、自らは別の生き方を選択した若者の決断と見るべきものであろう。彼は元来中国文学を専攻しており、単なる西欧文化崇拝主義者などでは断じてない。中国史における政治と文学、知識人の権力への抵抗と屈従を見据えたうえで、特に中国共産党の支配下の知識人の生き方を批判しているのではないか。「狂人」や「狂犬」と罵倒されたが、罵倒された劉暁波が狂人なのか、それとも罵倒した当局側が狂人なのか。それを明らかにするのが歴史の審判であり、その歴史の法廷の前に誠実でありたいとするのが劉暁波の精神だと私は理解している。隣国の一年金生活者には、その精神を共有できるほどの意欲も体力もないが、せめてその姿を正しく理解する努力だけは怠らないようにしたい。私の立場はその程度のものにすぎない。

ノーベル賞受賞の当面の影響

ノーベル平和賞の選考委員会が劉暁波の思想をどこまで理解しているかは分からない。単に反共の立場から彼を支援する者もいよう。あるいは国連人権宣言の趣旨を中国で実現するために奮闘する勢力を支援する人権擁護派もいよう。平和賞の賞金に着目して、近づこうとする、さもしい輩もいよう。嫌中感の捌け口として、中国への嫌がらせのために劉暁波を語る者もあろう。平和賞受賞が逆に劉暁波たちの活動をかえって制約するのではないかとの懸念もあろう。

複雑きわまる現代世界において、特有の存在として世界と交流する中国という国家の位相、その中国で国家転覆を図った政治犯として囹圄の身となった劉暁波の受賞がさまざまの側面をもつことは当然である。少なくとも劉暁波夫妻とその国内の仲間たちにとって励みとなることは明らかであり、私自身は大いに受賞を歓迎する。特にその賞金を天安門事件の犠牲者の慰霊に捧げたいとする発言にも共感する。

とはいえ、受賞が中国政治の民主化に直接的に貢献するかどうかについての、中国研究者としての判断をいえば、否定的である。一つのエピソードをあげておきたい。それは五〇〇名老幹部の署名した「温家宝総理宛の公開書簡」の運命に、その一端が浮きでている。二〇一〇年一〇月一五—一八日の五中全会を前にして、中国共産党の党内改革派李鋭《リールイ》、胡績偉らを筆頭とする五〇〇名の老幹部たちは、「温家宝総理宛の公開書簡」を準備していた（編集部注——本書「共産党老幹部による全国人民代表大会宛公開書簡」参照のこと）。

そこには八個条の「建議」が書かれていた。①メディア機関の「主管単位」をやめて、「主弁単位」が独立して責任を負うものとする。社長・編集長責任制を実行すること。②記者の「無冠の王」としての地位を尊重し、役人の汚職腐敗摘発を保護し支持すること。③メディアが省を越えて世論監督を行うことへの禁令を取り消し、中国記者が全中国の領土を訪問する権利を保障すること。④インターネットは公民の意見交流の重要なプラットフォームであるから、国家機密と公民のプライバシーを除いて、ネット管理部門はみだりにネットを削除したり、制限してはならない。「五毛党」をやめ、「壁を乗り越える」技術への制限をやめること。ここで「五毛党」とは、市民の中からネット警察への協力者をつのり、摘発一件につき「五毛」を与える密告者奨励システムである。「壁を乗り越える」技術の原文は「翻牆」であり、当局によるネット規制の壁（ファイアウォール）を乗り越えて通信の自由を確保しようとする行為である。⑤党史にタブーなし。中国公民は共産党の罪や過ちを知る権利がある。大陸で出版された辛子陵著『千秋功罪毛沢東』と楊継縄著『墓碑』の二冊をマスコミやネットで公開討論し、毛沢東の功罪を改めて評価する自由を認めよ。⑥『南方週末』と『炎黄春秋』を民営雑誌の試みとして認め、政治改革の方向を模索しよう。政府とメディアがいずれも共産党によって支配されていることが過ちの根源であり、これは民主国家では許されない。⑦すでに祖国に復帰した香港、マカオの書籍を大陸で公開発行することを許可すべきである。中国はWTOに加盟し経済上は世界と一体化したが、文化上は鎖国しているのは、改革開放の既定方針に合わない。⑧各級宣伝部門の職能を「不許可」制定部門ではなく、メディアの世論監督機関に改め、悪名高い「宣伝部」の名を世界の潮流に符合した新しい名に改めること（江迅「諾貝爾衝撃政改中共老人公開信幕後」『亜洲週刊』二〇一〇年一〇月二四日号）。

以上の八カ条は、きわめて具体的な提案をもって、五中全会に向けて発表されたもので、メディア改革と政治改革の現状がよく分かる文章だ。ところが、この提案は、劉暁波に対するノーベル平和賞授賞騒動で、吹き飛ばされてしまった。ノーベル平和賞が劉暁波および彼に代表される民主化運動の闘士たちに与えられたのは、中国の人権抑圧状況に世界の耳目を向けさせ、民主化を激励する一助になることが期待されていたが、現実の政治の場では、国内で民主化のために具体的な行動を起こそうとする人々にとって役立つどころか、それをある文脈で覆い隠す役割を結果的に果たすことになったのは、なんとも皮肉な成り行きだ。ノーベル平和賞は、遺憾ながら少なくとも短期的には、中国当局による引き締め策の口実として使われることにしかならないように見受けられる。

これが劉暁波受賞の当面の直接的帰結である。この文脈で、ノーベル平和賞は弾圧の口実にされただけに終わりそうな雲行きである。しかし、一粒のタネを蒔いておけば、やがて芽が出て実を結ぶ可能性も生まれよう。どのような芽が出て、どのように実を結ぶかをいま具体的に展望できるような視界はゼロである。

劉暁波を投獄した政治権力の腐敗は腐敗を呼びつつ深まっている。零八宣言への署名者は数千にのぼるが、起訴されたのは劉暁波ただ一人だ。日本の農民一揆において指導者だけを死刑とし、他は無罪放免するやり方に似ている。「殺鶏儆猴」(一人をこらしめ、他人の見せしめとする)やり方そのものだ。「腐敗の高度成長」は、経済の高度成長を上回るほどに激しい。「春闘なき高度成長」は、労働分配率を劇的に低下させ、勤労階級の怒りを招いている。政府当局に対する怨嗟の声は巷にあふれる。土地を奪われた農民やチベット人など少数民族、エイズ被害者や毒粉ミルク事件の被害者、キリスト教の家庭教会や法輪功などの弁護活動を行っている人権派弁護士に対する当局の弾圧は、劉暁波ら知識人の運動に対するものと比べてはるかに厳しいように見える（矢吹晋『図説　中国力——その強さと脆さ』蒼蒼社、二〇一〇年、一八九頁）。

こうして中国社会には欲求不満のガスが充満しているように見受けられる。しかしながら権力は、「誰かが倒さなければ」、すなわち倒すために動く組織がなければ、自然に倒れることはありえない。中国共産党は打倒されるにふさわしいほどの存在に堕落しているが、対抗勢力（countervailing power）は目下存在しない。腐敗は進むが、倒す勢力、受け皿は見当たらない。これが現代中国の根本問題であり、悲劇のありかであろう。

「天安門の母たち」と劉暁波

丁子霖《ディンズゥリン》・蒋培坤《ジャンペイクン》

劉燕子訳

「08憲章」と六篇の文章という「罪状」

「ぼくが取り組んでいる事業は正義であり、中国は必ず自由で民主的な国家になり、すべての人々が恐怖のない陽光の下で生活する日が来ることを確信している。そのためにぼくは代価を払っているけれど、悔いも怨みもない。独裁体制の国で自由を追い求める知識人にとって、監獄は自由への第一の関門だ。ぼくはもうこの関門を通過した。自由はそれほど遠くはないだろう。」

——劉暁波が二〇一〇年一月四日に弁護士と面会したときの談話

この二〇年間、私たちの身近にいて、苦しみを共に分かちあった学生や友人が、一人また一人と中共当局に拘束・投獄されてきました……。例えば、魏京生《ウェイジンシェン》、王丹《ワンダン》、江棋生《ジァンチィシェン》、高瑜《ガオユ》、劉念春《リュウニェンチュン》、童屹《トンチィ》、徐《シュウ》文立《ウェンリィ》たち。他にもいますが、身の安全を考えて、ここではお名前を挙げることを控えます。その方々の中には、出獄後、中共に追放され海外に亡命した方もいれば、国内に踏みとどまっている方もいます。たとえ天地の果てまで流浪しても粘り強く闘い続ける方もいれば、生計を立て生活を安定させる道を歩む方もいます。いずれの場合でも、私たちはその選択を尊重します。

そして、私たちが最も心配で気がかりなのは劉暁波さんです。それは、彼が一一年の実刑を言い渡されただけでなく、とても親交を深めてきたからです。とりわけこの十数年来、私たちの人生の苦しい旅路で、暁波さんご夫妻はなくてはならない親友になっていました。しかし、一枚の判決文は、暁波さんを、奥様や友人たち、そして、私たちのそばから言われもなく奪い去ったのでした。この苦しみと悲しみは二〇年余り前に息子を奪われたときと同じで、とても耐えがたいものです。

日々、私たちは悲しみ、憤り、過去を思うときも、将来を考えるときも、いつも暁波さんのことが頭から離れません。暁波さんは人を驚かす偉大で壮烈なふるまいをしたわけではありません。ただ身近にいる勤勉で誠実でまじめな読書人に過ぎません。彼はどのようなことでも根気よく続け、少しずつ積み重ねて、胡適先生が言われたように「無窮の真理を恐れず、一寸進めば、一寸喜びを得る」を信じています。まさに一日に一分進み、一月に一寸進むという強靭な持続力こそ、今日において暁波さんが最も評価されるべきことです。しかし、これは二〇年にわたり様々な挫折や試練を乗り越え、辛酸をなめ尽くした末に習得した資質であり、生きる上での揺るぎない信条なのです。暁波さんは「六・四の大惨事〔天安門事件〕」のときと比べてまるで別人のようになりました!

暁波さんは、一度見極めたならば、傍観も、動揺もしませんでした。たとえテコでも動きませんでした。

彼は一つの信念を持って、次のような時事評論を書いていました。

「中国が現代的な文明社会へと転換するプロセスは紆余曲折のある漸進的なものとなるのは必然で、時間的にも先が見えないほど長期に及び、もしかしたら、その期間は最も保守的な見方による推測より長いかもしれない。そして、このような現状を踏まえて中国の政治体制を改革するためには、目先の利益を求める性急な計画や綱領や行動は、まったく実現しがたい空中楼閣に過ぎない。」

また、暁波さんは、次のように提起しました。

「私たちは非暴力で理性的に異議申し立てを行い、政権の奪取などを目的にせず、尊厳ある人間が認められる社会の建設に力を注ぐ。また壮大で全体的な改革を目標とせず、日常生活で自由を実現し、生活の細部において思想を啓蒙し、言論を表明し、一つひとつ具体的に人権擁護のために提訴し、『民間』における道義的な資源や組織的な資源を積み重ね、さらに『碁を打つ』ように一進一退の交渉を行うことで経験も蓄積する。」

「自由主義の価値を放棄せずに堅持し、寛容を原則として実践し、多方面に対話を呼びかける。こうして民間において異なる声や異なる選択肢が現れる。声が低いが着実に抵抗することは、声高く真正面から抵抗する声を補充でき、これは一つの手段と見なすことができる。体制の内外の立場を問わず、上から下への推進力であれ、下から上への推進力であれ、互いの発言権を尊重し、最終的に転換の筋道に関する共通認識を民間で形成し、より有効な進め方を得ることに貢献できる。」

すでに二一年前の「八九天安門民主化運動」の後期、暁波さんは「六・二ハンスト宣言」を発表し、次のような論点を提出していました。

「我々は平和的な方式で中国の民主化の歩みを推進することを主張し、いかなる形式の暴力にも反対する。〝我々には敵は存在しない。憎しみと暴力で我々の知恵と中国の民主化の進展を毒してはならない！〟」

このように、暁波さんは今日に至るまで変わることなく〝平和的な方式で中国の民主化の歩みを推進すること〟を堅持しており、〝暴力をもって暴力に替えること〟には賛成しません。個人の暴力的な復讐であれ、集団の暴力的な報復であれ、いずれも政治的転換という問題の解決にはなりません。中国では古代から今日まで政権交代の歴史はすべて〝暴力をもって暴力に替えること〟であり、近代に至っても「政権は銃から生まれる」という奇怪な悪循環から逃れることができていません。たとえ暴力革命が偶然に成功しても、権力者の座に就く者が旧来の独裁体制の道を歩まないという保証はありません。

そして、二一世紀の今日、世界の人々は暴力を手段とするとコストが極めて高いことを実感しています。不法な暴力の行使は言うまでもなく、たとえ「合法的」な暴力でも、やはりコストが高いのです。社会制度の変革のために、もし暴力を選ぶならば、社会的な代価は高すぎるだけでなく、往々にしてその結果は反対になります。〝暴力をもって暴力に替える〟という政権交代の方式はもはやまったく時代錯誤になりました。非暴力による交代こそ、人類文明の道義的な原則に合致し、また社会発展の効果という原則にも適っており、いよいよ世界的な趨勢になっています。

暁波さんは、最近五年間の時事評論の至るところで、このような議論を示しています。彼に罪を着せるために苦心して選ばれた六篇の文章と「08憲章」の中でも、このような議論がいくつもあります。しかし、不思議なことですが、彼に罪を訴える者は、どうして容易に分かるこの議論を見過ごすのでしょうか？そして、全く事実無根のことを捏造し、公然と次の結論を出すのです。

「被告人の劉暁波は、我が国の人民民主独裁〔原文は人民民主専制〕と社会主義制度への不満から……デマ、誹謗、あるいはその他の方法で政権の転覆を煽動し、社会主義制度を転覆する。」

しかし、暁波さんのいわゆる〝罪状〟は、どれも文章を書き、言論を発表したという範囲内のものです。一体どのようにして言論という側面から動機や効果を推論し、「政権の転覆を煽動」するということになるのでしょうか。

まさに典型的な「罪を着せようとすれば、口実に心配することはない〔欲加之罪、何患無詞「左伝・僖公十年」より〕」というものです。これは決して司法の裁判ではなく、完全に政治的な裁決です！ 今、劉暁波さんは上訴しましたが、結果は予想できます。きっと「原判決を維持する」に違いありません〔二審で一一年の重刑が確定〕。

後列、左から、余杰、劉暁波、劉敏（余杰夫人）、劉霞
前列、左から、蒋永彦、蒋培坤、丁子霖
撮影は、2006年1月、北京にて

それでも上訴を行うのは、ただ中国の司法が不法だということをさらに明るみに出し、また、彼に着せられた罪状が荒唐無稽であることを、再度証明するためです。これにより、人々はこの茶番劇の終幕をはっきりと観ることができるでしょう。

暁波さんの裁判はまもなく結審します。それを前にして、私たちの脳裏には南唐の李煜の詞〔詩と区別される〕がときどき浮かんできます。

「たち剪《き》りて断たれず／理《とと》のえて還《ま》た乱るるのは／是れぞ離《わか》れの愁い／別に是れ一般の滋味の心頭に在り」〔『中国詩人選集』第一六巻・李煜、岩波書店、一九五九年、二七—二八頁〕

私たちの心情は、まさにこのとおりです。思い起こせば、暁波さんと出会い、親交を深めてからもう二〇年になるでしょう。この間、たくさんの大切なことが積み重なってきましたが、置いたままで整理しきれていません。ですから、この小文は、つながりが不完全で、欠落や遺漏も多いでしょう。

暁波さんとの出会い

私たちが暁波さんと親交を始めたのは一九八〇年代からでした。当時、彼は才気煥発で、「ダークホース（黒馬）」と呼ばれて中国の文壇に躍り出ました。暁波さんは、当時の出会いを回顧して、次のように語りました。

「蒋先生と知りあったのは、自分の専攻が先生の専攻に通じるからだった。八〇年代の大陸では、一時の美学ブームが持続していて、朱光潜先生と宗白華先生の昔の美学書が〝暗黒の世界を抜け出し再び脚光を浴び〟、李澤厚先生と高爾泰先生の美学新論が文化界と大学を一世風靡し、……美学研究も学術研究において注目される研究テーマになった。大学教授の中では、上海の復旦大学の蒋孔陽先生、山東大学の周来祥先生、中国人民大学の蒋培坤先生、北京大学の楽黛雲先生が著名な美学研究者であった。ぼくは当時、北京師範大学で文芸学を専攻する院生で、西洋の美学や中国古典の美学を一所懸命に学ぶだけでなく、同時代の中国の諸学派の美学論も読みあさった。もちろん、その中で蒋先生の論考も拝読した。蒋先生が美学界で声望があったからこそ、ぼくの『美と人間の自由』と題した論文審査では、九名の口述試験委員会の一人として参加を依頼されたのだ。」

暁波さんが博士論文を執筆していたとき、蒋〔丁の夫〕は、彼の指導教官から依頼され、論文指導に協力しました。あれは一九八八年の春のころでした。暁波さんと蒋は考え方が合い、学問観も近いため、話しあうことが次第に増えてきました。論文の口述試験が終わってから、蒋は委員長の王元化先生といっしょに正式に論文評価報告書を書き、推薦しました。

ここで指摘しておかなければならないのは、当時は「反自由化キャンペーン」の最中で、暁波さんは名指しで批判を受けていました。国家教育委員会の何東昌《フゥドンチャン》主任から見れば、彼のような自由主義者は博士の学位にはまったくふさわしくありません。そのため、口述試験のとき、腹心を傍聴させました。しかし、委員会はこれに少しも影響されず、この「問題児」のような院生の論文をスムースに合格させました。

もしかしたら偶然かもしれません。あのころ、暁波さんは、人民大学構内の私たちの住まいに来たとき、受難した息子の蒋捷連《ジァンジェリエン》と何回も会いました。連君は放課後に帰宅したときは、いつもきちんと挨拶してから、自分の部屋に入り、宿題をしました。暁波さんはきっと憶えていることでしょう。

その後、暁波さんは出国し、しばらくしてから帰国しました。それは「八九天安門学生運動」の後期のことでした。まもなく、「六・四」の銃声が響きわたり、連君が受難し、暁波さんが投獄されました。

暁波さんは、出獄後に、指導教官から連君の訃報を聞きました。その年の六月一日、暁波さんは「指導を受けた学生として、また罪悪感を背負う後輩として」私たちの家にやって来ました。あの日、彼はTシャツを着て、画布で作ったショートパンツをはいていました。彼は、連君の遺骨が埋葬されず木製の戸棚に納められ、生前使っていたベッドに置かれているのを見て、驚きました。

暁波さんは、蒋から連君が学生運動に身を投じ、受難した経緯を聞くと、外に出て、三〇分後に一束の花を手に戻り、連君の霊前に捧げ、泣き崩れました。私たちも悲しみに胸が痛みました。

二日後、暁波さんは再び訪れ、徹夜して綴った詩「十七歳へ」を連君の霊前で読みあげましたが、悲しみで声が詰まり、最後まで読みきれないほどでした。この詩には、次のような前書きがあります。


「君は親の制止にさからい、家のトイレの小さな窓から飛びだした。旗を差しあげたまま倒れたときは、まだ十七歳だった。ところがぼくは生きのびて、もう三十六歳だ。亡き君の霊に顔を向けて生きるのは罪深く、さらに君に詩をささげるのは恥ずかしい。生者は口をつぐみ、墓の訴えに耳を傾けるべきだ。君に詩をささげる資格など、ぼくにはない。君の十七歳はすべての言葉と人が作ったものを超越している。」(『天安門事件から「08憲章」へ』藤原書店、二〇〇九年、二一七頁)。


私たちは、この詩をずっと大切にしまっています。紙はもう黄ばんでいますが、筆跡は依然としてはっきりとしています。

二年後、私たちは、暁波さんが台湾の『中央日報』で発表した「我々は自分の正義に圧倒された」というタイトルの長文の論文を読みました。今、この論文のコピーが見つかりませんが、当時の運動の参加者たちは傲慢に自分たちだけが正義を握っていると思いこみ、自らのまちがいを反省しなかったため、最終的に運動を失敗へと導いてしまったと自己批判されていたことを憶えています。また、当時の広場では様々なデマやうわさが至るところに流れて、それを根拠にしたことなども反省されていました。

　今から見れば、暁波さんの八九民主化運動への反省は筋道が通っているかもしれませんが、その文面は厳しく、激しいものでした。私たちは「六・四」受難者の家族として心の中は大虐殺への憤慨であふれていましたから、このような文章を目にすることは辛いものでした。とりわけ、彼が出獄した後に初めて訪れ、連君の霊前で泣き崩れたことや、「十七歳へ」という長詩を思い起こすと、なおさら受け入れられませんでした。

　しかし、それぞれが自分で選択するという原則に従い、私たちは個人的にも、公の場でも彼と議論し、批判することはありませんでした。それでも、彼の指導教官と、一部の親友を通して伝言しました。


「これからはもう家に来ないでください。再び心の傷に触れたくありませんから。」


　一九九五年、国内の民間有識者の一部が「腐敗に反対する提案書――八回人大と三中全会」と「血の教訓に学び民主と法治の発展を推し進める――〝六・四〟六周年の呼びかけ」を発表しました。その結果、王丹《ワンダン》さんは再び投獄され、劉念春《リュウニェンチュン》さんは「労働教養〔行政による処罰だが、司法手続きなしに自由を剥奪され強制労働に従事させられる〕」という流刑に処され、暁波さんも半年以上秘密裏に拘禁されました。そして、釈放後、暁波さんは、江棋生《ジァンチィシェン》さんを通じて「先生たちに会いたい。何とか反省する機会を与えてください」と言ってきました。私たちは承諾しました。

　一九九六年の夏、ある日の夕食後、暁波さんは訪ねてきました。丁は冷淡に対応し、ただ「何年も〝六・四〟

受難者の家族を訪ね、〝劫〟の後の苦しみや痛みをあまりにも多く目の当たりにして、感情的に抜け出せなく、文章で書かれた考え方を受け入れられません」と簡単に説明し、寝室に入り、休んでしまいました。でも、蒋は暁波さんと長く話しました。その大半は雑談で、深夜の一二時過ぎに彼は帰っていきました。それ以来、蒋には暁波さんとのわだかまりが次第になくなりました。そして、暁波さんに、他人と共同署名で書かずに、自分の考えを自分の名前で書くように言い聞かせました。暁波さんは、これにうなずいていました。

しかし、「劉暁波」はさすがに「劉暁波」です。彼は意地っ張りで、頑固で、負けず嫌いです。実は、先に述べた談話のときも、彼は釈明せず、さらに反省もしませんでした。彼は自分がまちがっていたとは思っていませんでした。その後、私たちに届けられた手紙で、彼は次のように書いています。

「先生たちを含めて、何人もぼくのことを否定的に見ていることを知っています。でも、ぼくは先生たちの行動に心の底から敬服しています。少しも先生たちに怨みや不満など抱いていません。何故なら、ぼくは真心から先生たちと理解しあい、信頼しあえると信じています。——ぼくはただ真心をもって霊前に向かいます。先生たちと心と心を交わしあえば、必ずごいっしょにやることができます。」

暁波さんは、真心をもってすれば、自分が理解され、信頼されると確信していました。

それから、私たちは南の無錫に帰郷しました。秋のある日の夕方、私たちは外国のマスメディアを通して知りました。劉暁波さんが、一九九六年一〇月一〇日、広州の王希哲《ワンシィズゥ》氏と「双十宣言」（中台の統一、チベット問題の解決、全人代の健全化などを提起）に共同署名したため、北京の恋人の自宅から連行され、即座に「労働教養三年」の刑に処せられました。王希哲氏はアメリカに亡命しました。

この逮捕に私たちはとても心を動かされました。何故なら、まだ彼にわだかまりを持ちながら、しばらく前に共同署名などしないように説得したのに、また敢えて行い、投獄されたからでした。私たちは「どうしてなのだろう？　何故このように意地を張り、ここまで考えを堅持するのだろう？」と思いました。

その後、暁波さんは獄中でとても控えめにしていました。ただ劉霞さんと獄中結婚し、正式に結婚届を提出しました。政府側はこれを認めました。こうして劉霞さんは妻の身分で毎月北京から大連に行き、監獄で面会ができるようになりました。苦難を共にしてきた恋人たちが、このように特別なかたちで獄中で結ばれました。

虐殺の証人として立ち、正義を追求する

獄中結婚から三年が瞬く間に過ぎ、暁波さんの苦難を耐え忍んだ獄中生活が終わりました。一九九九年一二月三一日、二十世紀最後の大晦日に、私たちは暁波さんと再会しました。彼は妻の劉霞さんと家に来て、いっしょに大学構内のレストラン「楽楽」で食事をしました。そのとき、私たちは彼の三回目の投獄の後に初めて会ったわけですが、劉霞さんとは初対面でした。彼女は純真で、やせて弱々しいという印象でした。

彼女は言葉数が少なく、ヘアスタイルはショートカットで、四十前でしたが髪の毛に白いものがかすかに見えました。一人のか弱い女性が、妻という法的な身分がないときも恥辱を耐え忍び北京から大連の監獄の間を往復していました。その歳月を思うとき、普通の者ではできないことだと感じました。そして、

私たちは劉霞さんに情愛や憐憫を抱くようになりました。これも一つのご縁でしょう。
暁波さんも、その時のことを次のように書いています。みな劉霞さんに関することです。

「別れるとき、丁先生はぼくに劉霞を大切にし、無鉄砲に行動して、劉霞を独りにして、〝心の監獄〟というかたちの監獄に入れたりしてはいけないと繰り返し言い含めた。ぼくはとても感動した。これこそ私たち夫婦に対する本当の思いやりである。政治犯の妻の苦難は、政治犯本人に優るとも劣らないどころか、もっとひどいものがある。丁先生の劉霞への思いやりがぼくに対してよりも大きいのはどうしてだろうかと、ぼくは時々考える。きっと丁先生ご自身の長年の体験から来ているのに違いない。先生は、最愛の人を失った遺族たちの苦しみをあまりにも理解しているからだ。」

お別れするとき、私たちは『虐殺の証人として立ち、正義を追求する』という八つ切り版冊子を暁波さんご夫妻に渡しました。その中には一五五名の犠牲者の名簿、略歴、顔写真、そして二五篇の「採訪実録」が収録されていました。そして、もう一度「劉霞さんを大切にしてね」と言い含めました。

暁波さんたちは帰宅すると、この冊子を隅々まで読みました。読後の感想や体験として、暁波さんは「墳墓から来る震撼」を書いています。

「家に入ると、取るものも取りあえず、大急ぎで『虐殺の証人として立ち、正義を追求する』の頁をめくり、読み始めた。第一頁から、ぼくの目はうるみ、涙が浮かんだ。ぼくは涙を飲み込みながら、劉霞に読み聞かせた。段落を少し読んだだけでも言葉に詰まり、中断した。どれほど中断したか、数えきれないほどだった。中断するたびに、沈黙は死のように静まりかえり、犠牲者の霊が地下から無実の罪を着せられたと慟哭するのが聞こえてきた。とてもか細く、はかなくて、心と胸が引き裂かれた。

先生お二人に心から感謝する。人々が柄にもなく気どっていた、あのミレニアムの夜を、ぼくと妻は特別なかたちで過ごすことができた。ぼくたちの家の近所では、盛大で華麗な儀式が行われていた。それに比べて、この夜、ぼくたちは犠牲者の霊とともにいて、だからこそ内心から癒され、落ち着くことができた。ぼくと妻は、これこそ最も有意義なミレニアムの夜だと実感した。

そして今、ぼくがパソコンの前で〝六・四〟を祈念する文章を書くとき、耳のそばで依然として犠牲者の霊の声なき呼びかけが聞こえてくる……。この一〇年間、ぼくは絶えず罪悪感にさいなまれてきた。秦城監獄で、ぼくは犠牲者の霊を裏切り、反省文を書いた。出獄してから、ぼくは〝悪名高い〟ので様々な方面から心遣いを受けたが、しかし、多くの一般の受難者、今もなお投獄されている無名の人々は、何も得られない。これらを考えると、ぼくは自分の魂の奥底を一目でも見ようとする勇気がなくなる。そこにはあまりにも多くの臆病、エゴ、嘘、破廉恥があるからだ。

あの日、多くは話さなかったが、心の底から真摯に交流できた。一九八八年、蒋培坤先生は、ぼくの博士論文の口述試験の委員だった。あの時、ぼくは先生のお宅を訪ね、お二人を先生とお呼びしたが、それはまだ礼節のためであったと言える。しかし、お二人の『虐殺の証人として立ち、正義を追求する』の文章を拝読して、心底から尊敬する恩師となった。——知識の上だけでなく、人格的な意味である。ぼくは地下の霊と二人の恩師に切に願う——どうか学生の資格などない者ですが、この尊敬をお受けください。――精神の震撼する謙虚と畏敬をもって。」

確かに、暁波さんの獄中における態度はとても控え目でしたが、それは外部〔マスメディアなど〕にアピールなどしないということで、決して当局に屈服せずに刑期を満了し、出獄し、家に帰りました。今から考えると、この三年の投獄生活は暁波さんご本人と劉霞さんの後半生に極めて大きな影響を及ぼしていると思います。

「天安門の母」ノーベル平和賞推薦の呼びかけ

二十一世紀になりました。二〇〇八年一二月八日に暁波さんが再逮捕されるまでの九年間、私たちは暁波さんご夫妻とのおつきあいが日増しに多くなり、彼をとても身近に観察し、理解を深める機会が増えました。

大連の監獄から釈放されてから、暁波さんは変わったと感じました。以前と比べて上調子で言いふらすような感じが減り、着実で穏やかな雰囲気が増しました。表裏がなく、ありのままに生きるようになりました。まことに高く評価すべきで、三年の獄中生活における読書と思索の成果でしょう。

暁波さんご夫妻は『美人から贈られたしびれ薬』〔王朔、老霞〔劉暁波のペンネーム〕『美人贈我蒙汗薬』長江文芸出版社、二〇〇〇年〕という本を持ってきました。これは「老侠」というペンネームを使う王朔《ワンスゥ》さんとの共著です。出獄したばかりで、生活が苦しいので、王朔は自分の原稿料をくれたと言っていました。

また、しばらくしてから、お二人が一枚のモノクロ写真を持ってきました。写真では、二つの西洋人形が一面に広がる燃えるろうそくを見つめていました。一つの人形は頭を垂れ、もう一つは目を大きく見ひらき、口を開けて喚声をあげているか、あるいは泣き叫んでいるようでした。その悲しみ憤る表情は、見る人の心を引き裂きました。これは明らかに「六・四」のための作品でした。

「これは劉霞の作品です。ぼくが投獄されていたとき、家で撮影したものです。ぼくは、出獄後に妻のために個展を開きました。あるアメリカ人のおばさんが、この写真を一目見て、感動の涙を流し、その場で購入してくれました。全部で二枚制作したので、小さな方ですが、先生の祈念のためにお受け取りください。」

私たちは、この写真を連君の霊前に置きました。形のないリボンで天安門の犠牲者の霊、投獄された者、受難者の家族がしっかりと結びつけられているようです。繊細な感性を持つ劉霞さんに感謝します。また、顔も知らないですが、アメリカ人のおばさんに感謝します。彼女は、この写真の意味を分かっています。このころから暁波さんは頻繁に我が家に来るようになりました。

他方、「天安門の母たち」のグループは多くの困難に直面するようになりました。スノー夫人〔エドガー・スノーの妻〕が北京を訪れ、丁子霖に会おうとしましたが、厳重に阻止されました。「全美学自聯〔一九八九年七月成立の全米中国学生自治連合会〕」の陸文禾《ルウウェンウ》が、「六・四」受難者への寄付金を持って入国しましたが、上海で勾留されました。さらに、蘇氷嫻《スウビンシェン》女史が病没しました。「天安門の母たち」にノーベル平和賞への呼び声があがったときでした。

二〇〇一年一月に蘇氷嫻女史が急逝し、受難者の家族はみな驚き、呆然としました。私たちも、暁波さんも、蘇さんご一家の心痛む悲しみをともにしました。暁波さんはお電話で弔意を表し、また悲しさと憤りを込めて「蘇氷嫻女史に捧げる――〝六・四〟一一周年祈念」と題した長詩を書きました。

先生、急逝の訃報が伝わったのは
北京では珍しくなった大雪が降っていたときだった
それは汚らしい北京を
偽りの美しさでカモフラージュした

天安門広場を警備していた武装警察が
革靴で
一人の子どもが積み重ねた雪だるまを
粉々に蹴飛ばした。

ぼくは一一年前を想い出した
先生のお子さんは
この雪だるまのように

罪悪の銃弾により
打ち砕かれた

銃声が響いた後
恐怖は人々の頭に
盗聴器を設置した
嘆き悲しむ涙声も録音された

……
死について
ぼくが語れることはわずかだ
君が死の直前に投げかけたまなざしが
もたらす震撼は
末日の審判に
劣らない

二〇〇二年一月一〇日、全米中国学生自治連合会は、「天安門の母たち」の支援者の呼びかけに応じて、二〇〇二年度ノーベル平和賞に推薦する署名活動を行いました。暁波さんは、「『天安門の母たち』に与えられるべき栄誉」という文章で、謙虚に敬意を以て「天安門の母たち」が二〇〇二年のノーベル平和賞を受けることを力の限り支持すると述べるとともに、国内で八人の学者から支持の文章を集めました。暁波さんの呼びかけは海外の多くの方々にも支持され、「天安門の母たち」グループが長年にわたって続けてきた抵抗の実践が次々に紹介され、これを通して広く知られ、また関心が寄せられるようになりました。

丁・蒋の遺言

二〇〇三年末、蒋は過度の心労で心臓の冠状動脈の病から発作に見舞われ、ただちに病院に運ばれて、緊急手術を受けました。入院中、暁波さんは何度も見舞いに来て、蒋に知識人や民主運動の状況について懇切丁寧に説明してくださいました。手術の当日、暁波さんは張祖樺《チャンチウフォワ》さんと朝早くから病院に来て、蒋を折りたたみ式ベッドから下ろし、病棟の上層階から一階まで、さらにくねくねと折れ曲がった廊下の奥の手術室まで運び、さらに、手術が終わるまで、丁のそばにずっと付き添ってくれました。そして、手術後は、蒋を特別看護室に運んでくれました。私たちはとても深く感動しました。

ここで特筆すべきは、蒋の入院中、暁波さんは、私たちがかねてより敬慕してきた友人の包遵信《パオツウンシン》さんを連れてきたことです。お会いする前からご高名はよく知っていましたが、面識はありませんでした。そして、暁波さんは包先生としばしば見舞いに来て、私たちはじっくりと語りあうことができ、こうして私たちは莫逆の誼を深めました。

私はもっと早くお会いできればよかったのにと思いました。包先生と最後にお会いしたのは、二〇〇七年七月一六日、延慶の下営村でした。今、包先生は世を去り、遠くに行かれています。また、暁波さんとも会えなくなりました。旧友の中のお二人と会えない心痛と苦しさは深いもので、まことに言葉になりません。

蒋は病気のため、前より大分衰えて、弱くなりました。そのため、暁波さんは何度も「まだお元気なうちに、適切にインタビューできる者、あるいは聞き手を見つけて、対話の方式か、録音で、人生の回顧録を急いでまとめましょう」と提案しました。そして、必要なら自分も手助けできますと、自己推薦までしてくれました。私たちは暁波さんのご好意を受けとりましたが、もっと緊迫した仕事があるため、幾度も延期しました。しかし、今はもう老いと病で弱り、もしかしたら今生では完成できないかもしれません。

あの頃、毎年、春と秋に私たちは南の「連園」〔丁・蒋の自宅〕で過ごすことにしていました。無錫でも地元の「国安〔国家安全部門〕」に監視されましたが、北京よりも煩わしくなく、まとまった時間に集中でき、心を静めて本を読んだり、文を書いたりできました。暁波さんご夫妻は何回も「連園」にまで足を運び、数日泊まったりしてくれました。

「連園」でのおしゃべりは実に楽しいものでした。ある日、丁は長く心に納めていた問題を遠回しに口に出しました。

「暁波さんは才気煥発、博識なのに、どうして学術研究に専念しないのですか。少なくとも時間をかけて書を著し、説を打ち立てたらどうでしょうか？ 国内で発表できなくても、国外でできるでしょう？」

そこで言おうとしたことは、人の怒りを買うような時事評論を書かなくてもいいのではないかということとでした。もちろん、暁波さんはお分かりになりました。彼は「時事評論を書かなければならないのです。これはぼくの責務です。もう昔には戻らない」と答えましたが、私たちの心遣いをキッパリと拒むのは言い過ぎだと思ったのでしょう、すぐに口調を変えて「ぼくは今、三日分の睡眠時間を二日分にして、たくさん書いて、その原稿料を劉霞のために蓄えています。万が一、将来ぼくがまた……」と、気楽な様子でほほえみ、言い添えました。まさに暁波さんは意地っ張りで、粘り強い人間ですから、後戻りしない道を歩み始めた以上は、どんなに引っぱられても、振りかえることはありません。それから私たちは彼の足を引っぱることはしなくなりました。

二〇〇三年三月末、暁波さんご夫妻が初めて「連園」に来られたとき、私たちに付き添って蘇州、太湖三山島、そして丁文江《ディンウェンジァン》が生前暮らしていた家――蘇州北部の泰興の黄橋鎮――を訪れました。その時の一週間、私たちが行くところはどこでも、地元「国安」の私服警官がずっと尾行し、監視していました。

太湖三山島に行くとき、交通がとても不便で、私たちはあちこち遠回りをしてようやく到着しました。すると十数人の私服警官は私たちより一日前に着いていて、私たちの予約した農家の民宿の向かい側に泊まっていました。彼らの窓は、ちょうど私たちの部屋の真向かいで、まさに前もって何もかも手配していたようでした。島民の話によると、この島の唯一の遊覧船は埠頭で二四時間待機していて、私たち四人の「重要指名手配」が逃亡しないようにいつでも出せるようにしているということでした。

私たちは、そんなことは思ってもみなく、ただこの小さな島で、昼は明、清の住居遺跡を見て、夜はベランダで鏡のような太湖に青々とした山々が映っている景色を眺めながらおしゃべりして、のんびりと過ごそうとしただけでした。そのような私たちを、彼らは暗い陰気なところでそっとのぞき見していたのでした。

暁波さんご夫妻は、私たちのお誘いに応えて、来てくれたのでした。私たちは、ご夫妻に頼みがありました。私たちはそこを何回も訪れていました。だんだん年をとる中で、死後の埋葬場所を探していたのでした。このようなわけで、澄んだ水の静かな湖の岸辺に近いところから、私たちの骨灰と連君の骨灰の半分を散骨してもらいたいとお願いしました。私たち四人は、湖のほとりに長く足を止め、写真を撮り、絶好の地を決めようと相談しました。

受難者家族への支援

そのときから、暁波さんは、私たちに丁文江と三〇年代の彼の友人や同行者が追い求めた理想、またその間に育まれた真摯な友情をよく話してくれました。丁文江が胡適《フシィ》、傅斯年《フスゥニエン》、翁文灝《ウンウェンハオ》、蔡元培《ツァイユエンペイ》たちと週刊『努力』や『独立評論』を創刊したことを話題にしたとき、彼の言葉には敬慕の情があふれていました。このようなわけで、暁波さんはネットや本から丁文江について情報を得ると、いつも教えに来ました。私たちが二〇〇六年から二〇〇七年にかけてウェブサイト「観察」で一七篇の丁文江論を発表できたのも、まさに暁波さんが励ましてくれたおかげです。

二〇〇八年末、蔣が治療のかいがあって回復し、無錫から北京に帰ると、暁波さんが『丁文江文集』を肩に担いでお見舞いに来ました。また、リビング・ルームでは掛け軸を披露しました。それは、丁文江と胡適の詩を唱和させたものでした。胡適の詩は、丁文江が亡くなった後、悲しみの中で書き直したもので、特に最後の二句は「真心を込めて朋友に捧ぐ／この風流は、我らの世代にはなし（捧出心肝待朋友／如此風流一代無）」とあります。

このようにして、私たちは暁波さんと出会ってから日増しに理解を深めてきました。歳月が重なる中で暁波さんが私たちに寄せたいたわりや思いやりは、まさにこの二句に描かれたようなものでした。

「何かあったら、暁波さんと相談して」

これが私たちの口癖になりました。それは、あの時代に多くの人々が口にした「何かあったら、丁兄さんに相談して」と同じようでした。

暁波さんが人助けに熱心なことは、周りの人たちによく知られていました。北京であろうと、地方であろうと、知人にせよ、見知らぬ人にせよ、直接間接を問わず、彼は全力で助けました。彼に助けられ、救援された異議申し立ての人士は、徐文立《シュウウェンリィ》、楊建利《ヤンツェンリィ》、何徳普《フゥドゥプゥ》、劉荻《リュウディ》、杜導斌《ドゥダオビン》、郭飛雄《グオフェイシュン》、高智晟《ガオツゥシュン》、楊子立《ヤンツウリィ》たち、及びその家族など数えきれません。

私たちから孫志剛《スンツゥガン》や李思怡《リスゥイ》の死を聞いたとき、彼は悲しみを抑えきれず、涙が顔中に流れました。また、徐文立が獄中で渡米を申請したとき、最初、当局は承諾しましたが、その後、前言を翻しました。これに対して、妻の賀信彤《フゥシントン》が憤り、座り込みで抗議しました。暁波さんは、年老いた賀信彤を支援するために様々に奔走しました。彼女の出国の前には、劉霞さんが遠いアメリカに渡るための準備に奔走しました。海外の支援者による国内で投獄された者の家族への寄付金は、私たちから暁波さんを通して渡されました。劉霞さんは冗談を交えて「婦人部主任」と呼ばれています。

毎年の「六・四」追悼祈念

そのような中で、暁波さんが最も気にかけていたのは私たち「天安門の母たち」グループでした。

「今の中国で、ぼくたちは権力者のエゴや冷血を変えられないが、少なくともぼくたちは自律した人間としてベースラインを堅く守ることができる。自由を大切にするように、無数の人々の生命と引き換えに得た道義的な資源を大切にしなければならない。」

暁波さんは、このように語りました。だからこそ、暁波さんは、毎年「六・四」を祈念する文を書き、犠牲者の霊へ懺悔や慚愧を告白するのです。これは、彼が秦城監獄で〝反省文〟を書いたことを指していることは、私たちは分かっています。暁波さんは率直に自分のあやまちを認め、ずっと自分自身を許さず、魂に拷問を加えてきました。「墳墓から来る震撼」などの文章において明瞭に書かれています。私たちは、いつも彼の内心の奥底にある傷に触れないように注意してきましたが、ある日、心に長年封印してきたことをつい吐露しました。

「もう自分のあやまちを責めるのは止めなさい。あれ程の大規模な運動で、誰が真に潔癖でいられたでしょうか？　あれ程すさまじい恐怖の状況ですから、〝罪を認めた〟ということは大したあやまちではありません。あの時、政府は武力行使に踏み切ったのに、あなたたちは六月四日未明まで生命の危険を顧みず、面と向かって戒厳部隊と交渉し、危機一髪の状態の広場から多くの学生や市民を無事に撤退させて、全員の生命を助けることができました。この功績は大きく、みな憶えているはずです。ところが、当時の学生リーダーで〝血の大惨事〟についてまじめに反省し、自責の念にかられている者は何人いるでしょうか。」

今日でも、暁波さんは変わらずに「六・四」の犠牲者の霊とその家族に対して消し去り得ない懺悔の気持ちを抱き続けています。暁波さんや江棋生《ジァンチィシェン》さんは常に「天安門の母たち」に配慮し、いたわってくれます。しかも、遺族に受難者の手がかりを提供したり、内外の支援者の寄付金を手渡したりするだけで、内部のことには介入しません。暁波さんは、こう話しました。

「遺族のグループはしっかりしていて、これ以上の〝助け〟は必要ありません。寄付するなら、寄付金をそっとテーブルの上に置いて引き下がればいいのです。」

暁波さんはいつも平常心を保ち、落ちついていました。私たちのグループを助けたことをある種のコストや投資などとは見なしていませんでした。また、私たちとの交流は一種の政治的資源を獲得するためではありませんでした。暁波さんたちは、「天安門の母たち」への関わり方は道義的なもので、いかなる利害関係や損得勘定などないということをよくわきまえていました。私たちのような老衰し、病弱な者とおつきあいしても、リスク以外に何の報いもありません。このようなわけで、私たちは暁波さんと忌憚なく気楽に親交を深められ、それをとても誇らしく思っています。

暁波さんが二〇〇八年一二月に投獄され、弁護士との二回目の面会で、「六・四の人やことに関わるすべてにおいて、道義において、また良心において、ぼくは何かしようと努力したい」と語りました。私たちは、彼が言おうとしたことをよく理解できます。しかし、内心では痛ましくてたまりません。

投獄直前の別れと「08憲章」

二〇〇八年一二月七日、蒋は病気のため北京医学院第三病院に入院し、半身不随で、話すのさえ困難なため、丁は親族や親友のお見舞いをお断りしました。それでも、暁波さんご夫妻はどうしてもと言ってお見舞いに来てくれました。翌日投獄される予感があったようです。

その日、ご夫妻は蒋の病床で三〇分以上も話しました。主な内容は「08憲章」でした。暁波さんは「08憲章」をどのように書き直し、どのような方たちの署名を集めたのかなど、興奮気味に一つひとつ話してくれました。蒋はうれしく、またホッとして、賛成する意味でうなずいていました。そして別れる前に、暁波さんは丁に突然こう言いました。

「『08憲章』のことが一段落したら、国際的に著名な中国研究者に『天安門の母たち』グループをノーベル平和賞候補者として推薦する共同署名に参加するよう連絡します。これは来年〔二〇〇九年〕の〝六・四〟二〇周年祈念のための最重要の仕事です。」

丁は驚いて、すぐに止めさせようとしました。

「おやめください。無駄骨を折るだけです。今の国際的環境で、どうして『天安門の母たち』が受賞する可能性があるというのですか？　それに、国内では中共のタブーを犯すのは明らかで、彼らは様々な手で干渉するにちがいありません。あまりにも危険です。」

この丁の忠告を、暁波さんはまったく聞きいれませんでした。「天安門の母たち」の受賞は、彼が長年かけて考えぬいてきたことでした。二〇〇二年以降、暁波さんは国外の支援者と「天安門の母たち」が平和賞を受賞するためにずっと努力してきました。これに対して、二〇〇八年に中共当局は暁波さんを逮捕しました。これはまったく予想していませんでした。表向きは「08憲章」と数篇の文章が理由とされていますが、その裏には「天安門の母たち」のノーベル平和賞受賞を阻止する目的もあったのではないかとも考えられます。

君子は坦《たいら》かに蕩蕩たり。小人は長《とこしな》えに戚戚《せきせき》たり

暁波さんの眼中には敵はいなく、かたきもいません。彼は繰り返し人と優劣を論争するつもりはないと述べ、自分の考えを主張してきました。最も典型的なことは、高智晟が迫害に反対するハンスト・リレーを呼びかけたことに反対する公開質問状をめぐる状況において現れました。

暁波さんの考えは、高さんを個人的に説得して、もし失敗しても自己責任をとってもらうということでした。他方、二〇〇六年二月、丁は高さんに対して公開質問状で反対しました。その本意は、次のとおりでした。もし事態が悪化したら、高さんは有名人だからせいぜい数年の判決ですむが、彼について行動した最下層の民衆にはそのような幸運などなく、後始末は自分で引き受けなければなりません。これは一九八九年の学生運動や一九九八年の民間での政党結成の教訓でした。このように、これまでとても悲惨な代価を支払ったのですから、同じ轍を踏むべきではないのです。

ですから、より正確に言えば、この公開質問状は高さん本人というより、彼に従う者に対するものでした。そして、私たちが、この質問状を書き、公開することを、暁波さんは事前に知りませんでした。また、後日、丁の質問状は、暁波さんと余杰さんの代筆だと言われましたが、まったく事実に反しています。

この公開質問状が発表されてから、一時ネットでデマが広がり、誹謗中傷が絶えず続きました。丁は何度も事実を明らかにする文章を書こうとしましたが、その都度、暁波さんに止められました。彼は、次のように手紙で述べました。

「先生方が○○にお答えすることは、ぼくにとって悲しく痛ましいことです。先生方のエネルギーは限られていて、このようなことに時間を費やさなくてもいいではありませんか。私たちを攻撃する者がいくら足しても、ゼロはやはりゼロです。私たちはゼロと闘う必要はありません。それに本名ではなく、仮名や偽名で誹謗中傷を書くことは、自分の言い分に責任を持つ勇気がないことで、相手にするまでもありません。」

暁波さんは、丁がパソコンができないことを知っていて、心を煩わせないために、蒋にデマや誹謗中傷を知らせないように勧めました。このため、蒋は丁に苦情を言われました。

ネットでは、一部の人たちが「丁劉連盟」という言葉をしばしば使っていました。丁への批判は必ず劉を連座させ、逆もそうでした。この根拠のない「罪状」に、丁はとても不満でした。すると、暁波さんが、また手紙を送ってきました。

「『丁劉連盟』という説はまちがいではありません。ただし、ぼくたちの連盟は心の痛みと道義の連盟で、嫉妬や名利の争いや目先の実益を求める性急な行動や互いに利用しあうことなどとは無縁です。まさに心と心の連盟で、数人の口先だけで汚すことなどできません。」

長い間の交流を通して、暁波さんの寛容、仁義、善良がよく分かりました。私たちはしばしば「〔博士ならぬ〕

バカセ」と呼ばれましたが、悪質な誹謗中傷でも、暁波さんは一笑に付しました。たとえバカに見られても、暁波さんは耐え忍びました。

ここまで書いてきて、私たちは知らず知らず、中共の指導グループを思いました。彼らに、もし暁波さんほどの度量があれば、大いなる悪を敢えて犯して、暁波さんに重刑を言い渡すまでには至らなかったでしょう。まさに「君子は坦《たいら》かに蕩蕩たり。小人は長《とこしな》えに戚戚《せきせき》たり（君子は平安で大らかだが、小人はいつまでもくよくよする）」（『論語』「述而」篇）のとおりです。

暁波さんと歩みをともにする

一年前、「08憲章」が発表されると、暁波さんが逮捕されても、内外の多くの方々が「08憲章」に署名しました。でも、私たちの心には矛盾があり、苦しさが詰まっていました。そして、劉霞さんに携帯電話でショートメールを送りました。

「後悔先に立たずと言いますが、中共がこれを口実に総決算することを早く知っていたら、私たちは積極的に進めようとはしませんでした。これは彼を投獄にまで追いつめたことに等しいです。」

事実、確かにそうでした。「08憲章」の草稿は、張祖樺《チャンヂウフォワ》が起草し、複数の方たちが何回も書き直しましたが、なかなか完成せず、衆知を集めて、この政治的テキストをよりよいものにしようとしていました。そして、他の名前も出ましたが、誰よりも劉暁波が適任だということになりました。そして、二〇〇八年九月、私たちは無錫から北京に帰ると、暁波さんにどれくらい書き直したのか尋ねるとともに、さらに進めるように励ましました。

暁波さんが逮捕されてから、国家安全部門は私たちにまったく見向きもしなくなりました。まるで、私たちが「08憲章」とは無関係であるかのようにしています。

二〇〇九年八月末、暁波さんが「居住監視〔当局の管轄する「居住」に監禁〕」から逮捕へと変わる頃、状況は厳しいものになり、地元の安全部門が私たちに一〇月一日〔国慶節〕の動向について質問しました。そのとき、私たちははっきりと言いました。

「胡錦濤が劉暁波を逮捕したのは明らかに〝へぼ将棋〟だ！　劉暁波は穏健で理性的なリベラル知識人であることは誰でもよく分かっている。彼すら容認できなくて、どうして『調和社会』と言えるのか？」

また、丁は皮肉を込めて「劉暁波はまだ五十三歳で胡よりも若いけれど、働き盛りで、優れた才能を発揮している。まさに、胡と幕僚の嫉妬や怨みを買ったのではないか？」と付け加えました。

二〇〇九年一二月二一日午後、暁波さんの初公判の二日前、地元の安全部門が、二三日の開廷の日は外出禁止だと告げに来ました。この横暴な要求に、私たちは強く抗議すると同時に、はっきりと言いました。

「『08憲章』という罪で劉暁波を起訴しているが、私たちは最初の署名者であるだけでなく、発案者でもある。なぜ『08憲章』発表後、私たちに関わってこないのか？　私たちは数日前に『丁子霖』の名で『私たちは暁波さんとともに重荷を担おう』とネットで呼びかけた。この『暁波さんとともに重荷を担おう』というのは、単なる態度表明だけでなく、判決が強行されるとき、私たちは行動しなければならないということである。だから、暁波さんが裁判にかけられる日は、高齢者や病人以外、できるだけ多くの署名者が法廷の外で『陪審』することを提起した。もし、これを『煽動』というのなら、私は一切の責任を負う。」

これに対して、安全部門は何も言いませんでした。安全部門は、私たちと面談すると必ず上級機関に報告します。先に述べました「08憲章」に関わる面談も例外ではないでしょう。それなのに、なぜ彼らはまったく反応しないのでしょうか？

最後に、私たちは厳粛に言明します。中国は今日の世界において極めて不自由な国です。劉暁波博士は、二十数年間、平和的理性的に非暴力の原則に基づき抵抗してきました。彼が起草に参加し、署名を呼びかけた「08憲章」は、我が中国のために描かれた民主憲政の青写真です。彼は、これにより逮捕され、一一年の実刑を言い渡されましたが、だからこそ彼が今年〔二〇一〇年〕のノーベル平和賞の候補者になる資格を有していると、私たちは考えます。

訳　注

本稿は、「我们与暁波的相知、相識和相交」の抄訳である。著者の了解を得て、ここに掲載する。

敵対思考を論ず

——天安門事件二〇周年を記念して——

張博樹《チャンボーシュー》
及川淳子訳

訳者付記

張博樹（一九五五年、北京生）、元中国社会科学院哲学研究所研究員。専門は、政治経済学、現代西洋哲学、現代中国の憲政研究。文化大革命終結後に大学入学を果たし、一九八二年に中国人民大学を卒業。一九八五年に中国社会科学院研究生院（大学院に相当）哲学系に進学し、現代西洋哲学の研究で一九九一年に博士号を取得。中国社会科学院は国務院直属機関で、「中国哲学社会科学研究の最高学術機関、総合研究センター」として、学術研究のみならず政治的にも多大な影響力を有する中国政府のシンクタンク。張博樹は、その哲学研究所で研究員を務めたが、二〇〇九年に同院から事実上の解雇通告を受けた。問題は、同年アメリカのロジャーウィリアムス大学と慶應義塾大学への研究訪問が工作規律に違反し、休暇申請と批准のない出国だったと問題視されたことによる。張博樹は、中国の憲政改革についての言論活動に対する処分だとして抗議活動を展開した。現在は中国転型智庫研究員として、自由な立場で言論活動を行っている（参考：「中国転型智庫」http://www.minzhuhua.net/）。張博樹については、拙論「中国の憲政を問う知識人——張博樹の思想と行動」（伊藤 誠・本山 美彦 編集『危機からの脱出――変革への提言』御茶の水書房、二〇一〇年四月一〇日）を参照されたい。本稿は、二〇〇九年五月一〇日に開催された「香山会議」[1]のために、五月六―九日に執筆され、会議開催後の五月一五日にインターネットで公開されたものである。「総攬中国」：http://www.chinainperspective.com/ArtShow.aspx?AID=1405 著者の了解を得て以下に全文の邦訳を掲載する。

「敵対思考」は、全体主義における政治文化の一種の表れである。二〇年前の一九八九年、公民による憲法擁護の愛国運動に対する中国共産党政府の鎮圧は、鎮圧者の側から言えば、このような「敵対思考」という論理を体現した典型的なものだった。為政者に対する善意の批判を、胸に一物ありの「陰謀」だと解読し、現存の体制に対する質疑や分析を、現政権に対する悪意からの否定だと解釈したのだ。これは、鄧小平など中国共産党の指導者たちが犯した歴史的に重大な誤りの始まりだった。

恐ろしいのは、このような「敵対思考」の論理が、現在に至ってもなお亡霊に取り憑かれたかのように残り、私たちの民族が民主に向かい、希望に満ちた未来に向かうのを妨げ、中華民族が真に現代政治文明に邁進するのを妨げているということである。

六四天安門事件二〇周年を記念するにあたり、この文章は、中国共産党の「敵対思考」の伝統について、その論理と歴史的起源、現実的なイデオロギーとしての機能、六四という悲劇的な事件を招いた中での影響、さらに、崩壊しつつある党の専制制度との関係などについて、概略的な整理を行うものである。

「敵対思考」の境界線

「敵対思考」とは、まず、次のような思考方法である。社会の人々を、単純に「敵」と「我」という二つに区分し、一方は「敵」、一方は「身内」とするもので、その両者は完全に排斥しあう関係である。「敵対思考」は一種の政治文化でもあり、敵対の論理や衝突の論理に訴えるもので、和解の論理や寛容の論理ではない。

「敵対思考」と現代の憲政民主制度は、明らかに相容れるものではない。なぜならば、現代の民主社会では、公民（犯罪を犯した公民も含む）がいるだけで「敵」はおらず、法的な意味での犯罪人がいるだけで、イデオロギーにおける「敵対勢力」は存在しないのだ。

「敵対思考」は、グローバルな民主化やグローバル・ガバナンスという世界的な趨勢と衝突するものでもある。なぜなら、「国際敵対勢力」を常に仮定して「我は滅びても、その心は死なず」などと訴え、普遍的な人権の原則に基づく国際社会からの正常な批判を、主権国家に対する「潜入」や「転覆」などと解釈するのだ。

明らかなことだが、政治構造の意味で言えば、「敵対思考」はあるものとの関係があり得るだけだ。つまりそれは、近代専制主義の政体である。全体主義が「敵対思考」に惚れ込むのは、社会を動員し、高度な思想コントロールとユートピア的な社会改造プロジェクトを実施するのに有益だからだ。また、全体主義が「敵対思考」に頼るのは、専制制度に危機や壊変が生じた場合に、「敵」を作り出し、その「敵」に転嫁すれば、為政者が自らの垢を包み隠すのに最も便利な手段になるからである。

中国共産党の「敵対思考」形成の論理と歴史的文脈

発生学的に言うならば、中国共産党は、かつてマルクス主義とレーニン主義を信奉した革命政党であった。マルクス政治哲学の遺産で最も重要なのは、「階級闘争」と「プロレタリア独裁」という学説である。これらの学説と「私有制を消滅させる」という経済的な主張が結びついて、二〇世紀のロシアと中国の革命家に、極めて巨大で、深刻な、そして不幸な影響が現れたのである。「プロレタリア」と「ブルジョアジー」を二つの根本的に対立する「階級」として理解し、二大階級の衝突の中で、プロレタリアに「全人類の解放」という形而上的使命を与えることは、マルクス理論の中で最も問題となる抽象の一つである。実践的な意義から言えば、この抽象とは、二〇世紀のロシア革命と中国革命の発展変化の中で、恐るべき社会的・政治的結果を招いたのだった。それは、何百何千何万という多数の「搾取階級」出身者が、共産主義政権下で政治的賤民になってしまったことである。彼らは全て敵と見なされ、現実的、あるいは潜在的な「敵対分子」や「階級的異分子」だと考えられた。このような場合、「敵対思考」は「階級闘争」という論理の当然の結果にすぎないのである。

さらに、中国共産党の建党以来の発展や、変遷における具体的な歴史の文脈を考慮しなければならない。政権を奪取する以前、かつて中国共産党は、国共対峙(2)や外敵の侵入など、敵対する環境の中で二〇年余りも奮闘した。武装革命を実施し、暴力で政権を奪取したことは、中国革命の最も貴重な経験の一つだと考えられている。「暴力」である以上、当然のことながら、「落ち着き払って慌てない」だとか、「上品で礼儀正しい」だとか、「穏やか・素直・恭しい・質素・謙遜」[3]（毛沢東《マオヅートン》の言葉）というようなものではあり得ず、間違いなく「生きるか死ぬか」の戦闘や衝突なのだ。「敵対思考」の論理は、ここでも同様に、最も自然な表現形態とその力を発揮する舞台を獲得して、ひいては歴史の発展変化におけるある種の必然性を体現したのである。

甚だしきは、中国共産党内の闘争も、全てこのような思考の論理と関係がある。中国共産党内の党員に対する粛正の残酷さに、人々は始終驚嘆している。例えば、かつて李鋭[4]は、共産党は「AB団[5]打倒から始まり、一〇年の内戦時期に反革命分子を粛清し、自分で自分の身内を殺して、一〇万人を殺した」と語ったことがある。これは、もちろん党内における各勢力間のセクト活動、「縄張り」争い、相互排斥、権力追求と関係するもので、このような内部闘争に対して、残酷な敵対闘争という社会環境は、客観的な情景と、あり合わせながらも堂々とした「理由」を、また確かに提供したのである。歴史は複雑なものだ。中国共産党の「敵対思考」という伝統の形成には、確かに、深い歴史的な面、イデオロギーの面、さらには文化面での原因がある。

一九四九年に中国共産党政権が成立した後、「敵対思考」と敵・味方の二分法は、一党制の政治構造と迅速に統合し、中国共産党は政治的動員を実施して、社会に対する監視とコントロールを行い、一党統治を保持するための有能なツールとなった。四〇年に及んだ国際的な冷戦構造は、もちろんこうしたものが続いてきたことの重要な背景であった。しかし、根本的に言えば、「敵対思考」の論理は、西洋の急進的な学理を背景に根を下ろし、ロシア革命の経験を汲み取り、さらに中国の専制文化という遺伝子が中国共産党専制の奥深くにまで大量に含まれていることは、疑うべくもないことである。文革時代の芸術作品には、「高大全」[6]風の英雄を除けば、ほかには陰険で残忍な、破壊活動が専門の「階級の敵」が必ずいなければならなかったことを私たちはよく覚えているが、これは中国共産党の「敵対思考」論理が最もステレオタイプな形で表れただけにすぎない。「およそ敵が反対するものは、我々は擁護すべきであり、およそ敵が擁護するものは、我々の反対すべきものである」というのは、文革中に最も広く伝えられ、使用頻度が最も高かった毛沢東の「語録」であった。党の最高指導者が、敵対論理を用いて自らの政治的なライバルを追い落とすことさえ可能なのだ。このような場合、「敵対思考」の論理は、中国共産党の一人の党首による独裁を擁護する最も便利な武器にもなってしまうのである。

六四天安門事件の定義に見る「敵対思考」の論理

実証的な意味から考えて、人並みの歴史研究者なら、一九八九年の学生運動に関する鄧小平《ドンシャオピン》の「動乱」という定義に、非常に困惑するはずだ。なぜならば、事実が人々に告げているように、当時、デモや座り込みをしていた学生は、もともと過激な要求を出してもいなければ、過激な行動を取ってもいなかったからである。四月一八日に北京大学などの学生たちが全国人民代表大会常務委員会に提出した「七ヵ条」[7]の要求は、以下の内容であった。

一、胡耀邦の政治的業績を公平に評価し、民主と自由の寛大な政治環境を肯定せよ。

二、「精神汚染一掃[8]」と「自由化反対」運動を徹底的に否定し、これらの運動の中で無実の罪を着せられた人々の名誉回復をせよ。
三、党と国家の指導者及びその子女が、全国人民にその財産状況を公表することを要求する。
四、民間の新聞創刊を許可し、報道禁止を解禁し、新聞法を制定せよ。
五、教育経費を増やし、知識人の待遇を高めよ。
六、北京市人民代表大会常務委員会は、憲法に違反して制定したデモ規制の「一〇条[9]」を廃止せよ。
七、今回の運動を公に報道し、党政機関紙に掲載せよ。

明らかに、これらの要求は、理性的で温和なものだ。その後、学生たちの授業ボイコットや「新華門突撃[10]」などの事件もあったが、「動乱」などというレベルにはほど遠いものだった。ところが、鄧小平は四月二五日に「これは普通の学生運動ではない」、「ごく少数の者が学生を利用し、彼らの目的とは人心をバラバラにして、全国を混乱させることだ」、「これは計画的な陰謀であり、その実施は、中国共産党の指導と社会主義制度を根本から否定することである」と断言した。まさに、この鄧小平の講和に基づいて、『人民日報』「四・二六」社説[11]の学生運動に対する「動乱」という定義が生まれたのだった。その後、あらゆる事態は、この定義の堅持（権力側）と定義を覆すこと（学生、知識人、市民の側）をめぐって進展し、ハンスト、戒厳令、対峙、発砲に至り、事件は世間をぞっとさせる流血によって終わりを迎えたのである。

党に対して大胆な提言をする人に、とんがり帽子をかぶせて政治的なレッテルを貼る[12]というのは、当然のことながら鄧小平が発明したものではない。一九五七年、毛沢東はこの芝居を演じて、不遜な発言をした党内外の知識人をことごとく「右派」に仕立て上げ、彼らを失脚させたのだ。鄧小平は、その後に毛沢東と同じ過ちを繰り返しただけなのである。「共産党を批判することは、つまり共産党に反対することであり、共産党に反対することは、つまり共産党を転覆することである」というのは、このとんがり帽子の基本的な論理の繋がりである。これは当然ながら、典型的な「敵対思考」の産物なのである。

しかしながら、鄧小平はまた毛沢東とも異なっていた。「建国の指導者」として、毛沢東には個人の権威と体制がもたらす自信が十分にあり、その意味で、毛沢東は他人の批判など恐れることはなかったのだ。その毛沢東と比べれば、鄧小平には自信がなかった。それは、鄧小平の個人的な権威が毛沢東とは比べられないというだけでなく、文革の「災禍」を経て、この体制と党のイメージがすでに相当程度損なわれてしまい、醜悪な一面がすでに暴露されていたからでもあった。

保守的な党の専制体制を堅守する者として、鄧小平はこの体制を維持するために、自ずと臭い物には蓋をしたので、他者の批判を受け入れるなどあり得なかった。鄧小平はなぜ、胡耀邦を倒すまで、胡耀邦には「自由化反対の努力が足りない」と言い続けたのだろうか。結局のところ、胡耀邦は、より大胆で開明的な方法で、この党に活路を求めようとしていたのだが、鄧小平や陳雲などの伝統的な共産党員から見れば、それは火遊びも同然だったからなのだ。

客観的に言って、一九八九年の民主化運動における学生、知識人、市民には、共産党政権を打倒する企みなどはなく、彼らは中国の政治改革の推進を希望しただけだった。しかし、鄧小平は、そのような改革は一党専制という統治の基礎を、最終的に不安定にさせるであろうことをすでに意識しており、これは鄧小平のような伝統的な共産党員には絶対に許されないことだった。学生運動の問題について、もしかすると鄧小平は、「ごく少数の者」が学生の背後で密かに指揮して騒動を引き起こしたと、本当に考えていたのかもしれない。あるいは、すべてがそうだとは信じなくとも、そのように語らなければならず、鎮圧するための理由としてつじつまを合わせたのかもしれない。前者の場合は、鄧小平自身が共産党の伝統的な「敵対思考」論理の捕虜となり、なおも無意識のうちに、数十年前の経験を再び繰り返したということだ。後者の場合は、鄧小平が「敵対思考」論理を利用して、故意に人々を惑わし、「敵」を作り上げて、専制政体である自らのばつの悪さや苦境から抜けだそうとしたのである。

　そうであるならば、学生運動に対して鄧小平が四月二五日に自ら下した定義を是正することがなぜ不可能だったのか、私たちは理解することができる。かつて趙紫陽は、お人好しにも、自分が責任を取りさえすれば、鄧小平は「現在見たところ、学生の問題は、これまで言われていたほど深刻なものではない」と言って、転機が訪れるかもしれないと考えた。意外にも、鄧小平がその判断を下したのは、北京市党委員会の陳希同《チェンシートン》[13]などが「誤った方向に誘導した」結果だけでなく、その政治的論理とさらに深い政治的考慮からであった。やはり、鄧小平は、頑固な一党専制体制を堅守する者だったのである。それこそが、たとえそのために流血が河を為すような騒乱になろうとも、四月二五日の定義を彼がどうしても堅持すると決定づけた理由であった。

「敵対思考」と壊変する党の専制

二〇年が過ぎて、中国ではすでに大きな変化が生じたが、しかし党の専制及びその基本的な「敵対思考」

の伝統は決して変わってはいない。

我々の指導者は、「和諧社会」、「和諧世界」の建設を強力に提唱しているのではないか？ これはまさに、過去の「敵対思考」から遠く離れようとしているのではないか？という人がいるかもしれない。そのように言う人は、異なる領域の問題をいっしょくたにしているのだ。「和諧社会」は、現在の中国共産党の指導者層が、中国社会の深刻な矛盾をごまかすために持ち出したイデオロギーの新たな道具に過ぎず、「和諧」という概念の提起そのものが、未だにこの社会が非常に「和諧」ではないことを意味している。「和諧世界」とは、「和諧社会」を国際関係の領域にまで広げたものだが、力強さもなくナンセンスな言葉のゲームである。考えてみてほしい、現代の人類が共有している普遍的価値さえ認めることができないのに、何が「和諧世界」の建設だと言うのだろうか？

言うまでもないことだが、このような「和諧世界」の建設に関する口先だけの言葉は、現在の世界文明の主流に対する恐怖と敵意に深く関係し、また相互に補完しあい、前者は後者に対するごまかしであることがほとんどだ。党の専制制度自体の壊変とは、そのような恐怖の根本的な原因なのである。仮に、毛沢東など「第一世代」の指導者と比較して、鄧小平の「第二世代」の権力掌握者としての自信が、すでに不十分に見えたと言うならば、「第三世代」の指導者以降は、この体制に対する中国共産党最高権力者の自信が、すでにほとんど喪失したか、あるいは完全に喪失してしまったことがわかる。彼らは、実は分かっているのだ。三〇年来成し遂げてきた経済的な成果は、この体制が「優れている」ことを証明しているのではなく、市場経済の「資本主義」が、すでに息も絶え絶えだった「社会主義」を救ってくれたからなのだ。そして、三〇年来生じているあらゆる問題は、まさにこの体制の無能さの証明であり、この体制が複雑に変化して生み出した汚職や腐敗の力が、根本的な意味で体制自体の生存と継続に脅威となっているからなのだ。しかし、党の指導者たちには、この点を公に認めようとする勇気がない。「現状維持者」として、彼らは自らの変革を直視する勇気に欠けているのだ。自由派知識人[14]の批判や喚声を前にして、インターネット輿論の嵐を前にして、まるで乾いた薪が燃え盛るように、火を点ければたちまち燃え上がり、集団的な権利擁護のうねりが湧き起こるのを前にして、党の指導者は、あまりにも受動的に見える。そして、彼らが受動的であればあるほど自信はなく、体制自体の問題を外部のせいにして、「きわめて少数」の、「ほかに企むところがある悪人」による「騒乱」と「破壊」に罪をなすりつけ、「外部勢力」の「潜入」あるいは「転覆」に罪をなすりつけるのである。ひと言で言えば、彼らは自信がなければないほど、時代遅れで、硬直しているが、しかしまたとりわけ使い勝手が良く、あちらこちらで効き目のある「敵対思考」の論理をあてにしているのだ。これは策略として必要なのだが、為政者が自らの心理を落ち着かせるためにも必要とされているのである。

信じないならば、証拠の文章がある

二〇〇八年一一月一〇日付『人民日報』は、「イデオロギー工作をしっかりと行うことの大切さは、頭をはっきりとしておくことにある」という「徐天亮《シューティエンリャン》」の署名記事を発表した。この記事が掲載されてから、「党のイデオロギー工作が極めて重要であることを、はっきり認識しよう」と強調され、次のように指摘された。

「近年、我が党はイデオロギー工作を非常に重視し、理論武装工作、メディアによる宣伝工作、思想道徳建設、文学芸術創作を全面的に推進し、社会主義文化の大幅な発展と大いなる繁栄を促進し、全党、全国、各民族の人民が団結奮闘するために、政治思想の基礎を揺るぎないものとし、強大な精神と智力によって支持している。また同時に、はっきりと認識すべきは、イデオロギーの領域における浸透と反浸透の闘争は、依然として非常に鋭く、また複雑なもので、敵対勢力はイデオロギーの分野における我が国に対する破壊活動に拍車をかけている。ひとつは、自由・民主・人権・民族・宗教などのテーマで盛んに宣伝し、我が国に対してデマの攻撃をしかけている。二つ目に、彼らの常套手段は、個別の問題を拡大し、単純な問題を複雑化し、一般的な問題を政治問題化し、最終的には、矛先を中国共産党の指導と社会主義制度に向けるというものだ。三つ目に、彼らはメディア、特にインターネットなどの現代のメディアを利用して、我が国を醜く、魔物のように描くのである[15]。これに対して、イデオロギー分野の問題は、鋭くやってもやり過ぎることはなく、冷静であっても鈍感なのでなく、イデオロギー工作の自覚を強めるために努力しなければならず、我々ははっきりとした認識を持たなければならないのである。」

これは、二一世紀に至っても、中国が依然として「敵対思考」の論理に大手を振るっていることの非常に良い見本である。この「論理」に基づけば、およそ中国大陸で自由・民主・民族・宗教などの話題を宣伝し、特にこれらの問題で中国共産党当局を批判する人は、いずれも「敵対勢力」として利用されるか、あるいは国外の「敵対勢力」の代理人という疑いをあっさりとかけられてしまうのだ。また、具体的な事案を問題視することを、現存する体制の弊害を体制レベルで分析するような大ごとにさせてしまうのだ。それらの意図はいずれも計り難く、「個別の問題を拡大し、単純な問題を複雑化し、一般的な問題を政治問題化」しようと企み、インターネットで政府を批判する者はすべて、国外の「敵対勢力」の指令を受けているとして、思うままに「我が国を醜く、魔物のようにさせている」のである。

ああ！これはなんと恐ろしい「論理」だろうか！

冷戦は、すでに過去になったのだろうか？　まさかこれを、最も典型的で、最も露骨な、冷戦時代の言語ではないとでも言うのだろうか？

この「論理」に基づけば、「08憲章」を封殺し、劉暁波を逮捕し、インターネットを遮断し、政治的に異なる見解をもつ人々を攻撃し、六四天安門事件の再評価を拒絶することなどは、いずれも「合理的な行い」なのだ。なぜならば、それらはすべて、国外の「敵対勢力」からの中国に対する「転覆」を阻止するためだからである。

愛国者は「転覆者」に、忠節を貫く者は「祖国の裏切る」悪者にされてしまったのだ。中国は「転覆」されてはいないが、歴史はすでに見る影もなく転覆されてしまったのである！

「私たちの前には敵はいない」

現在の「敵対思考」論理は、専制の当局者が人類の普遍的な文明に背を向けていることの表れである。

粗末で偽りの民族主義と、党と国家を分けない「愛国主義」をあれこれと語り、イデオロギーの衝突と民族や国家の利益の衝突を混淆し、普遍的人権に基づく国際社会からの正義に満ちた批判を拒絶し、国内外の中国人の中で政治的に異なる見解をもつ者（中華民族の、本当の意味での民族の支柱）を、民族の「罪人」[16]あるいは「腐敗分子」だと非難しているのだ。つまり、「敵対思考」の論理は、自ら「敵」を作り上げて、攻撃したり、貶したりすることであり、これは専制の当局者が無能であることの証明で、この体制がもはや末路に至っていることの確かな証明でもあるのだ。

専制の当局者とは反対に、民間の反対派の人々には、大海のような度量と気概が見られる。民間の成熟した自由な人々は、専制と敵対思考が同様に自分たちに与えている束縛からすでに逃れて（忘れてならないのは、彼らも多かれ少なかれ、この体制内で成長して「教育」を受けた経験があるということだ）、まったく新しい見識、全く新しい視点、全く新しい立場で、自らと専制当局者の関係を観察し始めているのだ。キリスト教を信仰している中国の民間の反対派知識人でも、あるいは世俗的でも理性的な多元論と憲政自由主義の立場で改革を力説する仁愛深い志士でも、彼らが専制当局者に対して発している共通の声は、私たちの前には敵はいない、私たちが反対しているのはこの体制であり、私たちはいかなる具体的な当局者を敵視していないし、再び敵視することはない、というものである。

民間の反対派で、非暴力の原則を主張している人物の、以下の解釈に耳を傾けてほしい。

「非暴力の原則の中で、その核心的な価値は博愛である。それは、自由・正義・公平などの価値観と同様に、時間と空間に関わらず、人種を分け隔てることなく普遍的に存在するものであり、究極の配慮である。マルクスの階級闘争の学説は、人為的に階級の矛盾を拡大して、階級間の憎しみを強めた。中国大陸で成長してきた何世代もの人々は、長期にわたって階級闘争を要とする「共産党文化」の薫陶を受けたために、身内に対しては春のように温かいが、しかし敵に対しては愛憎の念が深く、激しい憎しみの革命的な性質が強ければ強いほど、敵に対する闘争は自然と手段を選ばないものになり、非暴力などは話にならなくなった。だが、博愛は人類をひとつの共同体と見なし、すべての人に善良さがあると考え、個人の解放と幸福は、全人類の解放と幸福の中で、はじめて永遠に実現されるという認識に至っているのである。

我々は、博愛というこの大きな愛によって、相手を分化し、相手を感化し、相手を変化させ、敵を友にしなければならない。博愛は軟弱なものではなく、このように心から生まれた愛は、まさに我々の自己犠牲の勇気を力強くするものなのだ。私たちは、自分たちの小さな暴力で、相手の大きな暴力に向き合うような弱者の集団などではなく、自分たちの愛と善という長所で、相手の悪と恨みという短所に向き合うのだ。愛を信じることは、私たちに勇気をもって相手からの抑圧や迫害を耐えさせる。たとえ高い屏や電気鉄条網に囲まれた牢獄でも、休息を取るための宿場や、鍛錬のための学舎や、「新郎が新婦の部屋に入ること」として考えるだけにすぎない。非暴力の原則である「博愛」によって、私たちの道徳的な高みを築き、私たちが信じるべきものを再び作り上げ、統一させるのだ。

私たちが戦うのは、不合理な制度や不平等なゲームのルールを変えることで、個別具体的なゲームのプレーヤーを相手にするのではない。私たちと相矛盾しているゲームの参加者たちも、私たちの愛によって、疑いや、緊張や、不安や恐れを取り除くことが必要であり、そのために、私たちも更に高いところに立ち、さらに遠くを見渡すのだ。「私たちが打ち負かすのは邪悪なものであり、邪悪なものによって犠牲となった人々ではない」。私たちは、「相手を打ち負かそうとしたり、あるいは屈辱を与えようとはしないで、友情や理解を勝ち取るように努めなければならない。その目的は、救いと良い結果なのである」（マーチン・ルーサー・キング[17]）という言葉の通りだ。暴力による反抗は、「蛇を使って穴から誘き出す」ことに長けている相手に、さらなる暴力による鎮圧という口実を与えるだけにすぎず、私たちは非暴力という意志と行動によって、そのような憎しみの連鎖を断ち、悪の循環を止め、暴力の輪廻を絶たせるのだ。」

このように語った人物は誰か？　著名な民間の反対派で、一九九八年に中国民主党が公然と行った党の活動に参加したために、九年も獄に繋がれた査《チャー》建《ジィエン》国《グオ》先生[18]だ。彼のように、自らの信念のために投獄され、ひどく体を痛めつけられても、なお非暴力の原則を力強く主張する人が詳しく解き明かした観点は、まさか私たちのすべて、特に私たちの為政者が、その歩みを止めて省察し、深く反省するに値しないとでも言うのだろうか？

中国が憲政へと転換するのは、偉大な事業であり、まさに進行中の事業である。転換のための基礎として、新たな原則をまさに呼びかけているのであり、それは建設的な対話の原則、寛容な原則で、真相と正義、そして和解を重視する原則なのだ。命あるすべてのものを限りある存在と見なして、人類の発展においてこそ無限の追求ができるという原則、厳粛かつ慎重な態度で過去に向き合い、さらに自信に満ちて未来のために努力するという原則なのだ。このような原則は、人間性の中でよりいっそう素晴らしいものを体現し、より高いレベルでの人道的な道徳を代表するもので、世界を広く包み込むような大きな愛なのだ。それは、「敵対思考」の論理がなぞらえることもできないほどの、政治文化と道徳的な精神状態なのである。

中国の民間における自由な人々は、いままさにこのような状態に近づきつつあり、このような状態にあるのだ。そして、それは人々に喜びを与えている。

六四天安門事件の「名誉回復[19]」は、遅かれ早かれいずれはなされることで、筆者はこれに対してまったく憂慮してはいない。私たちがなすべきは、むしろより遠くを見据えることなのだ。なぜならば、「敵対思考」とはまったく異なる、伝統的な憲政民主の新たな文化が、今まさに、私たちに向かって手を振り呼んでいるのだから。

二〇〇九年五月六―九日、北京にて

訳注

(1)二〇〇九年五月一〇日、六四天安門事件二〇周年を記念して、有志によって秘密裏に開催された。開催場所だった北京西郊の景勝地香山に由来して、関係者は「香山会議」と呼んでいる。インターネットで公表された資料によれば、「学者、公共知識人、弁護士、編集者及び六四によって投獄された人たち合計一九名が会議に参加した。参加者は、一九八九年の六四事件の真相、その結果と意義、六四後の社会情勢、中国の民主化の前途、ならびに民族の和解を実現する可能性について発言し意見交換した」とある。シンポジウムの冒頭では、天安門事件の犠牲者を追悼し、三分間の黙祷が行われた。一九名の参加者は、徐友漁、莫之許、崔衛平、郝建、徐暁、周舵、梁暁燕、秦暉、郭于華、李海、劉自立、銭理群、滕彪、田暁青、王俊秀、許医農、殷玉生、張博樹、張耀傑。彼らの多くが、「〇八憲章」の第一次署名者でもある。シンポジウムで発表された論文は、張博樹の他に、次の四編がインターネットで公開されている。

一、銭理群「一つの完成していない歴史的任務」

二、徐友漁「一九八九から二〇〇九――中国二〇年の思想的変化」

三、張耀傑「根本的な解決とわずかな改良」

四、崔衛平「なぜ、六四を語らなければならないのか」

出所：ウェブサイト「総攬中国」より、「二〇〇九年・北京・六四民主運動シンポジウム」ダイジェスト、二〇〇九年五月一五日掲載、http://chinainperspective.net/ArtShow.aspx?AID=1403

(2) 国民党と共産党の対立。

(3) 原文は「温良恭倹譲」。

(4) 李鋭（一九一七年生まれ）元毛沢東秘書、元中国共産党中央組織部常務副部長、党内の改革派党幹部として知られる。

(5) AB団とは、「アンチ・ボリシェビキ団」の略称で、一九二六年にソビエト区で組織された反共団体。国共合作の破壊を目的としたAB団は、共産党によって解体されたが、その後、一九三〇年に共産党中央が命じて、江西省富田においてAB団員と見なされた党員を逮捕、拷問するなど厳しい粛正を行った。富田事件の犠牲者数は、二万人とも言われている。

(6)「高大全」とは、「偉大で、強く、完璧」であること。文化大革命当時、文芸作品の主要な登場人物に求められたプロレタリア階級の英雄を象徴する言葉。「高大全」は実際の人物名のようでもあり、革命文学作品として知られる『金光大道』（浩然著、神崎勇夫訳『輝ける道』東方書店、一九七四年）の主人公は高大泉（泉は、全と同音）という名で、人民に奉仕する完璧な人物として描かれた。

(7) 一九八九年四月一五日に胡耀邦が死去すると、北京では、胡耀邦を追悼する学生が天安門広場の人民英雄記念碑に献花し、数千の学生が天安門広場を目指してデモ行進した。広場に座り込んだ学生たちが「七ヵ条」の要求を提出すると、市民も含めて支持者は拡大した。四月二一日には、「七ヵ条」を発展させた内容で学生たちが「請願書」をまとめたが、当局が受け取りを拒絶し、各大学で授業ボイコットが始まった。

(8)一九八三―一九八四年に行われた政治キャンペーン。改革開放政策で外国文化が流入し、ブルジョア的な文化や思想が流布することを警戒して展開された。ポルノや暴力などだけでなく、ジーンズや女性のパーマまでも「ブルジョア」的だと批判され、行きすぎた運動は短期間で終結した。この「精神汚染」と「ブルジョア自由化」反対のキャンペーンは、文化や思想の解放を容認した胡耀邦に対する保守派からの攻防として、一九八六年の学生運動と一九八九年の天安門事件でも重要なキーワードであった。

(9)「北京市デモ行進についての若干の暫行規定」『人民日報』一九八六年、一二月二七日。

(10)一九八九年四月一九日夜から翌朝にかけて、三〇〇名近くの学生が新華門を取り囲み、北京の政治中枢である中南海への突撃を図った事件。

(11)「旗幟鮮明に動乱に反対せよ」『人民日報』一九八九年四月二六日。

(12)一九五七年に毛沢東が発動した反右派闘争やその後の文化大革命で、批判対象に大きな帽子をかぶせ、公衆の面前で批判大会を開催するという、一種演劇的な政治運動が日常的に見られた。

(13)六四天安門事件当時、北京市市長、国務委員。事件後、全人代常務委員会で「反革命暴乱に関する報告」を行った。一九九二年には北京市共産党委員会書記に就任したが、一九九五年に汚職事件の関与に責任を取り辞任。一九九七年には党除名処分、一九九八年には懲役一六年の有罪が確定し、首都を舞台とした大汚職事件として注目された。

(14)原語は「自由知識分子」。自由を至上価値と考える知識人の意味。本来、自由に思考して言論活動を行う「知識分子」にあえて「自由」を付けるのは、アイデンティティーであると同時に、逆説的に考えれば、知識人が自由ではない現状に対する批判とも考えられる。同様に、「独立知識分子」という表現もある。また、「自由派知識分子」という場合は、「新左派知識分子」に対して、思想的な位置を明確にする意味でも使われる。

(15)原文は「対我国進行丑化、妖魔化」。「丑化」は醜くすること、「妖魔」は魔物や妖怪の意味。中国に対する外国からの批判に対して、中国を貶めていると中国当局が反論する際に使用されることが多い表現。

(16)原語は「炎黄子孫」。中華民族の祖先と言われる「炎帝」と「黄帝」の子孫として、華僑華人なども含め、広く中国人を指す。
(17)マーチン・ルーサー・キングが一九五七年一一月一七日に行った演説「Loving your enemies」(「汝の敵を愛せよ」)の一節。
(18)査建国(一九五一年生)、一九九八年に、徐文立、高洪明、劉世遵、張暉らと北京で「中国民主党全国代表大会」の開催準備をしたところ逮捕され、国家政権転覆の罪により懲役九年、政治的権利剥奪二年の実刑を受けて服役した。妹の査建英は、著書『八十年代訪談録』で八〇年代ブームの先駆けとなった作家で、兄の査建国について書いた『国家公敵』(上村ゆう美訳「国家の敵」『火鍋子』vol.75、翠書房、二〇一〇年五月)が発表されている。
(19)原語は「平反」。誤った判決や政治的な結論を改め、名誉回復をすることで、人物だけでなく、事件についても用いる。ここでは、六四天安門事件の定義を再評価し、犠牲となった関係者の名誉回復をすることを意味する。

(「論敵対思維——〝二〇〇九・北京・六四民主運動研討会〟論文——為記念六四天安門事件二〇周年而作」)

中国民主化への日本政府の対応
――民主化運動を支持した国費留学生の受難――

林望

日本への期待と幻滅

劉暁波《リュウシャオボ》氏のノーベル平和賞受賞をどう評価するか。日本国内にもさまざまな見方があるだろうが、天安門事件の記憶の風化が進む中、中国の民主化や人権のために闘う人々の存在に光を当てたという意味での意義は極めて大きいものがあった。

金融危機以降、世界各国が中国への依存を高め、日本に伝わる中国の情報は経済に関するものに偏りがちだった。劉氏の受賞は、大国化する中国が抱える弱さとその裏返しのこわもてぶりを、あらためて私たちに示したといえる。

折しも、尖閣諸島を巡る日中の対立が高まるさなかでの受賞でもあり、彼らの思想や歴史が理解されるよりも前に、中国の体制に挑む小気味いい存在としてとらえる向きもなかったわけではない。それでも彼らの存在が広く知られ、様々な意見が日本でも出てくること自体が、劉氏の受賞の大きな果実だと思う。

私自身も、劉氏の受賞以来、劉氏や彼の周辺にいる中国の民主活動家や人権活動家たちのことを記事にする機会は格段に増えた。世間の関心がそれだけ高まり、記事として受け入れられやすくなった。しかし、彼らの記事を書き、読む機会が増えるにつれて、心の中に沸いてくる疑問がある。「私たちは心の奥底で、中国の民主化やそのために闘う人たちのことを彼岸のこととして眺めてしまっていないだろうか」という問いだ。

私はこれまで、中国の体制に疑問を感じ、日本にやってきた何人かの人々と接する機会を得た。天安門事件に参加した元学生、故郷で起きた弾圧で仲間を失ったウイグル人。彼らはみな、民主主義、自由主義を掲げつつ経済成長を実現した日本に、大きな期待を抱いてやってきた。

（本誌にも寄稿している）劉燕子さんによれば、二〇〇七年、劉暁波氏は日本から面会に行った燕子さんに「自分の考えが日本の人々にどう受けとめられるのか、聞いてみたい」と語ったという。アジアでいち早く近代化を成し遂げ、戦後、民主主義の経験を積んできた日本は、劉氏の目にもなにかしらの希望を託すべき存在として映っていたのではないかと想像する。

しかし、そうした期待を抱いて中国からやってきた人たちに、日本が応えてきたとはいえない。むしろ幻滅し、日本を後にした人々が少なくない。

中国という強大な隣国とどう向き合うのか。日本の古くて新しい課題だ。古いエピソードだが、そのことを考える材料になると思うので、以下にご紹介したい。

趙京さんの場合

「これにサインしなければ、大学として君の修了見込みは出せない」

一九九一年の夏、大阪大学大学院に留学していた趙京さんは、指導教官に呼び出され、こう言われた。「学業以外の活動に没頭し適切でなかった。今後は学業に専念する」。わずか五行ほどの文章は、大阪の中国領事館に送る「反省文」だった。

中国政府の国費留学生として八六年に来日した趙さんは、中国の民主化運動を支持する「民主中国陣線」日本支部に立ち上げから加わり、関西地区の代表を務めた。

まず天安門事件が起きた三カ月後に中国政府の奨学金の振り込みが途絶えた。東京の中国大使館に問い合わせると、電話口の担当者は「まさか理由が分からないわけではあるまい」と笑い、「反省しろ」と突き放した。

奨学金の打ち切りは、中国政府が趙さんの身元保証をやめるのと同じだ。身元保証がなければビザは延長できない。入国管理局の担当者は「中国政府は君が帰国しても安全だと言っている。帰りなさい」と取り合わなかった。

困り果てた趙さんは、大学のパーティーで一度だけ面識のあった米国人牧師を思い出し、大阪・千里の教会に駆け込んだ。事情を話すと、年配の男性信徒が身元保証を引き受けてくれた。何度も頭を下げる趙さんに、男性はただ、「神に感謝しなさい」と微笑むだけだった。

九一年八月、今度はパスポートの有効期限が迫っていた。活路を求めて阪大に相談した末に求められたのが、「反省文」へのサインだった。追いつめられた趙さんはこれに応じ、有効期限が一年というパスポートが出た。

「日本への思いは複雑だ。民主や自由を掲げるはずなのに、守ってもらえなかったと感じている留学生は僕だけじゃない」。いま、趙さんはそう振り返る。

趙さんの指導教官だった男性に当時のいきさつを尋ねると、男性は「痛い記憶だ」と、言葉を詰まらせた。そして「日中双方の政府と大学。それぞれの思惑が吹き荒れる中で、ギリギリの選択があの反省文だった」と、振り絞るように話した。

阪大で、社会階層の世代変化を統計学的に分析する研究をしていた趙さん。連日、明け方まで研究室にこもる熱心さは、指導教官に「いずれ自分の後継者に」と思わせるほどだった。

指導教官は奨学金やパスポートの更新のため、領事館に穏便な対処を求める手紙を出したり、領事館の幹部が出席するパーティーに顔を出し、頼み込んだりした。しかし、返事は一切なく、途方に暮れていた。

そんなある日、指導教官の研究室に一本の電話が入った。

「ちょっと来て欲しい」

名前も名乗らぬ相手だったが、高圧的なものいいに「趙君のことだ」と直感した。言われた住所に車を急がせ、到着したのはこれといった特徴のないビルだった。看板のない一室に入ると、そこは事務机がいくつか並ぶだけの殺風景なオフィスだった。

一番奥にいた初老の男性に呼ばれて近づくと、おもむろに机の上のファイルを見せられた。

「先生、彼が何をしてるかちゃんと知ってますか」

趙さんがいつ、どんな集会に参加しているのか、詳細に記録した資料だった。

「そんなことでは指導教官失格ですな」。男性は「日中友好にひびが入りますよ。領事館に謝罪した方がいい」と続け、反省文を書くことと、深夜に領事館を訪ねて応対した職員に謝罪の言葉を伝えるようアドバイスしたという。

指導教官は、男のアドバイス通り、深夜零時過ぎに領事館を訪ねて詫び、反省文を送ると、趙さんのパスポートの更新が認められた。

自分を呼びつけた男は結局、誰だったのか。いまだに謎のままだ。それでも指導教官はえたいの知れない相手の言葉と態度から、明確なメッセージを読み取った。

「『早く事態を収拾しろ』。それが権力の側の意向だ」

日本に見切りをつける人々

ちょうどこのころ、海部俊樹首相が西側諸国の首脳として天安門事件後初めて訪中し、事件後から続いていた第三次円借款の凍結を解除。最恵国待遇の延長を決めていた米国と並び、日本は中国に対する経済制裁的な圧力をいち早く緩めた。

フランスをはじめとする欧州諸国からは強い批判があったが、当時の政策判断にかかわった外務省幹部は「中国を締め上げることがアジアの平和と安定につながるのか。中国は日本にとっての隣国。欧州とは立場が違う。中国政府に反省を促しながら、建設的な方向に持っていく方が良いという判断だった」と振り返る。そして「当時の日本の立場は、北朝鮮を追い込み、孤立化させることを懸念する最近の中国の立場に似ている」と話す。

天安門事件後の日本の対中外交を分析した高木誠一郎教授(国際政治)は「日本が人権問題を掲げて圧力をかけられなかった理由の一つに、日中間の歴史問題がある。戦時中の行為を持ち出されたら、かえって事態が複雑になって逆効果という懸念があった」と指摘する。

趙さんは九五年、日本の生活に見切りをつけて米国に渡り、天安門事件で弾圧された学生らの渡米を支援したり、中国市場で事業展開する米大手IT企業の検閲への批判運動などを展開する。

「日本はこれから、ずっと中国政府の顔色を見ながら合わせていくのか。民主でも人権でも自由でもいい。個人の中国人に向き合う時の原則を示してほしい」と訴える。

こうした趙さんの体験を、「二〇年も前の話」と笑い飛ばすことが、いまの日本にできるだろうか。

二〇〇九年末ごろから、日本に暮らしていたウイグル人たちが、安住の地を求めて米国やトルコに移住しはじめている。同年七月、新疆ウイグル自治区で起きた騒乱で、日本国内でのデモに参加した人たちはもちろん、そうでない人たちも故郷の家族が当局の尋問を受けるなど圧力を感じている。中国への帰国を断念した人たちは少なくないが、「ビザが切れたら日本政府は私たちを強制退去にするのではないか」との不安は根強い。

「日本は好きだけど、信用できない。ミャンマーからの難民はたくさん認めているのに、天安門事件で逃げてきた人にはほとんど認めていないじゃないか」。二〇一〇年一月、妻と二人の子どもを連れてイスタンブールに旅立った男性は、こう言い残していった。

中国の大国化と求められる覚悟

中国が国内の反日的な世論を押さえつける力を失い、歴史問題はますます先鋭化しやすくなった。そして、経済的な中国依存は強まる一方だ。日本と中国の国力のバランスは当時と比べて大きく変わりつつある。民主や自由という価値観のために、中国に「ノー」を突きつけるには、当時以上の覚悟がいるはずだ。

中国政府も、国際社会における自身の影響力が急速に大きくなっているのを自覚している。中国国内では、金融危機以降、世界経済を引っ張ってきたという自負から、強大な中央集権型の政府のもとで効率のよい経済建設をしてきた経験を「中国モデル」として評価する議論が活発だ。その自信は、「国家主権の保全こそ、国民の人権や自由の基礎となるものだ」(『チャイナ・デイリー』)などと、民主や人権を重んじる欧米型の価値観への挑戦という形で現れはじめている。

今回のノーベル平和賞を巡り、受賞者の決定前にオスロを訪欧した中国外務省高官が「(反体制派への授賞は)非友好的な行為とみなされ、中国との関係を悪化させる」と牽制したり、中国政府は各国の駐オスロ大使に授賞式に出席しないよう要請して「踏み絵」を迫ったりした。こうしたあからさまな圧力は、「欧米各国の顔色を伺う必要などない」という強烈な自負があるからに違いない。

授賞式については、日本はいったん回答を保留したものの結局、英米独仏らと並んで大使が出席した。

民主主義国としての面目は保ったが、今後も中国政府は、様々な場面で、さまざまな形で踏み絵を迫ってくる可能性がある。

尖閣諸島を巡る問題でレアアースの輸出が滞り、日本の暮らしや経済が、どれだけ中国に依存しているのかを痛感させられたのは記憶に新しい。前原誠司外相は尖閣諸島の領有権について「一ミリとも譲る気持ちはない」と豪語したが、日本に暮らす私たちが、よその国の民主や人権の問題をめぐって、それだけの強い姿勢を示す覚悟はあるだろうか。

日本有数の自動車メーカーの会長が、二年ほど前にこう言っていた。

「日本産業界の課題は、相手にとっての利用価値をいかに維持するかだ」

「相手」とは中国にほかならず、「利用価値」とは、急速に実力をつける中国のメーカーの半歩先を行く技術力をどれだけ維持し、市場での優位性を保つかということだ。

その言葉は、国としての日本と中国の関係にも通じるように思う。経済の規模で逆転された日本が、中国に対して示せる「価値」とは何か。技術、環境、安全といった価値とともに、民主や人権、法治などを巡る仕組みと経験があることを私たちはしっかり自覚する必要がある。そしてそのことが、劉氏の受賞や中国の民主化を自分の問題として考えるための一つの足がかりになるのではないかと考えている。

Ⅴ　「近代化」という中国の課題・矛盾・希望

劉暁波と中国政治体制改革

清水美和

七〇年代末から天安門事件まで

劉《リュウ》暁波《シャオボ》が二〇〇八年十二月に挙げた中国の政治体制改革を求める叫びは、一九七〇年代末から始まった改革・開放の中で繰り返されてきた政治改革への動きを受け継ぐものであった。その試みと挫折が、劉の異議申し立ての動機で、それゆえに劉は言論のみを理由に懲役十一年という重罪を科せられた。

劉の思想と業績は他の寄稿で語られると思うので、本稿では三十年余にわたる改革・開放の中で、劉暁波の挑戦の意味を考えたい。実は改革の総設計師といわれる鄧小平は政治改革の必要を認めていた。一九七八年末、鄧小平《デンシャオピン》が呼びかけた改革・開放は、八〇年代後半に経済改革から政治改革に焦点が移った。計画経済体制で一部に市場経済を導入すれば、政府や国有企業の実権を握る党幹部が特権を利用し、安く配給された原材料や商品を市場に横流しして巨万の富を得る。彼らは「官倒（グァンダオ、官僚ブローカー）」と呼ばれ、知識人・学生や民衆の憎しみを買っていた。

改革の限界を突破するには、党が政治、経済一切の権力を握る体制の改革が不可欠で、鄧自身「政治体制の改革がなければ経済体制の改革を前進させることはできない」（八六年九月、公明党竹入義勝委員長との会見）と断言していた。政治改革の任は鄧が後継者に選んだ、胡耀邦《フーヤオパン》、趙紫陽《チャオツヤン》の二代の党総書記に託された。

しかし、胡は八六年末に起きた民主化を求める学生運動への対応が軟弱すぎたとして八七年一月、総書記を解任された。開放的な政治姿勢は人気が高かったが、幹部の特権に手を付け世代交代を図ったことが、保守派のみならず鄧の疑いを招いた。趙は政治改革の旗を降ろさず、八七年十月の党十三回大会では「党と政府の分離」「人民大衆との対話制度確立」という画期的な方針を確立した。

しかし、趙も八九年六月、胡耀邦の死去をきっかけに起きた民主化運動に対する軍を動員した弾圧（天安門事件）に反対し、総書記を解任された。共産党支配の動揺に危機感を強めた鄧は政治改革の「争論」を禁じ、その後の政治改革は党権力に手を付けない行政改革に矮小化される。鄧自身、八〇年代には強調した政治体制改革を禁句とし、九三年に出版した『鄧小平文選』第三巻では元々の談話にあった「政治体制を改革しなければ経済体制改革を前進させられない」「党と政府の分離を第一位に置くべきだ」など政治改革にかかわる重要部分を削除させている。

経済のみの改革と腐敗の深刻化

しかし、ソ連・東欧の社会主義圏崩壊の原因は国民生活を改善できなかった計画経済体制にあると見抜いた鄧は、その後、経済面では大胆に市場経済を導入し中国を経済大国への軌道に乗せる。「経済は改革、政治は保守」という基本路線は後継者の江沢民《ジャンツーミン》、胡錦濤《フーチンタオ》に受け継がれ、急激な高度成長を実現したが、貧富の差は極端に拡大し党幹部の腐敗は深刻化した。計画経済の代名詞であった国有企業は企業改革で「国家の安全と国民経済の命脈にかかわる」（九九年、党十五期中央委員会第四回全体会議決定）産業部門、つまりエネルギー、国防、金融、情報・電子産業などに集中され、独占的地位を確立し高い利潤を確保するようになった。株式制を「公有制の主要な形態」と見なす大胆な解釈が打ち出され、上場により国有企業の時価総額が肥大化したことは、これら企業を支配する党幹部が旧中国を思わせる「支配家族」に成り上がる機会をもたらした。

天安門事件で北京の戒厳令布告を宣言した李鵬《リーポン》元首相は電力技術者出身で電力部門の閣僚も経験し、長女の李小琳《リシャオリン》（五十歳）は五大電力国有企業で唯一、香港株式市場に上場する中国電力国際発展公司のCEO（最高経営責任者）を務め「電力業界のプリンセス」といわれる。長男の李小鵬《リーシャオポン》（五十二歳）は、上海、香港、ニューヨークに同時上場を果たした、電源開発の最有力国有企業、中国華能集団公司の社長を務めた。しかし、二〇〇八年六月、石炭産出で知られる山西省の副省長に転じ政治の道を歩み始めた。

党高級幹部が政治権力を元手に経済的実力を手に入れ、それを資本に一族がさらに大きな特権を手に入れる例は他にもみられる。これが経済成長のもたらす富の公平な分配を妨げ、貧富の差を目もくらむまでに拡大した元凶である。劉らが天安門広場で挙げた政治改革の叫びを武力で鎮圧したことは、その後の経済成長が社会の安定より矛盾を激化させる真の理由だった。これに対し経済運営に責任を負う温家宝《ウェンチアバオ》首相が、党指導部でもっとも熱心な政治体制改革の提唱者になったことは偶然ではない。温は趙紫陽総書記の下で党中央弁公庁主任を務め趙が天安門広場で学生に自制を呼びかけたときも趙の傍らにいた。

「普遍的価値」をめぐって——温家宝と劉暁波

温は〇七年二月二十七日付の『人民日報』に発表した論文で「科学、民主、法制、人権は資本主義の専有物ではなく人類の長い歴史でともに追求してきた価値観と創造した文明の成果である」と述べ、普遍的価値を中国も共有し実現を目指す姿勢を示した。しかし、温が〇八年五月十二日に起きた四川大地震で救援の先頭に立ち、八日後に予定されていた台湾の馬英九《マーインチョオ》総統（国民党）の就任に対する民進党の陳水扁《チェンシュイピン》前政権による妨害を警戒し、準戦時体制を敷いていた軍の動きの鈍さに不満を漏らしたことから「普遍的価値」に対する批判が始まる。

運動は前総書記の江沢民が軍の意向をくみ党政治局に「普遍的価値」批判を要求する手紙を送ったことから始まった。まずイデオロギーの元締めである中国社会科学院の陳奎元《チェンクイユァン》・院長が「西側の主張する民主や人権など『普遍的価値』に影のように付き従う人々がいる」（中国社会科学院ホームページ）と温をあてこすった。党理論機関誌『求是』（〇八年十一月十六日号）は江の後ろ盾を示唆する「ある同志」の言葉を引用する形で「『普遍的価値』の実質は覇権主義で、彼らはその価値観で世界を改造しようとしている」と断じた。

一連の批判で「普遍的価値」を唱える党内勢力を「趙紫陽集団」と指弾する論調も出現した。現指導部で趙とつながりがあるのは温のみで、温を「趙紫陽集団」と見立て攻撃することにより、党内で影響力を保っている胡耀邦、趙紫陽を受け継ぐ民主派を沈黙させるのが運動の狙いだった。

自らを支える温の苦境に、胡耀邦が共産主義青年団指導部に抜擢した胡錦濤総書記は、いかなる態度を取るのか。それが注目されたのが〇八年十二月十八日の改革・開放三十周年記念式典だった。しかし、胡は「西側の政治制度は採用しない」と断言し社会の安定を最優先に国内の統制を強める考えを強調した。劉暁波が「08憲章」を発表したのは、体制内幹部や知識人の政治改革への挑戦が絶望的になったことに対する党外からの反撃で、それゆえに党内外から多くの賛同者を得た。

しかし〇九年三月の全国人民代表大会で活動報告に立った、江沢民側近の呉邦国《ウーバングオ》全人代常務委員長は「中国は西側と異なる道を歩む」と断言した。「全人代と西側の資本主義政治制度は本質的に異なる」「西側のやり方を絶対にまねてはならず多党制や『三権分立』、二院制は絶対にやらない」。

それは、鄧以来、党内に許されてきた「普遍的価値」実現を目指す政治改革への志向との断絶宣言だった。その後、米欧や日本に先駆け金融危機を克服した中国が、西側に対する強硬姿勢を強めていく背景には党内論争の決着があった。劉への懲役十一年判決は、もはや「人権」批判に臆さない中国の態度を全世界に宣言したに等しい。それに対し国際社会は劉にノーベル平和賞を贈ることで、二十一世紀の新興大国の行方に危惧を示したのである。

「経済だけでなく政治体制改革を進めなくてはならない。政治改革なくしては経済改革の成果も失われ現代化の目標は実現できない」。温は金融危機克服後の二〇一〇年三月、全国人民代表大会の政府活動報告であらためて政治体制改革の必要を強調した。胡耀邦死去から二十一年目の四月十五日には『人民日報』に追悼文を寄せ「民衆の苦しみに関心を寄せ、公のために自らを投げ打った」と称えた。温は、その中で「総書記解任後も常に胡の家を訪ね」、心臓疾患で倒れてから「ずっと傍らで看病した」と明かした。温が「政治改革の星」とうたわれた胡耀邦の遺志を受け継ぐという決意表明ともとれる。

さらに八月二十一日、温は経済特別区成立から三十周年を迎えた広東省深圳を視察し、「（政府に）権力が集中しすぎて制約を受けない問題を解決し、人民が政府に批判や監督をできる条件を創造しなくてはならない」と党権力の制約にまで踏み込んで政治改革を呼び掛けた。

しかし、劉に対する懲役十一年判決を容認した温への期待は、もはや高くない。中国の著名な人権活動家で作家の余杰《ユージィエ》は八月に香港で『中国影帝温家宝（中国一の名優温家宝）』を出版した。余は温の指導下で法治が後退し、腐敗も深刻化し、軍備の増大が進んでいると激しく批判した。政治改革を目指す一連の発言も「演技」にすぎないと断言した。自身も一時、公安当局に身柄を拘束され、著書は国内で出版できず言論の自由は江沢民時代より後退していると主張している。

さらに中国や香港では宝石業界の「女王」といわれる温首相の妻や投資ファンドを経営する息子にまつわる金銭疑惑のうわさが絶えず胡耀邦の後継者を自任する温のイメージを泥にまみれさせている。これとは対照的に、獄中で闘い続ける劉の存在は、中国の民衆に、開明的な指導者がいつか現れ、政治改革に導いてくれるという幻想との決別を迫っているといえよう。

「官と民のせめぎ合い」と中国の今後

——和諧モデル崩壊後に何が来るのか——

城山英巳

西側国際秩序への挑戦

二〇一〇年一一月中旬に横浜で開かれたアジア太平洋経済協力会議（ＡＰＥＣ）首脳会議は、菅直人首相と胡錦濤《フーチンタオ》国家主席の会談が実現するかに関心が集まった。尖閣諸島沖での中国漁船衝突事件を受けた「日中衝突」をどう解決していくかが焦点となったが、実は胡錦濤が、横浜で注目すべき発言をしていたことはあまり報じられていない。

「どんどん多くの新興国が快速発展を遂げている。これは二十一世紀の国際政治経済発展の中で顕著な現象だ。新興国は経済グローバル化の発展に順応し、国情に基づき経済発展戦略を調整・改善する、特色ある経済発展路線と発展モデルを構築した」。

（一一月一三日のＣＥＯサミット）

「特色ある発展モデル」とは何か。台頭する新興国・中国が標ぼうするモデルは、共産党一党独裁下で民主的プロセスを省き、迅速かつ効率的な政策決定を通じ、国家主導の思い切った経済運営を可能にする統治方式で、「中国モデル」や「北京コンセンサス」と呼ばれる。日米など民主国家のモデルでは、野党やメディアが文句を付ければ、延々と政策論争が続き、政策決定は遅れる。二〇〇八年秋に世界を襲ったリーマンショックの際も中国共産党指導部は即座に巨額財政出動を決定。それが日米欧に先駆けて危機から脱却する決め手となり、中国の国際社会における存在感を高めた。

「胡錦濤発言」の意図は、中国が、影響力を高める新興国を束ね、米国など西側民主諸国が中心となって築き上げた国際秩序に挑戦しようとする点にある。あくまでその国ごとの「国情」を優先し、西側の論理や価値観とは異なる新たな国際システムを構築することに中国の思惑がある。

新秩序を主導する上で中国の武器は、巨大市場を背景に、今や世界経済をけん引する経済力にある。一〇年一〇月八日に民主活動家・劉暁波《リュウシャオボ》氏へのノーベル平和賞授与が決まって以降、欧米諸国の多くが中国に対して人権問題改善を強く要求できないのは、経済報復を恐れているからであり、中国としては国際社会が「一党独裁」に異を唱えられない環境をつくり出そうと躍起だ。

さらに尖閣諸島や南シナ海問題をめぐって領土・主権でも断固譲歩しない帝国主義的な側面も顕著となっている。

いわゆる西側諸国から見た場合の「中国異質論」が台頭している。英国人ジャーナリスト、マーティン・

ジャックスは著書『中国が世界を支配する時』（中国語訳『当中国統治世界中国的崛起和西方世界的衰落』を参照）でこう指摘している。

「中国は最終的には超大国になる。その時、これまでの大国と同様に自国の歴史的経験に基づき世界に立ち向かい、独自の手法で世界を再構築しようと試みるだろう。中国の台頭は必然的に我々がこんなに熟知する国際体系を変える。今まで世界の歴史は西洋史だった。しかし中国の台頭に伴い、その状況は変わり得る。中国と国際体系の関係も変化することは疑いない」。

この著書が中国語に翻訳され、北京や上海の書店店頭に山積みされているところを見ると、共産党も国民もこうした「中国観」を歓迎しているのだろうが、現実はそう甘くない。

犠牲の上に成り立つ正統性

「中国モデル」は裏を返せば、中国の盲点でもある。胡錦濤が目指したモデルは「和諧（調和）社会」だったが、皮肉なことに、このスローガンを叫び始めて以降、貧富の格差拡大と不公正社会のまん延はどんどん深刻になり、胡ら共産党指導者は今や「和諧社会」と口にもしなくなり、「和諧モデル」は崩壊した。

このスローガンが提起された二〇〇四年は、胡錦濤政権の転機と位置付けられる。共産党は同年九月の第一六期中央委員会第四回総会でこう一党独裁維持に危機感を露わにした。

「党の執政能力強化という課題を解決できなければ、われわれの党は、中国の特色ある社会主義建設の歴史的プロセスの中で断固たる指導の核心になれるという保証はない」。この時からこれまでの改革姿勢は一転し、保守化傾向を強める。

それ以降、胡錦濤指導部の中では「党存続に向けた正統性は何か」という議論が深められた。本来なら選挙という国民の政府への審判を通じ、政権の正統性は担保されるものだが、胡指導部が選択するのはやはり高度経済成長しかなかった。「昨日より今日の生活を豊かにして国民の求心力を高める」ことを狙い、和諧社会を実現しようとしたのだ。

しかし一党独裁という硬直した官僚システムの下、高度経済成長で得られる果実は、権力内にいる党幹部とその権力にすり寄る資本家によって独占され、「権貴階層」と呼ばれる特殊利益集団が増長した。土地問題を例にしてみよう。不動産価格の高騰の中で土地は地方政府幹部にとってはGDP（国内総生産）を増長させ、「政治的業績」という名の出世を実現する打出の小槌であり、中央政府にとっては経済成長という政権の正統性を得られる宝と化した。そこに不動産業者と言う資本家が群がった。

ただ「土地」を「政治的実績」「正統性」に換えるプロセスの中で、強制収用で農地を失った失地農民や、都市開発で立ち退きを迫られた住民は、低い補償金で暴力的な迫害を余儀なくされた。そして彼らは、権貴階層を敵視する「仇富」怨念を燃え上がらせ、北京まで陳情に押し寄せたり、集団抗議したり、中には焼身自殺で自らの正しさを証明したりする。そのたびに警察当局は権力を行使し、彼らをさらに弾圧する。いわば、経済成長という共産党の正統性は、社会的弱者の「犠牲」の上に成り立っているのだ。

いわばこうした歪んだ経済成長を推進すればするほど、「犠牲」を強いられた庶民の不満はマグマとして社会の底辺に溜まり続け、当局はそれを抑え付けるために暴力も伴った「警察権力」を乱用する――。そうしてわれわれが目にする中国社会の安定は、「和諧」から程遠い、「維穏」（安定維持）という当局が故意につくり出した見せかけのものとなる。『和諧社会』が声高に持ち出されて中国からは『和諧』が失われた」と、中国のある独立学者は皮肉る。

「維穏体制」は、異を唱える反体制派を排除するという点で「専制体制」に近い。「中国モデル」は、前述したように国家主導で経済成長をスムーズに進め、共産党の正統性を確保する一方、邪魔な存在を警察権力で抑え付け、都合のいい情報だけを流して矛盾を包み隠すものであり、「官民緊張」を内にはらんだ危険な統治モデルであるのが実情だ。

姚洋・北京大国家発展研究院副院長も、米外交専門誌『フォーリン・アフェアーズ』（電子版）に寄稿した文章「北京コンセンサスの終焉」でこう解説している。

「民衆の抵抗と経済格差によって中国はまた違った大きな危機に導かれている。強大な特権を持った利益集団と、商業化した地方政府の存在は社会の中で、経済成長の恩恵が平等に分配されることを阻害している。このため経済成長で絶対権力への民衆の同意を取り付けようとする共産党の戦略は失敗に終わるだろう。共産党が経済成長を推し進め、社会の安定を維持したいと願うならば、一層民主化を進める以外に選択肢はない」。

共産党の支配できない「ネット空間」

二〇一〇年九月に発生した尖閣諸島問題は日本国民や日本政府に、「異質な大国・中国」といかに向き合うべきかという難題を突き付けた。中国は、軍事力や経済力をバックにした国際社会において膨張主義的な野望を持ち、自国の論理・価値観以外は受け付けない中華思想的側面も強めている。「中国は強靭なのか脆弱なのか」「一体、何を考えているのか」とらえにくいのは、「強さ」をけん引する「官」（共産党・政府）が、民意に非常に敏感になり、両者の関係が分かりにくいからである。「官・民」を考える場合、前述した「官民緊張（対立）」と共に、「民の台頭」という視点も不可欠となる。

中国では、「官民緊張」を内包した国家モデルの中で、「網民」（ユーザー）が四億人を超えるインターネットの普及により、自由な発言が許される「空間」が広がり、そこでは体制を揺るがさない範囲での政府批判も展開されている。つまり共産党が支配できない「市民社会」「民間社会」がじわりと広がっているのだ。

中国の特異さを象徴するのは、国際社会で中国共産党勢力は膨張する一方、国内に目を向ければ、共産党支配と対峙する民間社会が沸き起こり、共産党勢力に食い込んでいる現象だ。こうした相反する二つの現象が同時進行で進む異例の展開が、われわれの中国理解を困難にしているのだ。

故・溝口雄三東大名誉教授は、筆者のインタビュー（二〇〇九年九月）で中国の国家体制を考える際に「民」の視点は欠かせないと強調していた。

「中国の変化を見る場合、最低でも三〇〇年単位の視点が必要になる。清代以降の三〇〇年間の最も大きな変化は、民衆の力量が徐々にだが、確実に増大していることだ。（一九一一年の辛亥革命による）王朝体制崩壊後、日中戦争や毛沢東時代の様々な混乱などがあったが、それらは一時的な現象と見る必要がある。どのような体制がいいか今も模索が続いている」。

もしかしたらネットという「武器」は、中国を三〇〇年の視点で見た場合、清末以降の新たな三〇〇年の体制を決定づける重要な要素になるかもしれない。ノーベル平和賞を受賞した劉暁波も同様の観点を指摘している。二〇〇八年七月に筆者のインタビューに対してこう答えた。

「官方（政府系）メディアと（ネットを中心とした）民間メディアの違いは大きく、人々は民間メディアを信じ、官方メディアを信じなくなっている。言論封鎖の社会において官方メディアは言論を誤った方向に導き、真相を隠しているからだ」。

劉が期待を寄せたのは、一党独裁の暴政に対抗するネット民意であり、ネットを通じた言論空間の拡大を、中国民主化に向けた新たな可能性と見ていた。特に改革・開放前の中国は、多くの情報が国営新華通信社や中央電視台（CCTV）、共産党機関紙『人民日報』など「官方メディア」によって独占され、共産党の支配する「空間」が国民の生活空間の大部分を占めた。しかし最近では独自の視点で調査報道を行う都市報のほか、ネットの普及により「官方メディア」に対抗する形で「ネット空間」が拡大し、〇九年ごろからはツイッターやマイクロブログが社会を大きく変えている。

現在公安当局によって軟禁状態に置かれている劉暁波の妻・劉霞《リュウシィア》は、夫の平和賞受賞決定後も、監獄での劉暁波との面会の様子をツイッターで発信してきたが、多くの人権派弁護士や民主活動家、知識人たちはツイッターを駆使している。

中国ではツイッターへの接続は制限されており、通常は使えない。しかし彼らは特殊ソフトという新技術を使い、当局の規制の壁を乗り越えている。ツイッターを駆使する人権派弁護士の李方平はこう解説する。「ブログは当局によって封鎖されてしまうが、（米国で管理されている）新技術のツイッターはなかなか封鎖できない。ブログは理論面を発信する道具だったが、ツイッターでは知らない者同士が交流しやすく、多くの人が大衆行動を起こせる。情報技術がもたらした社会の進歩だ」。同じくツイッターを利用する人権派弁護士・江天勇は「ツイッターはノーベル平和賞に値する」と絶賛した。

「民」意識の台頭と団結を恐れる

二〇一〇年一一月一五日、上海市中心部の二八階建て高層マンションで火災が発生し、五八人が犠牲となったが、二一日（日曜日）に警官が監視する中、火災現場で犠牲者を哀悼しようと花束を持った市民が長蛇の列を作った。その数は一〇万人に上った。

あるツイッターはこうつぶやく。「上海のマンション火災の追悼現場では変化が起こっている。数万人が現場で献花し、交響楽団が哀悼の音楽を奏で、抗議のどよめきがあちこちから沸き起こる。警察は道路を封鎖し、楽団を暴力的に阻止し、花束を繰り返して片づける。憤慨した市民は上海語で演説を始める。『民智』(国民の文化と知識)が開化した小さい一歩で、歴史的な瞬間だ」。

なぜ火災が惨事になったのか——。政府の対応に不満を強めた市民は、献花に静かな抗議の意を込めた。市民の集団行動を非常に敏感視する当局は、一歩間違えば、政府批判運動へと転化すると恐れたが、それでも当局は市民の献花を認めた。いや認めざるを得なかった。

この上海の出来事は、さらなる「民間社会」の台頭を予感させるものだ。「公民意識」の沸き起こりに対し、政府つまり「官」が危機感を抱き、極めて敏感な市民の行動を許容した結果だった。コラムニストの熊培雲・南開大学副教授は「民間是個好東西(民間とは良いものだ)」でこう指摘している。

「こんにちの中国の一つの顕著な進歩は、民間社会の成長にあることは否定できない。体制の内外で次第に多くの人が、『民間とは良いものだ』と意識し始めている。自由な民間社会の存在は、カギとなる時代において危機を緩和する力の源である」。

(『重新発現社会』)

熊培雲によると、改革・開放以前の「民」は、イデオロギー色の強い集合名詞である「人民」として個性は抹殺され、公民(市民)の権利は無視された。しかし改革・開放以来、私営経済は拡大し、公民の権利を保障する法律体系が徐々に構築され、公民社会のひな型ができ上がった。つまり中国人は「人民」から「公民」「市民」へと変容しているのだ。

こうした中で、筆者は、中国の民主化、政治改革を考える際、「官と民のせめぎ合い」がカギになると考えている。つまり「民」の怒りが、それに危機感を感じた「官」を動かす、という構図だ。

中国では群体性事件（暴動・集団抗議）は年間一〇万件と言われ、「上訪」（上部機関への陳情）は同一〇〇〇万件に達するとみられる。一〇年五月から七月にかけて日系企業などが標的にされた賃上げ要求ストライキが相次いだ。ストは「八〇後」と呼ばれる一九八〇年代生まれの若い農民工（出稼ぎ労働者）らが主役で、彼ら、彼女らはネットを駆使して自分たちの権利意識をむき出しにした。ここにも「民間社会」の高揚が見られる。スト権は憲法で認められていないのに、共産党・政府はこうした「反乱」を徹底鎮圧せず、賃上げを黙認する理性的な対処を鮮明にした。

中国では「国家の制度」と「社会の現実」のズレは珍しくないが、「制度」を「現実」に合わせる急進的な改革を断行せず、社会の安定を何よりも最優先する。社会にあふれ出す「民意」を重視しつつ、過激化しないようコントロールする方針なのだ。

一方、尖閣問題が始まって一カ月がたった一〇月中旬、内陸部の地方都市で相次いだ大規模「反日デモ」では違う対応を見せた。就職難など若者らの社会不満を、「反日」という民意に吸収しようとしたが、デモが過激化し、陝西省宝鶏のデモで「多党制」を求める横断幕も登場すると、一転して「維穏」装置を発動したのだ。

いずれにしても増大する「民」の怒りに対し、「官」はひどく怯えている。

「党の執政地位は末永く続く不変のものではなく、現在あるからと言って永遠にあるものではない」——。胡錦濤は二〇〇八年一二月、改革・開放政策三〇年記念大会で演説し、こう危機感を前面に出した。一党独裁が途絶えることへの危機感は本来なら、政治改革や民主化をけん引する力に転化するはずだが、胡錦濤は一党独裁を脅かす勢力を抑え付ける「維穏体制」を優先している。同じ訴えや要求を持つ「民」がネットで情報を共有して「団結」する形で連鎖的に抗議を起こし、一党独裁に反旗を覆す「悪夢」が頭をよぎっているのだ。

清帝国の黄昏と共産党政権

こうした「官」と「民」の関係は、中国で繰り返された王朝崩壊の引き金となった。いわば王朝の崩壊は、腐敗にまみれた専制政治に怒った農民や民衆ら「民」が立ち上がった歴史である。

一九一一年一〇月一〇日、武昌蜂起を契機に辛亥革命が勃発し、約二六〇年にわたった清朝が打倒され、中国で二〇〇〇年以上続いた王朝体制が崩壊した。翌年アジアで最初の共和国である中華民国の臨時政府が作られ、革命指導者・孫文が臨時大総統に就任した。二〇一一年はそれから一〇〇周年を迎える記念の年だ。孫文を尊敬する中国、台湾双方で記念大会が開かれるが、中国のある知識人は「共産党一党独裁体制にとって辛亥革命一〇〇年は非常に敏感だ」と解説する。

腐敗が横行、格差が拡大し、「民」の求心力を失って倒された巨大帝国・清朝の黄昏は、社会矛盾が爆発する現在の一党独裁体制に重なり合う、という議論が中国の知識人の中で盛んだからである。

清朝は孫文ら革命指導者に倒され、孫文の遺志を継いだ国民党の蒋介石は、これまた腐敗横行により民心を失ったことで毛沢東に倒された。毛沢東は一九四七年、「国民党（で権力を誇った）『四大家族』（蒋介石、宋子文、孔祥熙、陳立夫）が握った独占資本は、国家政治権力と結びついて国家独占資本主義となった」（『毛沢東選集第四巻』）と批判した。権力と資本家が結託した特殊利益集団が幅を利かせる共産党一党独裁体制も、毛が蒋介石らを指して言った「国家独占資本主義」と非常によく似ている。

だからこそ劉暁波へのノーベル賞授与が決まった二日後の一〇月一〇日、北京の人権派弁護士・唐吉田は自身のツイッターでこうつぶやいた。「きょうは双十節」。武昌蜂起から九九周年の記念日だった。「こんにちの中国は清末よりさらに緊迫した挑戦に直面している。民主・憲政に向かうのか、それともファシズムに向かうのか。国民は正しい選択をしなければならない」。別のツイッターも次のように気勢を上げた。「九九年前のきょう、革命は成功した。アジア最初の民主共和国――中華民国が誕生した。正真正銘の〝新中国〟が始まったのだ」。北京の人権派弁護士や知識人らにとって劉のノーベル平和賞は「革命」的意味を持つのだった。

中国は一体誰のものなのか

現在の知識人が関心を持つのが、清末から民国初期の思想家・ジャーナリスト・政治家である梁啓超だ。康有為とともに明治維新にならって立憲君主制を目指した政治改革「変法自強運動」のリーダーとなった梁啓超は運動挫折後、日本に亡命し、一九〇二年には横浜で雑誌『新民叢報』を刊行、西洋の近代思想などを紹介した。

毛沢東も、辛亥革命前夜、故郷・湖南省の長沙で孫文を大統領にし、康有為は総理、梁啓超は外交部長（外相）になるべきだとの一文を書き、学校の壁に張り出したこともあった（エドガー・スノー『中国の赤い星』）。

劉暁波もこう指摘している。

「梁啓超が、『新聞社には二つの天職がある。一つは、政府に対して発言し、その監督者となることであり、二つ目は、国民に対して先駆者となることである』（『敬告我同業諸君』）と言ったとおりである。しかし梁啓超が他の啓蒙者よりも秀でていたのは、彼が言論の自由の人権的な価値を見出し、さらにジャーナリズムは、独立した地位を有するべきだと見ていたことにある」。

（『天安門事件から「08憲章」へ』藤原書店、二〇〇九年）

梁啓超の言葉を通じて「国家は朝廷ではない。朝廷は変わるが、国家は永久に存在する。人々が愛すべきなのは国家であり、朝廷ではない」と訴えたのが、「中国で最も真実を伝える新聞」と称される広東省の有力紙『南方都市報』（二〇一〇年四月一一日）だった。現共産党政権は、「国家＝朝廷（共産党）」だと国民に迫り、愛国は「愛国家」ではなく、「愛共産党」となっていないか、という警告である。結局、同紙歴史評論版の編集者は停職処分となったが、皮肉にもこの清末をめぐる議論が、「現在性」を備え、極めて政治的に敏感なものであることを暴露したようなものだった。興味深い論点なので引用しよう。

「フランスのルイ十四世は『朕は国家なり』と語ったが、ルイ十四世以降の仏啓蒙思想家の『主権在民』思想によると、国家の主権は人民に属し、『朕は国家なり』ではない。仏人民は『われわれこそが国家』である。中国はどうか。秦漢以降の二〇〇〇年以上で、愛国とは即ち君主に忠誠を尽くすことであり、忠君即ち愛国。君主と国家は観念上、ごっちゃ混ぜになった。しかし西側思想が流入して以降、中国人の国家、政府（朝廷）、君主に対する概念を明確に認識するようになった最初の人物が梁啓超だった。国家と朝廷を区別しない結果として最も明らかなことは、愛国が朝廷を愛するということに変わり、領袖すなわち君主を愛することにさえ変わるということである」。

これは現在の愛国教育について当てはまる。愛国教育は、共産党の革命を教える愛党教育となり、民のナショナリズムは共産党と一体化し、体制維持に欠かせない手段となった。しかし共産党の政策が「民意」から外れたと民が不満を高めれば、そのナショナリズムは共産党に怒りの矛先を向けるよう変質するのだ。「民を利用しながら民を恐れる」が胡錦濤政権の現実だろう。

「国家私物化」現象の類似性

現在の中国は、国家が「民」のものではなく、共産党のものになり、しいては党幹部のものと化し、「国家の私物化」が進んでいないか――。「愛国＝愛党」の問題を早くから指摘したのが前出・溝口雄三氏の著書『中国の公と私』から引用したい。

「旧来は単に朝廷や王朝体制をさしていた国家概念に、清末のある時期から、たとえば国の滅亡は種（民族）の滅亡につながるとする亡国＝亡種＝亡民の危機意識を媒介に、種族や民概念が含まれるようになり、国家は満人朝廷のものか漢民族のものか、あるいはより一般的に国家は君主のものか民のものか、という議論がおこりはじめた」。

「『君主の中国』対『中国人の中国』、『朝廷の私国』対『国民の公国』という、『君』国と『民』国の対立の構図がうかびあがり、『民』権意識がその構図から出てくる」。

前述したように清末は、外からは列強の侵略、内部では王朝の専制政治という国家の危機が深刻化した時代である。溝口によると、ここから「国家の興亡に責任を持つ主体は誰なのか」という議論が起こり、こうして醸成された「国民」意識は、従来の「国家を朝廷の私物」とみなす見方を否定した。つまり清末の議論は、皇帝をとりかえる易姓ではなく、「朝廷の私国」を「国民の公国」に変えようとする国民主権の観点から行われたのだ。こうした「民」の力の拡大が辛亥革命につながった。

興味深いのは、溝口が解説した清朝末期の状況は、現在の共産党政権にも当てはまることであり、それは『南方都市報』が梁啓超を通じて指摘した通りだ。つまり「中国とは一体誰のものなのか」という議論はいまだ終わらないテーマと言える。

その現状は、劉暁波が「08憲章」の中で、「一九四九年に建国された『新中国』は、名義上は『人民共和国』だが、実質的には『党の天下』であった」と批判する通りだろう。

もう一度繰り返すが、「党の天下」にある現在の中国では、党権力が絶大で、その内部にいるか、それに近づけた「権貴階層」が莫大な権限とカネを支配できるシステムである。つまり「朝廷の私国」すなわち「共産党による国の私物化」が進められている歪んだ状態に陥っている。

特にリーマンショック後、四兆元の巨額財政出動が開始されると、党権力と結びついた国有企業に巨大な経済利益がもたらされた。そして民間企業は衰退するという「国進民退」現象を生んだ。私営企業が発展を続けた改革・開放以降の「国退民進」とは逆行する動きであり、「市場経済を損ない、経済体制改革の後退をもたらした」と、改革派の中国人研究者は批判する。つまり「国進民退」とは、「官民緊張」を内にはらんだ中国で進められる統治方式「中国モデル」の中で進行し、この現象が進めば進むほど、貧富の格差は広がるばかりだ。

「中国では一％の家庭が全国四一・四％の富を支配している」（『経済参考報』）というデータもあるが、「中国モデル」「国進民退」の行き着くところは「国栄えて民滅ぶ」である。

しかし現実の中国はどうだろうか。既に詳述したが、「民は滅ぶ」どころか「民は台頭している」のである。つまり清末と同様に「国の私物化」が進めば進むほど、民権意識が芽生え、社会を動かす力になり得るのだ。共産党指導部がこれに危機感を抱かず、無視してさらに「私物化」していけば、ますます胡錦濤政権は「民心」を失う結末に終わるだろう。

北京の共産党関係者はこう漏らした。「庶民の指導部への圧力はどんどん大きくなっているが、いまだ本格的な政治改革を断行するまで危機感は高まっていない。現代史の観点から言えば、中国は日本に比べて危機感が乏しかった。だから大帝国だった清朝も崩壊したのだ」。

今後の政治改革や民主化の行方を決めるのは「官と民のせめぎ合い」だ。つまり、民権意識の台頭に対して官がどこまで危機感を持つかに懸かっていると言える。先の共産党関係者の言葉を解説するため少し余談をお許しいただきたい。なぜ清末に近代化への道に乗り損ねた中国と対照的に、日本は明治維新を成し遂げられたのか。長州藩士・高杉晋作の上海見聞（一八六二年）が一つの転機だったと筆者は見ている。アヘン戦争で英国に敗れた中国は、不平等な南京条約により一八四三年に上海を開港した。一方の日本は黒船来航を受け、開国か攘夷かで国内が二分されていた。高杉は日記に上海の様子をこう記している。

「この繁盛なる所以も、畢竟、外國人の繁盛をなすのみにて、支那人ただ外國人に使役せらるるのみなり。……支那の衰微せし事、隣國ながら、その歎に堪えざるなり」。

（『高杉晋作全集（下）』新人物往来社、一九七四年）

高杉の目には、「今日の上海は、明日の日本」と映った。英仏の植民地と化した上海で、外国人に酷使される民衆を見て危機感を持った高杉は帰国し、攘夷と倒幕の先頭に立つ。それが明治維新につながった。十九世紀後半の日中で明暗を分けたのはこの「危機感」だった。中国の新たな「改革」は指導者の危機感によって成し遂げられるだろう。その危機感を「維穏」でごまかし、民を抑圧し続け、清末と同じ歴史を繰り返すのか。民意を政治に反映させる思い切った政治改革を断行するのか。今、共産党指導部にとって喫緊の改革は、「官民緊張」をもたらす特殊利益集団を一掃し、「国家の私物化」という歪んだ現実を直視することだろう。

文章の力が民主化を実現する

――『大国の零落』解題――

余杰《ユージィエ》
横澤泰夫訳

劉暁波との出会い

劉暁波氏の夫人・劉霞女史の委託を受け、私は劉暁波氏のためにこの政論集の編集に着手した。その編集の最中に、中共当局は劉暁波氏を正式に逮捕したと公表した。まさにこの時、私の気分はひどく落ち込んでしまった。というのは、この種の編集作業は本来作者自身が完成させるべきもので、これ以前に劉暁波氏が出版したすべての作品はみな彼自身が編集し完成させている。私が自由を失った劉暁波氏に代わってこの作業を完成させるには、私はとても力不足だと思うし、同時に至極光栄なことだとも思っている。

このような時代、このような国家と民族の中に生きて、私はこれまでいかほども幸福感を味わったことがなく、それどころか屈辱感を存分に味わってきた。なぜかと言えば劉暁波氏や良知に従って人々を導き生活している多くの同胞が牢屋に身を落とし、しかるに下劣な人物が悠々と高い地位に昇っているからだ。今、劉暁波氏が拘留されている北京の留置所[2]は私の家から目と鼻の先にあり、彼が散歩などで獄房の外に出る時には、私の住んでいる建物を見ることすら出来るほどだ。彼は自由を失ったが、私と言えば相変わらず自由を享受している。私はこのことを恥ずかしいことだと感じている。同時に、私は劉暁波氏と同時代、同じ国家、同じ民族に身を置くことにこの上ない光栄を感じている。まさに、彼と身辺にいる友人たちの存在のおかげで、中国は旧約聖書の中にあるソドム（悪徳の町）[3]のような運命にあうことがない。というのはただ一人の義人すら見あたらなければ、この国は神によって滅ぼされてしまうからだ。

まさにこの時、私は二〇年前のことを思い起こさないではいられない。当時、まだ十六歳だった私は、六四[4]の銃声の響きがまだ残る中で劉暁波の文章を読み、激しく心を揺さぶられたのだった。その本とは当局が天安門事件の弾圧の後にでっちあげた『劉暁波その人その事』[5]で、中国青年出版社から出版発行され、初版は五万冊に達した。その本の前文には次のように記されている。「この小冊子に編まれた劉暁波の言論は、反動的狂人が書いた反共のとんでもない文章で、我々は読者諸君とともに鑑賞分析し、批判し、以てこれらの毒草を根こそぎ取り除き、肥料に変え、そうすることで我々の社会主義精神文明の陣地を壮大にし、強固にすることを期する」。大量の批判的文章のほかに、付録の形で劉暁波の数編の論文を収録し、批判の論拠としていた。しかし、私はその劉暁波の手になるずばり急所を突いた論文に引きつけられ、むさぼるように読みほとんど全ての行に赤線を引いたものだった。今現在、中共当局は学者の余世存《ユーシーツン》が提案しているように、実際にあの本を再版し、劉暁波に対する批判を続けるべきだ。惜しむらくは、胡錦濤にはそのような勇気は全くない。まさにこの時、私は一〇年前のことを思い起こさないではいられない。それは初めて劉暁波に会った時で、そばにいた劉霞は吃音の二人が懸命に話しあうのを見ながら気づかれないように笑っていた。当時、私は駆け出しの社会人で、本屋は私を一人前に仕立て上げようと当時劉暁波を形容するのに使われていた褒貶入り交じった「ダークホース」[6]という言葉を私のニックネームに使っていた。だが、本物の「ダークホース」に面会した時、私は話の糸口をきりだすことがなかなかできなかった。しかしそれ以後、我々は何でも話し合える友人になった。

古来、先覚者は故郷では歓迎を受けないものだというが、今日の中国のように先覚者をさいなみ辱めることを志とするということは、これまでどの時代にもどの国家、民族にもなかったことだ。まさに芸術家の高氏兄弟[7]が劉暁波のために描いたあの巨大な肖像画と同様に、かなりの距離を隔てて見て初めて劉暁波の顔立ちと顔色を見分けることが出来るのであり、一旦近寄って見ればぼんやりしたものになる。劉暁波の価値は同胞には知られていないが、劉暁波の存在は独裁者の憎しみを一層激発させているのである。本来、誰も彼らの政権を転覆しようなどとは思っていないのに、彼らは日夜疑心暗鬼を生じ、いても立ってもいられない[8]。

・お前は四川大地震で犠牲になった学生の名簿を集めようと企んでいるのではないか、「国家政権転覆扇動罪」の嫌疑があるぞ
・お前は毒粉ミルクで死亡した子供の父兄に法律的援助を提供しようと企んでいるのではないか、「国家政権転覆扇動罪」の嫌疑があるぞ
・お前は賣血でエイズにかかった農民を助けるために意見を述べようとしているのではないか、「国家政権転覆扇動罪」の嫌疑があるぞ

・お前は数え切れないほど多数の母親が産児制限担当の職員によって脅迫され堕胎したという悲惨事を暴こうとしているのではないか、「国家政権転覆扇動罪」の嫌疑があるぞ

この国家、この政権は糊で貼り合わせた紙の家のようにどうしてこんなにも脆弱なのか。

北京になびくことの危険

中共当局は数億元を投資して自画自賛の映画「建国大業」を撮影する一方で、「劉暁波」という三文字をインターネットのアクセスから重点的に排除する言葉に指定している。聞くところによると国民党をほしいままに辱めている映画「建国大業」は台湾の映画館で足並みを揃えて上映されるという。このニュースを聞いても私は決して驚かない。この数年来、最も中国を愛しているのは中国の民衆ではなく、台湾の映画スター、商人、文人それに政客である。台湾ではすでに時代遅れとなった李敖《リーアオ》[9]は中国では賓客として遇され、ついに彼の「第二の春」を探し当てた。芝居の役者の本性は常に強者に取り入ることである。しかも台湾の商人は、中国で奴隷的労働者を雇用し、愛人を囲うことができる。大陸での生活は台湾におけるよりもはるかにおいしく、当然「楽しみに溺れ台湾に帰ることなど忘れてしまう」。芝居の役者や商人がこのようであるから、政客もまた原則などくそ食らえだ。連戦《レンチャン》[10]、宋楚瑜《ソンチューユー》[11]ら一〇日の菊〔役立たず〕の政客は先を争って大陸を訪問した。兄貴分のばらまくあめ玉はなんと甘いことか、祖先の墓参りの費用すら中共が支払ったのだ。それなのに中共は国家財政からの支出がどのように行われたのか納税者に報告する必要がないのだ。連（戦）爺爺、呉《ウー》[12]伯伯に続き馬《マー》[13]叔叔の中国訪問もあるだろうか。大陸反攻が遙かに

手の届かない夢になったからには、後退し次善の策として南唐の李後主となるのも悪くはない、（中国の）寝床（領土）のそばでしばらく安眠するのを許してくれということだろう。[14] 現在、全世界がすべて我先に中共に媚びを売ってはいないか。フランスのサルコジ大統領はダライラマと会見したことで、中共の金城鉄壁にぶつかりさんざんな目に遭った。[15] アメリカのオバマ大統領は経済危機に直面して慌てふためき、人権外交を放棄し中国に対し宥和政策をとった。……これは大勢の赴く所であり、時勢を知るものは俊傑であるということだろう。君見ずや、「北京コンセンサス」[16]がいつの間にか「ワシントンコンセンサス」[17]に取って代わり、上海協力機構[18]は北大西洋条約機構（NATO）に挑戦しようとしているようだ。君見ずや、輝かしい北京オリンピックの後にはさらに輝かしい建国六〇年式典に際しての閲兵式[19]があった。これはどうやら万国が信服する大国の気概と言えそうだ。

　惜しむらくは、これは見かけ倒しの大国の姿であり、外面的には台頭しているが、精神的には零落した大国の姿である。劉暁波はその真相をそのものずばり次のように指摘している。「このような経済の奇跡の背後にあるものは、制度腐敗の奇跡、社会の不公正の奇跡、道徳の喪失の奇跡、未来を浪費する奇跡であり、経済のコストと人権のコストがすこぶる高くついた奇跡であるばかりでなく、さらには見当もつかないほどの社会の総合的コストの奇跡である」。まさにこの時代、時代とともに進む者は多いが、バルブを閉める者は少ない。中共のご機嫌をとることが世界的な「コンセンサス」となっている時に、劉暁波は二〇年前と同様、志を変えず中共批判の最前線に立っている。彼は多数の評論によって、「大国の台頭」の背後にある真相は即ち「大国の零落」であることを暴いた。今、中共当局の劉暁波に対する尋問はこれらの文章をめぐって行われているが、これらの文章は犯罪の証拠となりうるだろうか？　この文集を読んだ読者一人一人が公正な答えを出すものと信じる。劉暁波の意見は少しも誇張ではない。恐竜のようにものすごい剣幕で人を威嚇する大帝国は国内では民衆に対しほしいままに暴力を振るい、国際社会に対しては「精神的アヘン」を輸出している。これについて、学者の秦暉は次のように分析している。「低賃金、低福利の伝統的優位のほかに、中国はさらに〝低人権〟の〝優位〟によって人為的に人力、土地、資金それに再生不可能資源の価格を切り下げ、価格の駆け引きを許さず、多くの交易の権利を制限ないし取り消すという方法によって〝交易のコストを引き下げ〟、〔政治〕参加を抑圧し、思想、信仰、それに公正を軽視し、物欲を刺激することによって人々のエネルギーを蜃気楼のように単純な金儲けの衝動に集中させている。こうすることで、自由市場国家であろうが福祉国家であろうがほかの国には滅多に見られない驚くべき競争力を誇示している。また〝漸進〟的手段をとるか〝ジョック療法〟的手段をとるかはともかく民主への転換を図る国家は驚いて目をむくばかりでとても追いつけない」。このような自由、民主、憲政などの普遍的価値に相反する「精神的アヘン」はゴールデントライアングルや中南米から流出する麻薬よりも一層恐ろしい。この「中国の台頭」の奇跡を創出した「中国式モデル」は今や癌細胞と同じようにほしいままに増殖している。その結果は必然的にこの一〇〇年来の人類文明の成果を台無しにしてしまい、世界を再び原始的蓄積の時代に引き戻すことになるだろう。

劉暁波は揺るがない

確かに時には黒雲が太陽のきらめきを遮ることもあるだろう。しかし、この世界にはあいにく劉暁波のような時勢を知らない人もいる。彼は自己を英雄化したことはなく、平常心を持って自身が選択した事業に従事し、傍観者が拍手しようがつばを吐きかけようが構わない。二〇年あまり、彼は変わることなく蟷螂の斧の如くか細い力で権力に立ち向かい、ソルジェニーツィン[20]のように変わることなく「仔牛が樫の木に角突き[21]」、ドンキホーテのように変わることなく風車に突進し、シシュフォス[22]のように変わることなく石を押して山に登り続けている。六四の虐殺前夜、多くの人々は次々に中国を脱出したが、彼のみは毅然としてアメリカにおける講義の計画を中断して、単身危機迫る北京に引き返し、最後の一刻まで天安門広場で頑張り、生命の危険を冒して戒厳部隊と交渉し、ついに一層大規模な虐殺が起こるのを免れさせた。その後二〇年、彼は教職に就き国内で作品を発表する権利を剥奪され、長期にわたって秘密警察の監視と干渉に遭い、前後四度入獄した。だが、彼は非常な勢いで執筆を続けた。二〇年間、中国で起こったあらゆる大事件について、彼は人々を覚醒させる評論をほとんど時を移さずに発表した。彼のペンの下ではいかなる〔政治的に〕「敏感な」領域もない。かつての梁啓超[23]のように、彼は「後世に伝わる作」を創作するという野心を毅然として放棄し、転じて一編また一編と見たところ短命な「警世の作」を書いた。その政論は質の高さ、数の多さ、範囲の広さ、論述の深さ、どれをとっても現今の華人世界には及ぶ者がなく、「ナンバーワンの政論家」と言える。『紅楼夢[24]』や『管錐篇[25]』を書くことは多くの文人学者の願望であるが、劉暁波から言わせれば人権が踏みにじられる時代と国家、民族の中で生活している以上、こうした選択はあまりにも贅沢で貴族化したものである。彼は決して『紅楼夢』『管錐篇』を書く才能がないのではないが、こうした著作を書かなかったのはつまり「忍びない」という心からである。天安門の母たち[26]の涙を傍観するのに忍びなく、孫志剛[27]らの災難を座視するのに忍びなく、彼は天安門の母たちと孫志剛のために書くことを決めたのだ。例え身が牢獄にある時でも、彼は彼らから離れず、始終彼らとともにいた。作家や学者が広く帰順を呼びかけられ特権階級とともに楽しく過ごしている時に、彼は精神的手本としてますます際だった存在になっている。

劉暁波は座して政治を論じるばかりでなく、立ち上がって自己の主張、信念を実践した。前世紀の九〇年代以後、最近中共が再度彼に毒手を伸ばすもととなった「08憲章」に到るまで、彼は多くの人権にかかわる呼びかけの文章を起草し共鳴者を組織した。彼は天安門の母たちに関心を寄せ、多くの迫害を受けた人権擁護の人士とその家族を助けた。この多くの年月、彼の収入源としては海外で発表した文章のわずかな原稿料しかなかったが、助けを必要とする人たちに対してはいつも自分自身のことを後回しにして惜しみなく援助の手をさしのべた。彼が援助した多くの人々は彼とは面識のない人ですらあった。劉暁波はさらに社会的活動[28]にも積極的に参加した。彼は独立中文筆会（独立中国語ペンクラブ）の創始者の一人であり、長年会長、理事を務め、そのために多大な時間と精力を費やした。その多くは取るに足らない瑣事、雑用および中国人特有の人間関係の調整だった。私は副会長として彼の活動に協力する中で、幾度か他人の悪意のある攻撃によって意気阻喪したが、彼は次のように言って私を励ました。曰く、「これは社会的活動を行う知識分子として支払わなければならない代価だ、例え悪意で口汚く罵られようと、心理的に相当な忍耐力を持てばすむことだ。作家たるものはただ個人的な執筆だけをこの上なく重要なものと見なしてはいけない。とりわけ民主制度がまだでき上がっていない中国では、社会的活動に時間と精力を費やす人々が必要だ」。まさに劉暁波の指導のもとに、独立中文筆会はわずか数年の間に中国語圏で言論の自由と報道出版の自由を最も積極的に守護するNGOとなり、国民の結社の自由にたいする中共の制限をある程度突破した。

　劉暁波は中国で社会のために尽くす最も独立した知識分子の一人である。「独立」という二字は知るは易く行うは難い。魯迅が言ったように、お上のお手伝いや太鼓持ちにならないこと、商人のお手伝いや太鼓持ちにならないことは相対的に言えばわりにたやすい、だがそれに引き替え、大衆のお手伝い、太鼓持ちにならないというのは、より困難な挑戦である。多くの反体制の作者と人権擁護の活動家は指導的立場で号令をかけ、それに応じる者が雲の如く大勢集まるという夢想を持ち、英雄豪傑や救世主になろうという潜在意識を持っている。このためには自我をねじ曲げて大衆に迎合し、大衆が王として推戴することを期待する。彼らは『易経』[29]の中から共産党がつぶれる日を算出し、「影の大統領」、「影の主席」として命令を発布し、地位や利益を与える約束をする。だが、あの天安門広場の運動を経験している劉暁波は「広場の効果」の落とし穴と過激主義の危険性を深刻に体験しており、権力の人間性に対する危害についてはさらに一層冷静に認識している。このため、改革を拒否する中共当局を批判し、権力と体制の不公正と不正義を単刀直入に指摘する一方、あの暴力革命を鼓吹し、大衆の生命を犠牲にして個人的野心を達成しようとする「在野の皇帝」を情け容赦なく指弾した――この類の人物は中国の歴史と現実の中ではつねに絶えることがなかったと。もし、中国に「反対派」というものがあるとすれば、劉暁波はその中では憎しみを仁愛に変えることができる少数者であり、この仁愛の心は彼を監視し、嫌がらせをする秘密警察の人たちにまで及んでいる。劉暁波は私に次のような話をしたことがある。「ある時、彼は友人の家の客になったが、特務が階下までついてきた。彼と友人は長いことよもやま話をしていたが、突然特務から電話がかかって来た。劉先生、私は長いこと小便をしたいのを我慢していたが、階下には公衆便所が見つからない、中の便所を使わせてはくれまいか、と。劉暁波は主人の同意を得て、この哀れな特務にトイレを使わせた」。まさにこの通り、迫害を受ける者は自分を加害者の道徳のレベルまで下げてはならないし、ましてや「毒をもって毒を制する」ことをしてはならない。迫害を受ける者は人格の力によって加害者の内にある良知を呼び覚ますべきである。

梁啓超と劉暁波

劉暁波が現在の中国で演じる役割は清朝末期の梁啓超《リャンチーチャオ》に似ている。学者の邵建《シャオチェン》は「清末三方の力比べを見る」という論文の中で次のように指摘している。「梁啓超らから見ると、革命は暴力に訴えるものである以上、例え成功しても国家は長期の内乱と争闘に陥り、動乱を収拾する者は必ず絶大な手腕と策略を有する独裁者である」と。これこそまさに辛亥革命以後の情況を言い当てている。袁世凱から蒋介石へ、それから毛沢東へと、歴史の軌跡は不幸にも梁氏の言う通りになった。それ故、梁氏は革命に反対すると同時に、立憲君主制を努めて推進し、清朝政府を倒すのではなく、議会を開くという方法で清朝の支配構造を改造しようとしたのである。しかし、彼が直面した苦境とは、彼が革命に反対だったとか、孫文が革命を起こしたことにあるのではなく、清朝政府が日々革命〔の原因〕を作り出していたことにあった。彼は両面作戦をとり、一方で中国同盟会[30]と戦い、自分が何故に革命に反対するのかを詳しく説明した。また一方で清朝政府と戦い、清朝政府が不断に革命の原因を作り出していることを糾弾した。だが、最終的にはやはり中国で暴力革命が起こるのを回避することは出来なかった。一九三六年、中国の内乱はまさに発展しつつあり、外敵は虎視眈々と中国をうかがっていたが、梁啓超はすでにこの世を去って久しかった。まさにこの時、素痴というペンネームの読者が新聞『大公報』に梁啓超をしのぶ一文を投稿した。それによると、梁啓超は流血を恐れ、やむを得ず革命に反対したが、世を憂える心から現実政治の暗黒を容認することが出来なかった。そこで、梁啓超は双方向から発言し、革命党には暴力を放棄するように、清朝政府には徹底的な改革を行うように勧告した。その結果はと言えば、諄々と言い聞かせても聞く側は上の空で、情勢はますます悪化した、と。素痴先生は三〇年後に梁氏のこの論を読み、蓋世の迫力ある著作が顧みられなかったことに思わず痛恨、嘆息したのである。近年来、劉暁波は中共当局に抑圧され、ひいては獄につながれ、その上国内外の過激分子と野心家から攻撃と侮辱を受ける目にも遭った。全く梁啓超のあの当時の境遇の焼き直しである。それなら、現在の中国は再び清末の轍を踏むことになるのだろうか。

私はそのように悲観はしていない。今日の中国は多くの点で清末とは大いに違っている。グローバル化の飛躍的な発展の中で、中国は曾てのように鎖国をすることなど出来ない。情報化時代がひたひたと押し寄せる中で、中国のネット人口はすでに三億人あまりに達し、アメリカの総人口を上回った。都市化の推進、社会的な活動の場の広がり、民間世論の台頭などはすでに押しとどめることのできない趨勢になっている。劉暁波は当局に拘禁されたが、彼の文章はネットを通して何千何万という正義を渇望する人々の精神を導いた（原注：中国国内から海外のウェブサイトを通してのみアクセスできる博訊新聞網では、劉暁波個人の文集中七〇〇編あまりの文章のアクセス回数が四〇〇万余回に達し、一〇〇名あまりの国内外の反体制作家の中で最高である）。劉暁波は暫時自由を失っているが、彼の思想と文章は絶え間なく中国の未来の行く手を示している。近代以来の中国で、文章の力で一つの時代と気風を改めたという点で、梁啓超と劉暁波の二人は最も功労の大きい人物として推奨に値する。胡適《フーシー》[31]は曾て梁啓超を次のように評価した。「梁任公〔任公は梁啓超の号〕は我が国革命の第一の功臣である。その功は我が国の思想界を革新したことである。一五年来、我が国の人士がいささか民族主義思想および世界の大勢を知り得た所以は、みな梁氏の賜である。このことは誰がけなそうとけなし切れることではない。……最近の人の詩に〝文章が勝利を収める時、世界の革命は成る〟というのがある。この詩に当てはめて恥ずかしくないのは梁氏のみであろう」。梁氏は〝手に汗を握る、一字が千金に値する〟文章で一つの時代、一つの国家と民族の啓蒙運動を先導したと言うことができ、胡適のこのほめ言葉も決して言い過ぎとは言えない。だが、胡適が梁氏と革命を関連づけたのは恐らくは彼の最大の誤読であろう。私は、梁啓超から劉暁波に到る思想の系譜と文章執筆の生活に一貫しているのは、真理の追求、人権に対する断固たる守護、それに同胞に対する大きな愛であると堅く信じる。文章は力を持っている、とりわけ道義と良知が背後でそれを支えている場合には。この点に関しては、我々はみだりにへりくだる必要はない。そうでなければ権力の掌握者がなぜ梁啓超と劉暁波らを恐れるのか。この意味で、我々が現代中国の思想文化および政治的進歩に対する劉暁波の貢献を評価するなら、胡適が引用した詩の言葉を踏襲し少々改めた上で次のように言って差しつかえないだろう――「文章が勝利を収める時、中国の民主は成る」。

訳注

（1）本書の中国語書名は『大國的零落：寫給中國的備忘錄』。

（2）劉暁波は二〇一〇年二月に国家政権転覆扇動罪により懲役一一年の刑が確定した後は遼寧省錦州の監獄で服

役している。

（3）旧約聖書にある町の名。住民の不道徳、不信仰のためゴモラと共に神の火によって焼かれ滅ぼされた。比喩的に悪徳の町、不道徳な町を指す。

（4）一九八九年六月四日、当局は民主化要求運動に参加した学生らを銃弾で弾圧した。天安門事件。

（5）中国書名『劉暁波其人其事』。

（6）劉暁波は一九八六年、文化大革命後の文学における伝統的な封建意識を鋭く批判した論文を相次いで発表して注目を浴び、文壇の「ダークホース（中国語・黒馬）」と呼ばれた。

（7）山東省出身の高銑、高強の兄弟。反体制の画家と見られており、「08憲章」にも署名した。

（8）以下に挙げられている事例のような活動をした弁護士、人権擁護活動家らは実際に逮捕されたり、拘禁されたり、尾行されるなど政府、共産党から弾圧、いやがらせを受けている。

（9）李敖は台湾の作家、評論家。一九七一年、反乱罪で投獄され、七六年末、恩赦で出獄した。二〇〇四年、立法院委員に当選し政界に進出した。中台関係では両岸の統一を支持し、特に鄧小平の一国二制度による統一方式に賛同している。二〇〇五年七月に中国を訪問し、北京大学など三大学で講演するなど中国側の歓待を受けた。二〇一〇年の上海万博も参観した。

（10）連戦は元中国国民党主席。主席当時の二〇〇五年四月から五月にかけて中国を訪問し、中国共産党の胡錦濤総書記と六〇年ぶりの国共トップ会談を行った。二〇〇八年一一月にもＡＰＥＣの首脳会議が開かれたペルーのリマでも胡錦濤と会談するなど台湾の対中融和路線を先導した。二〇一〇年、横浜で開かれたＡＰＥＣの首脳会議でも胡錦濤と会談した。

（11）宋楚瑜は元親民党主席。二〇〇五年五月、連戦に続き大陸を訪問し胡錦濤総書記と会談した。

（12）呉伯雄《ウーポーシュン》前中国国民党主席のこと。彼は主席当時の二〇〇八年五月、北京を訪問し、胡錦濤総書記とトップ会談を行った。連戦訪中の場合とは異なり、政権与党のトップ同士による初めてのトップ会談。

（13）台湾の馬英九《マーインジゥ》総統のこと。二〇〇八年五月、台湾の第一二代総統に就任した。対中融和路線をとっている。

（14）南唐の李後主とは五代十国時代の南唐の君主・李煜のこと。九六一―九七五年在位。宋の太祖・趙匡胤は九七四年、李煜に対し宋の都・汴京に来て朝見するように求めたが、李煜は汴京で捕らわれの身になることを恐れ、使者をやって和を求めた。これに対し、宋の太祖が「寝床のそばで他人が熟睡するのを許せるか」と答えたという故事による。

(15)フランスのサルコジ大統領は中国側の非難を無視して二〇〇八年一二月六日、ポーランドで挙行されたノーベル平和賞関連の行事を機会にダライラマと初めて会見した。ダライラマの欧州訪問に反発した中国はこれに先立つ一二月一日、フランスのリヨンで開かれる予定の中国とEUの首脳会談を延期するとフランスに通告した。

(16)北京コンセンサス：最近生まれた新しい経済用語。アメリカ発の信用・経済危機でアメリカ型の経済発展モデルにかげりが見えたのに対し、成長を続ける中国型のモデルを評価する言葉。中国の清華大学や中国社会科学院の学者らが言い始めたもので、経済の主体としての国有企業、漸進的な改革、自由貿易を維持しつつ自給自足を目指す、市場改革が政治、文化の変革に先行するなどがその内容。

(17)ワシントンコンセンサス：一九八九年にワシントンにあるシンクタンク「国際経済研究所」のジョン・ウィリアムソン研究員が唱えたのが始まり。アメリカ主体の国際経済秩序を構築することを柱とし、市場原理を重視する内容。アメリカ政府やIMF、世界銀行などの国際機関、さらに著名なシンクタンクなどがワシントンに集中しているところからこの名がある。

(18)上海協力機構：一九九六年四月に中国、ロシア、カザフスタン、キルギス、タジキスタンの五ヵ国が上海で首脳会議を開き「上海ファイブ」を発足させた。二〇〇一年にはウズベキスタンが加盟し上海協力機構に改組した。毎年一回首脳会議を開き、地域の安全保障、反テロ、政治、経済、文化など広範な問題を協議している。軍事演習も実施。インド、パキスタン、モンゴル、イランがオブザーバーとして参加。

(19)北京オリンピックは二〇〇八年開催、建国六〇周年は二〇〇九年。

(20)ソルジェニーツィン(一九一八—二〇〇八)：一九四五年、スターリン批判の嫌疑で告発され、懲役八年の刑を宣告され刑務所や流刑の生活を送る。一九五八年、フルシチョフによって名誉を回復される。一九六二年、スターリン時代の収容所の一日を描いた処女作『イワン・デニーソヴィチの一日』を発表し、世界的なベストセラーになった。一九七〇年、ノーベル文学賞を受賞。その後も『収容所群島』など体制批判の作品を書き続け、一九七四年には国家反逆罪で国外追放処分を受けた。一九九〇年八月、ゴルバチョフのペレストロイカでソ連市民権を回復した。

(21)『仔牛が樫の木に角突いた』は一九七五年に発表されたソルジェニーツィンの自伝。

(22)シシュフォス：ギリシア神話の中のコリントの王。ゼウスの怒りを買い死神を送られたが、死神をだまして捕らえたため、重なる悪行の報いとして死後、地獄で絶えず転落する大岩を永久に山頂に押し上げるという罰を受けた。

(23)梁啓超（一八七三―一九二九）：清末民国初の思想家、ジャーナリスト。一八九八年の戊戌の変法に参加し、事破れてのち日本に亡命。「清議報」「新民叢報」の主筆として西洋思想を積極的に紹介し国民性の改革を説いた。政治的には立憲君主制を主張し、康有為らとともにいわゆる保皇派として論陣を張った。辛亥革命後に帰国し、熊希齢内閣の司法総長として入閣、袁世凱の帝制に反対して討袁運動を組織した。

(24)『紅楼夢』：清代の長編小説。大貴族・賈家の貴公子・賈宝玉と従姉妹の林黛玉、薛宝釵らとの恋愛模様を軸に、当時の社会経済状態をリアルに描写している。

(25)『管錐篇』：現代中国の学者、作家の銭鐘書（一九一〇―一九九八）が一九六〇―七〇年代にかけて書いた古文に対する詳密な考証の書。全五巻。『周易』『毛詩』『左伝』『史記』『太平広記』『老子』『列子』『焦氏易林』『楚辞』『全上古三代秦漢三国六朝文』などの古代の典籍について中国とヨーロッパの比較研究の方法を用いて解釈、考証している。長編小説『囲城』は有名。

(26)「天安門の母たち」：天安門事件後、戒厳部隊の銃弾で子供や身内を殺傷された女性たちが集う人権擁護団体。息子を殺された元中国人民大学准教授の丁子霖によって組織された。

(27)孫志剛：広州市の会社員。二〇〇三年三月一七日、身元証明書を携帯していなかったという理由で派出所に連行され、収容施設で暴行を受け死亡した。当時二十八歳。警察による人権無視、権力の乱用として大衆の関心を呼んだ。

(28)中国語・公共事務を社会的活動と訳出した。その活動の中には、政治、社会、民政などの社会問題について自己の見解を発表する活動が含まれ、特に政府の言行に反対意見を表明する活動を指すことがある。すぐ後に出てくる社会的活動を行う知識分子の中国語は「公共知識分子」。

(29)『易経』:中国周代の占いの書。

(30)中国同盟会:孫文の率いた清末の革命団体。一九〇五年に興中会、華興会、光復会など反満(清朝)運動を展開してきた団体が東京で結成した。総理には孫文が就任した。綱領として「韃虜を駆除し、中華を回復し、民国を樹立し、地権を平均する」という四大綱領を定めた。結成後数回の武装蜂起を行ったが、いずれも失敗した。

(31)胡適(一八九一—一九六二):民国時代の学者、思想家。梁啓超や厳復の影響を受けた。一九一〇年、アメリカに留学、デューイのプラグマティズムに傾倒した。帰国後、北京大学の教授になったが、帰国前、雑誌『新青年』に発表した「文学改良芻議」は中国の文学革命の導火線となった。満州事変後、日本の中国侵略を非難し、三八年には駐米大使となった。四九年、アメリカに亡命、五八年から台湾に居住し、中央研究院長在職中の六二年に死去した。中国では五四—五五年にかけて大規模な胡適批判運動が行われた。

未来の自由な中国は民間にあり

――近代中国の過去と未来――

劉暁波《リュウシャオボ》
及川淳子訳

国辱の意識と近代化の歪み

二五年に及ぶ改革を経験した中国共産党政権ではあるが、文化的な発展モデルの選択においては、相も変わらず憲政民主を拒絶しており、目下の戦術的な選択においては、相も変わらず歩みの遅い改革に固執している。しかしながら、世界が民主化に向かっているという大勢が明らかにしていることと、国内における民間の権利意識の覚醒によって形成された合成力は、中国の近代化の未来が向かうべき道筋について、誤って袋小路に迷い込むという確率をますます小さなものとしているし、歩むべき道を知って袋小路から抜け出し、正道を歩むという確率をますます大きなものとしている。

もし、一五〇年以上前のアヘン戦争が、中国を「千年来いまだかつてない重大な非常事態」に遭遇させたと言うならば、一五〇年後の現在は、中国の変革が幾度も機会を失した後に、そして人々が、心を痛めて焦慮した曲折を何度となく繰り返した末に、「千年来いまだかつてない大きなチャンス」にようやく巡り合ったのである。なぜならば、一九四九年に中国共産党が政権を掌握するまでの百年間は、中国の変革が置かれていた内的環境と外的環境のいずれも、はっきりとした方向性を示しようがなかったからだ。はじめは列強諸国の砲艦外交が中国を続けざまに侮辱して、西洋の物質文明の発展を中国人に見せつけた。そこで、中国人は洋務運動の「器物救国」（中国の学問を根本とし、西洋の学問を利用する「中体西用論」による救国を説いた洋務運動で、西洋の学問は「器物」としながらもその有効性を認めた考え方）を選んだが、続いて「日清戦争」の敗北があり、先進的な装甲艦で武装した北洋艦隊も国難を救うには足らず、中国人に制度的な弊害を悟らせたのである。そこで「立法救国」の道を歩みはじめ、最終的には「辛亥革命」後の混乱と袁世凱《ユァンシーカイ》が自らを皇帝と称したことによって、中国人は「器物」と「制度」の次元を超えて、文化的な病根に対して深く省察するようになり、帝制イデオロギーとしての儒教がもつ人を喰うような本質こそが国を誤る根源であり、「五・四」新文化運動の「科学と民主」こそが、本家である孔子の儒教を打ち倒す「文化救国」なのだと考えるようになった。

「器具は人に及ばず」から「制度は人に及ばず」まで、そして「文化は人に及ばず」という考えに到るまで、中国人の自らの弊害に対する反省は、確かに一歩一歩着実に根を下ろした。しかしながら、このような反省の深層意識を支配していたのは、「人々を解放する」ことや「民を豊かにする」ことではなく、国が主権を失って辱めを受けたという国辱の意識であり、あらゆる改革は、すべて狭隘な民族主義の目標のもとに制約され、富国強兵の国家主義が人々を解放する自由主義に取って代わってしまった。まさに、「五・

四運動」を経験した知識人たちが自ら体験したように、日貨排斥、条約締結拒否、売国奴打倒という愛国主義を除けば、「五・四運動」には他にも意義があるということを、彼らの中の絶対多数も全く知らなかったのである（参考：『鄧超麟回憶録』東方出版社、二〇〇四年内部発行版、一六一―一六八頁）。まさに、このような民族主義の目標を優先して国を救い富強を目指すという運動が、中国人が西洋に学んで強国を目指すという実践を次々と挫折させている時に、ソ連の「一〇月革命」が成功を収め、中国人が近代化モデルを選択する上で、対象を模倣するという二極分化が出現したのである。

近代化の二つのモデル

当時、内憂外患からの脱却を急いでいた中国のエリートたちは、外的環境が中国の近代化に提示していた二つのモデル――イギリス・アメリカの自由主義モデルと、ドイツ・日本・ソ連の独裁主義モデル――に直面していたが、この二つのモデルの争いは、それぞれの勢力が互角の状態でもあり、国を開放したばかりの中国人にとって、本来その優劣を見定めることはすでに困難であったし、まして当時の西洋諸国の状況も複雑であったため、自由な立憲政治の制度的な優位性はまだ完全には明らかになっていなかった。その一つとして、西洋の資本主義は初期段階において極めて残酷であり、第一次世界大戦はその残酷性をさらに激化させた。第一次世界大戦後、ドイツと日本のファシズムモデルは両国を勃興させたが、ソ連モデルの勃興も第一次世界大戦の産物であり、引きも切らずに発生していたのは西側の資本主義の経済危機で、イギリスやアメリカに代表される西側モデルは、第一次世界大戦とその後に発生した経済の大不況によって衰退状態を露呈していた。そのため、ドイツと日本のファシズム、特に旧ソ連の共産主義を成功と見なしていた新興の革命が意気揚々とした一面を示し、西側の資本主義はすでに窮地に陥ったかのようだった。生まれたばかりの朝日と黄昏の落日を比較すれば、資本主義という黄金の夢は西洋人自身の中でも消え失せて、ファシズムと共産主義の強権体制は、自由民主の体制に対してあたかも道義的な優位性を有しているかのようでもあり、西側のエリートたちの多くは相次いでソ連モデルへと転向したのだった。

二つ目に、このような制度の比較は、人類の歴史的な発展の方向を自ずと暗いものにしてしまった。立ち遅れた国々の多くが近代化の方法を選択する上で、イギリスやアメリカに倣うことから、ドイツや日本、そしてソ連に倣うように方向を転じたのだが、これも大げさに驚くほどのことではなかった。初めて国を開き、突如として外部の世界に直面した中国人、そして西側列強の圧力のもとで活路を見出すことを急いでいた中国人は、もともと急激に変化する国際情勢に直面する中で去就に迷っていたのであり、考えをまとめてモデルの選択を行うことなどは困難で、モデルの模倣を絶えず変更しながら模索するほかなかったのである。同時に、西洋文化に対する中国人の理解は元来浅薄なもので、伝統的な帝制との間で、深層部分では血縁関係を保持しながらも、自由民主の制度に対しては、遺伝的ともいえるほどの排斥力を有していたために、正確な判断や選択ができるはずもなく、世界を席巻した「赤いソ連のブーム」に巻き込まれずにはいられなかった。つまり、当時の中国人は、大多数のエリートも含めて、依然として重々しい帝制の伝統を踏襲しており、文化水準が高くないことによる愚昧さは多くの先覚者にも見られたのである。

ソ連モデルの採用

まさにこのような原因のために、近代化モデルの選択において、国民党を代表とする政権側のエリートたちは、「ドイツ・日本モデル」をより選択する傾向にあり、共産党を代表とする在野のエリートたちは「ソ連モデル」を選択する傾向にあって、両者は共に「イギリス・アメリカモデル」を捨て去ったのだった。それと同時に、国家の日和見主義は、中国のエリートたちに「乳あればすなわち母〔だれからでも利益を与えられればすぐに服従することの例え〕」という意識で外的な勢力に向き合わせたのである。特に一九二〇年代から三〇年代の国際情勢のもとで、中国の民主的な啓蒙が、内部の幾重にも重なりあった障害によって継承が困難だった時期に、中国のエリートたちが近代的なパッケージで包まれた偽りの新たな趨勢に転向したのは必然だった。さらにその結果として、対立していた国民党と共産党の両党も、まるで同じ菩薩を拝むかのように、ソ連モデルに倣ったのである。ソ連が育て上げた中国共産党の成立後まもなく、それまでイギリスとアメリカに援助を求めながら成果を得られずにいた孫文《スンウェン》もソ連に転向し、レーニン主義的政党モデルに倣って国民党の全面改革を行ったのである。孫文の死後、蒋介石《ジャンジェシー》が主導した国民党はドイツのファシズム的なモデルにさらに傾いていったが、政党としての特徴を言えば、依然としてレーニン主義的な政党モデルであった。それは、いわゆる「一つの国家、一つの政党、一人の指導者」だったのである！

したがって、中国の近代化は、一歩進んでは二歩下がるような難儀を繰り返したのだが、最終的にはやはり「ソ連モデル」という誤った道に陥ってしまった。その結果として、世界の大勢がすでに明らかになった今日に至るまでも、中国の近代化は中国共産党政権の支配のもとにあり、依然として「技術的に模倣しても、その制度は拒絶する」という「洋務運動コンプレックス」の中をさまよっているのだ。これについては、先ごろ亡くなったばかりの優れた経済学者であった楊小凱《ヤンシャオカイ》先生が「後発劣勢」と概括している。つまり、その結果は、政治の独裁のもとでの「悪い資本主義」であり、憲政民主のもとでの「良い資本主義」ではないのだ。そして「悪い資本主義」は、近代化の優先的な目標であるはずの「人々の解放」を実現できないばかりか、腐敗が深刻化し、貧富の格差が激化し、政権の合法性と施政の効率性が急速に失われるにつれて、崩壊へと突き進む道に中国を引き入れてしまうだろう。

スタール夫人（ホルシュタイン男爵夫人アンヌ・ルイーズ・ジェルメーヌ・ネッケール、一七六六—一八一七年）は、かつて「自由は伝統的で、専制こそが近代的である」と語った。共産主義の強権は、まさに最も近代的な専制主義なのだ。一方で、人類が思い描く未来への展望の完璧さとそのイデオロギーの欺瞞さは、歴史的にも前例がないほどで、また一方では、近代的な技術の助けを借りて、人間性の制御と剥奪が作りだした人権災難の残酷さも、歴史的に前例がないほどである。公然とそれに挑戦する政敵を全滅させるのみならず、絶対に物議をかもすこともないような、支配に服した民さえも滅ぼすのだ。中国本土の帝制の伝統に慣れ親しんだ中国のエリートたちは、ソ連とアメリカという二つの大きなモデルが勢力を均衡させて冷戦状態になって以降、ソ連の強権による近代化への傾向をさらに必然的に強めていった。近代の世界において最も非現実的な共産主義のユートピアを、人類の最終的な理想として誤って導き、最も野蛮な強権体制を、最も進歩的な社会制度だと見なしたのである。まさに、内外の要素が結びついて、中国の変革を完全に誤った方向に導いたのだった。中国の変革の原動力とは、内在的な自覚によるのではなく、外的な逼迫によるものだ。変革の目的とは、人々を解放して民を豊かにするのではなく、民族振興と国家の富強なのである。そして、変革の道筋とは、民間が自発的に国家の主としての地位を獲得する権利の運動ではなく、新たな救世主を求めて神を造り出す運動であり、経済、政治、社会のあらゆる面での強権化でもあるのだ。それゆえに、外的環境の暗闇と内的環境の曖昧が共に影響し合って、中国の近代化を誤った道へと引き入れてしまったのである。

ソ連・東欧の失墜と毛沢東の文革

本来、スターリンが一九三〇年代に実行した「大粛清」と集団化による「大凶作」は、その残忍非道で効率の悪い統治によって、ソ連モデルの致命的な弱点をすでに暴露し始めていたのであり、内部の危機も明らかになっていた。しかし、第二次世界大戦の勃発は、ソ連モデルの危機が全面的に爆発するのをまたもや棚上げにしてしまい、人類のソ連体制に対する批判的清算も先延ばしにしてしまったのである。第二次世界大戦終結後、ソ連モデルは武力によって東欧を全面的に占領し、イデオロギーの誘惑と武力による援助でアジアの大半を征服し、それらによってソ連を先頭とする東側の共産帝国を形成した。しかしながら、この勝利は強権統治が最高峰にまで上り詰めたことを意味するものでもあり、すでに衰退は避けられなかった。スターリンの死後、ソ連モデルに対する批判は西側からだけでなく、ソ連と東欧のブロック内部からもなされた。ソ連では、フルシチョフが極めて激しい態度でスターリンの個人崇拝と強権政治の罪悪を清算し、続くブレジネフ時代には「政治的に異なる見解を持つ運動」があり、東欧では「ブルガリア事件」、「プラハの春」、「ポーランドの連帯」などの反強権運動が発生した。ユーゴスラビアでは、チトー独裁の反逆者たちが「新特権階級」という制度の現実を明らかにした。これらのすべては、ソ連モデルの赤い偽装を次第に暴いて、共産帝国の邪悪と危機を全面的に暴露したのである。経済的には計画経済と公有制の危機、政治的には一党専制と個人による独裁の危機、そして信条的にはマルクス・レーニン主義の危機というように次々と暴露され、西側の左派たちにもソ連モデルの優位性を疑わせ始めた。改革か、或いは死か、というように、東欧諸国内部での改革の呼び声は次第に強烈になり、ますます公然のものとなって、改革もすでに初歩的な成果を収めた。東側モデルの核心であり支柱であったソ連自体が崩壊寸前となり始め、「公の改革」を実施せざるを得なくなったのである。

　しかしながら、東欧諸国と西側諸国が一九五〇年代から六〇年代にかけてソ連モデルに対する批判と反省を行ったのとは異なり、中国ではむしろ相反する効果をもたらした。フルシチョフが始めた「緊張緩和の時代」は、毛沢東《マオツートン》にしてみれば個人崇拝に反対して強権を顛覆させる性質があったために、進歩でないばかりか、むしろ逆に後退であった。ゆえに、毛沢東は自分が共産世界の覇者としての地位を奪取する機はすでに熟したと考え、一方で、彼はソ連との決別を公然のものとして、対外的には反帝国主義・反修正主義という二つの戦線を切り拓いて自らを第三世界のリーダーと見なし、また一方では、国内において絶対的な強権と個人崇拝を最高峰にまで高める一連の運動を開始したのである。「文革」という強権による大災難に到って、中国人はようやく再び目を覚まし、自分たちが時代遅れで、膠着状態に陥っており、衰弱しているということに向き合って、部分的な改革を始めたのだった。

中国近代化の初めてのチャンス

換言すれば、一八四八年から一九四九年まで、中国はちょうど百年にわたって近代化のために努力してきたのだが、幾度となく曲折し、教訓も多かったにもかかわらず、やはり最終的には誤った道を歩んでしまい、しかも、ソ連モデルの共産主義の強権を選択するという最も誤った袋小路に迷い込んでしまったのである。幸いなことに、人の行いが良くなくても、まだ天の助けがあるというもので、毛沢東のあまりの狂気は、強権の短命を招くことにもなり、毛沢東の死とともに、中国はもう一度近代化に向けた努力を始めたのである。ポスト毛沢東時代の中国共産党は、鄧小平《ドンシャオピン》が始めた改革を、歩みの遅いまま遂行し続け、現在までのところ、中国の近代化がすでに正しい筋道を歩んでいるとは言えないが、しかし、現在の中国の近代化が置かれている内外の環境は、いずれも百年来遭遇したことがないほどに得難いもので、国際的な大勢の明るさと国内における民間の覚醒は、中国が歩むべき道を知って引き返すという過程をまさに共同で推し進めている。

外的な環境では、半世紀にも及ぶ東西冷戦は、自由な制度をもって強権の制度に対し決定的な勝利を収めるということでついに終わりを告げ、歴史が発展する未来の方向性はすでに明確なものとなった。西側諸国の同盟が代表している文明のモデルは、すでに世界の主流な文明となっており、道義的な優勢を十分に有しているのみならず、道義的な請願を実現し得る実力の優勢をも有し、その模範的な効果と競争の圧力は、中国の変革に対して、未来の進むべき方向はただ自由憲政という道だけなのだと示している。現在の権力モデルは過渡期にすぎないのだ——この過渡期は、東欧諸国と比較すれば少しばかり長く続くのだろうが。

内的な環境では、政府は独裁制度と権勢利益を擁護する歩みの遅い改革を依然として堅持しているが、しかし権利の意識はすでに民間で覚醒し始め、世界の主流文明と一体化する強大な原動力を含有している。清朝末期と中華民国初期に啓蒙主義のエリートたちから無視され、甚だしきに至っては敵視さえされていた私有財産権は、毛沢東時代の極端に走った公平無私を経験し、さらに改革以来の民間における絶え間ない推進を経験して、現在、私有財産の保護を憲法で認めることは、すでに全国民の共通認識となった。一九八九年の民主化運動におけるプラスの啓蒙と、天安門事件の大虐殺というマイナスの教訓を経験して、人権意識はこれまでにないほど普及し、全国民がその実現のために努力すべき目標へと徐々に変化した。国内外において人権を勝ち取るための訴えと運動は日増しに強まる圧力のもとにあるが、合法性が極めて脆弱な中国共産党政権も人権問題の議論と直視を始めないわけにはいかなくなり、その結果として、かつては中国共産党によって資産階級の敵対観念だと見なされていた人権が、二〇〇四年には中国共産党の二つの会議〔全国人民代表大会と中国人民政治協商会議〕の憲法修正によって、意外にも憲法に書き入れられたのである。

現在、中国は高度に政治化された集団的な社会から、日増しに分化する社会へと既に変化した。多元的な社会構造を既に形成したとは言えないが、しかし少なくとも多元的な道筋を歩んでいる。社会の三大構成要素——経済、政治、文化は二〇年余りの改革によってもはやすでに一枚岩ではなく、ますます明らかな分裂が現れている。経済の面では、市場経済を志向する改革はすでに利益の主体を日増しに多様化させており、文化の面では、正統なイデオロギーの零落が人々の価値や興味を日増しに多様化させている。ただ政治の面においてのみ、政府は依然として権力の一元化という硬直した大勢を堅く守っているのだが、しかし、経済と文化の多様化という蚕食により、体制内ももはや一枚岩ではなく、その利益の主体と価値観念は一貫して急速な分化の過程にある。特に、主要な民意の積極的な圧力と消極的な抵抗という二重作用のもとで、民間の資源は迅速に拡張して政府の資源は迅速に委縮し、政府が古い制度を固守するコストは次第に高くなり、統制能力も次第に弱くなって、意欲はあっても実力が伴わないという常態が、すでに中国共産党政権による統治の常となっているのだ。

それ故に、中国の変革が今日まで推進される中で、人々を解放し民を豊かにするということは、すでに民間が追求する近代化の目標となったのである。民間の圧力によって現行の制度を自由民主の漸進的な革新へと推し進めることは、すでに現在の改革における効果的な道筋にもなっている。そして、現政権がいかに恐れたり阻止したりしようとも、政治の変革は回避できないばかりか、まさにその正反対で、変革を推進するあらゆる力——国内の体制内外の力と国際的な主流社会の圧力は、政治改革というこの革新的な問題に対してますます焦点を当てているのである。

（劉暁波『未来的自由中国在民間』自序）

訳者付記

この文章は、劉暁波氏本人より、劉燕子氏に電子メールで送付された。小見出しは、原文にないが、読者の便宜を図るため付した。

中国民主化への日本政府の対応　『環』44号、2011年1月

V　「近代化」という中国の課題・矛盾・希望

劉暁波と中国政治体制改革　『環』44号、2011年1月
「官と民のせめぎ合い」と中国の今後　『環』44号、2011年1月
文章の力が民主化を実現する　『環』44号、2011年1月
未来の自由な中国は民間にあり　『環』44号、2011年1月

初出一覧

本書収録に際して、適宜、加筆・修正を加えたものもある。

日本の読者へ　『環』41号、2010年4月
〈詩〉暁波へ　『環』44号、2011年1月

I　私には敵はいない

私には敵はいない　『環』44号、2011年1月
私の自己弁護　『環』44号、2011年1月
劉暁波氏との最後の会見　『環』44号、2011年1月
劉暁波——われわれの問題としての　『環』44号、2011年1月
劉暁波とは誰か　『環』41号、2010年4月
「私には敵はいない」という思想と行動　『環』44号、2011年1月
劉暁波の二つのあり方　『環』44号、2011年1月
劉暁波の詩と「生存の美学」『環』44号、2011年1月

II　ノーベル平和賞受賞の意味

劉暁波のノーベル平和賞受賞に関する声明　『環』44号、2011年1月
受賞は中国の民主化を促すか　『環』44号、2011年1月
2010年ノーベル平和賞に関する思考　『環』44号、2011年1月
劉暁波氏ノーベル賞受賞と中国市民社会の行方　『環』44号、2011年1月
希望は「民間」にあり　『環』44号、2011年1月
壁の中の劉暁波と村上春樹の砕ける卵　『環』44号、2011年1月

III　「08憲章」の思想

「08憲章」と中国の知識人　『環』41号、2010年4月
「08憲章」——和解の宣言、協力の宣言　訳し下ろし
中国の民主化と民族問題　訳し下ろし
分化する中国　『環』44号、2011年1月
劉暁波と趙紫陽　『環』44号、2011年1月
共産党老幹部による全国人民代表大会宛公開書簡　『環』44号、2011年1月

IV　天安門事件とは何だったのか

天安門広場空白の三時間と劉暁波　『環』44号、2011年1月
歴史に対し責任を負う劉暁波　『環』44号、2011年1月
「天安門の母たち」と劉暁波　『環』44号、2011年1月
敵対思考を論ず　訳し下ろし

を生き延びて――劉暁波文集』岩波書店、2011 年。
矢吹晋・加藤哲郎・及川淳子『劉暁波と中国民主化のゆくえ』花伝社、2011 年。

「六・二ハンスト宣言」日本語訳

刈間文俊、代田智明『衝撃の中国 血の日曜日――燃え上がった民主化闘争』凱風社、1989 年 8 月、PP.134-137。
矢吹晋 編訳『チャイナ・クライシス重要文献』第 3 巻、蒼蒼社、1989 年 12 月、PP.61-66。
加々美光行 編、村田雄二郎 監訳『天安門の渦潮――資料と解説／中国民主化運動』岩波書店、1990 年 5 月、PP.165-170。
劉暁波 著、廖天琪 編、劉霞 編、丸川哲史・鈴木将久・及川淳子 訳『最後の審判を生き延びて――劉暁波文集』岩波書店、2011 年、PP.258-264。

劉暁波著作・関連資料

【英語】

Frederic P. Miller, Agnes F. Vandome, John McBrewster. *Liu Xiaobo*, Alphascript Publishing, (2010/04).
Chinese Dissidents: Li Lu, Li Hongzhi, Han Han, Rebiya Kadeer, Liu Yongfu, Liu Xiaobo, Gao Zhisheng, Hong Xiuquan, List of Chinese Disside. Books LLC (2010/05).
Charter 08 Signatories: Liu Xiaobo. Books LLC (2010/06).

【ドイツ語】

Bei Ling(著). Martin Winter(翻訳), Yin Yan(翻訳), Guenther Klotz(翻訳), *Der Freiheit geopfert: Die Biographie des Friendensnobelpreisträgers Liu Xiaobo.* Riva Verlag. (2010/12).
Max Nemstein. *Liu Xiaobo: Chinesischer Menschenrechtler und Friedensnobelpreisträger.* FastBook Publishing. (2010/10).

（作成＝及川淳子）

劉暁波著作・関連資料一覧

劉暁波 著作
『選択的批判――與李澤厚対話』（中国）上海人民出版社、1987年。

『審美與人的自由』（中国）北京師範大学出版社、1988年。

『形而上学的迷霧』（中国）上海人民出版社、1989年。（出版後発禁処分）

『赤身裸体 走向上帝』（中国）時代文芸出版社、1989年。（出版後発禁処分）

『選択的批判――與思想領袖対話』（台湾）風雲時代出版公司、1989年。

『中国当代政治與中国知識分子』（台湾）唐山出版社、1990年。

『末日倖存者的独白』（台湾）時報文化出版企業有限公司、1992年。

『劉暁波劉霞詩選』（香港）夏菲爾国際出版公司、2000年。

王朔、老侠『美人贈我蒙汗薬』（中国）長江文芸出版社、2000年。（老侠＝劉暁波 筆名）

『向良心说谎的民族』（台湾）捷幼出版社、2002年。

『未来的自由中国在民間』（米）労改基金会、2005年。

『単刃毒剣――中国民族主義批判』（米）博大出版社、2006年。

『大国沈淪――写給中国的備忘録』（台湾）允晨文化実業股份有限公司、2009年。

劉霞、胡平、廖天琪 編『劉暁波文集』（香港）新世紀出版社、2010年。

『追尋自由――劉暁波文選』（米）労改基金会、2011年。

劉暁波 関連資料
鄭旺、季蒯 編『劉暁波其人其事』（中国）中国青年出版社、1989年。

余杰『劉暁波與胡錦濤的対峙――中国政治体制改革為何停滞』（香港）晨鐘書局、2009年。

余杰『劉暁波打敗胡錦濤』（香港）晨鐘書局、2010年。

信息自由観察工作室 編『劉暁波档案』（香港）溯源書社、2010年。

洪彬 編著『劉暁波面面観』（香港）珀斯出版公司、2010年。

陳奎徳、夏明 編『自由荊冠――劉暁波與諾貝爾和平奨』（香港）晨鐘書局、2010年。

信息自由観察工作室 編『劉暁波档案 続編――解読劉暁波』（香港）溯源書社、2011年。

「08憲章」関連資料
李暁蓉、張祖樺 主編『零八憲章』（香港）開放出版社、2009年。
中国信息中心 編『零八憲章與中国変革』（米）労改基金会、2009年。

劉暁波著作・関連資料（日本語）
劉暁波 著、野澤俊敬 訳『現代中国知識人批判』徳間書店、1992年。
劉暁波 著、子安宣邦 序、劉燕子 編、横澤泰夫・及川淳子・劉燕子・蒋海波 訳『天安門事件から「08憲章」へ』藤原書店、2009年12月。
劉暁波 著、廖天琪 編、劉霞 編、丸川哲史・鈴木将久・及川淳子 訳『最後の審判

李鋭（リー・ルィ）

1917年生。元毛沢東秘書、元中国共産党中央組織部常務副部長、党内の改革派老幹部。著書『廬山会議実録』（河南人民出版社）『李鋭新政見 何時憲政大開張』（香港・天地図書有限公司）『毛沢東の功罪』（邦訳，五月書房）。

加藤青延（かとう・はるのぶ）

1954年生。ＮＨＫ解説主幹。著書『21世紀中国はどう変貌するか』（共著、ＮＨＫ出版）『中国の軍事力』（共著、蒼蒼社）。

矢吹晋（やぶき・すすむ）

1938年生。現代中国論。著書『図説・中国力』（蒼蒼社）『激辛書評で知る中国の政治・経済の虚実』（日経BP社）『客家と中国革命』（共著、東方書店）。

丁子霖（ディン・ズゥリン）

元中国人民大学副教授。愛息が天安門事件で犠牲となる。「天安門の母たち」グループの代表的存在。著書『天安門の犠牲者を訪ねて』（邦訳、文藝春秋）。

蒋培坤（ジャン・ペイクン）

元中国人民大学哲学教授。丁子霖の夫。

張博樹（ヂャン・ボーシュー）

1955年生。元中国社会科学院哲学研究所研究員。中国転型智庫研究員。政治経済学、現代西洋哲学、現代中国の憲政研究。著書『中国憲政改革可行性研究報告』、『中国批判理論建構十講――破解』（ともに香港・晨鐘書局）。

林望（はやし・のぞむ）

1972年生。朝日新聞東京本社国際報道グループ記者。

清水美和（しみず・よしかず）

1953年生。東京新聞・中日新聞論説主幹。現代中国政治・社会。著書『「中国問題」の核心』『「中国問題」の内幕』（ともにちくま新書）。

城山英巳（しろやま・ひでみ）

1969年生。時事通信社外信部記者。著書『中国臓器市場』（新潮社）『中国共産党「天皇工作」秘録』（文春新書、アジア・太平洋賞特別賞受賞）。

余杰（ユー・ジィェ）

1973年生。作家。独立中文筆会会員。著書『天安門之子』（香港・開放出版社）『中国影帝温家宝』（香港・新世紀出版社）『劉暁波打敗胡錦濤』（香港・晨鐘書局）。

著者紹介

劉霞（リュウ・シィァ）
詩人、写真家。劉暁波夫人。著書『劉暁波劉霞詩選』（夏菲爾国際出版公司）。

麻生晴一郎（あそう・せいいちろう）
1966年生。ノンフィクション作家。著書『北京芸術村』（社会評論社）『反日、暴動、バブル』（光文社新書）。

子安宣邦（こやす・のぶくに）
1933年生。日本思想史。著書『昭和とは何であったか』（藤原書店）。

劉燕子（リュウ・イェンズ）
作家、現代中国文学者。著書『這条河、流過誰的前生与后世？』（中文導報出版社）『私の西域、君の東トルキスタン』（監修、集広舎）、訳書『中国低層訪談録』（集広舎）。

及川淳子（おいかわ・じゅんこ）
現代中国知識人研究。著書『中国ネット最前線』（共著、蒼蒼社）『劉暁波と中国民主化のゆくえ』（共訳著、花伝社）、訳書『天安門事件から「08憲章」へ』（共訳、藤原書店）。

峯村健司（みねむら・けんじ）
1974年生。朝日新聞社中国総局特派員。中国の安全保障政策にかかわる一連の報道で2010年度「ボーン・上田記念国際記者賞」を受賞。

徐友漁（シュー・ヨゥユー）
1947年生。元中国社会科学院哲学研究所研究員。西洋政治哲学、中国社会思想。著書『中国当代政治文化與西方政治哲学』（台湾・秀威資訊科技股份有限公司）『與時代同行』（復旦大学出版社）。

藤井省三（ふじい・しょうぞう）
1952年生。現代中国文学。著書に『魯迅「故郷」の読書史』（創文社）『現代中国文化探検』（岩波新書）『村上春樹 のなかの中国』（朝日選書）。

杜光（トゥ・グァン）
1928年生。元中国共産党中央党校教授。中央党校の代表的な改革派であり、「08憲章」の第一次署名者でもある。

王力雄（ワン・リーシュン）
1953年生。作家、民族問題研究者。著書『黄禍』『天葬』（ともにニューヨーク・明鏡出版社）『逓進民主』（香港・社会科学出版社）『私の西域、君の東トルキスタン』（台北・大塊出版社。日本語版は集広舎から出版）。

藤野彰（ふじの・あきら）
1955年生。読売新聞東京本社編集委員。現代中国論。著書『嘆きの中国報道』（亜紀書房）『現代中国の苦悩』（日中出版）『臨界点の中国』（集広舎）『客家と中国革命』（共著、東方書店）。

横澤泰夫（よこさわ・やすお）
1938年生。中国政治、中国近現代史。著書『中国　報道と言論の自由』（編著、中国書店）、訳書『嵐を生きた中国知識人』（中国書店）。

著者紹介

劉暁波（リュウ・シャオボ／Liu Xiao Bo）

1955年12月28日、吉林省長春市生。中国の著名な文芸批評家、中国民主化運動の活動家。元北京師範大学文学部講師。1984年、北京師範大学文学部で修士号を取得後、1984年から北京師範大学教員となる。1988年に博士号を取得し、ノルウェーのオスロ大学、ハワイ大学において中国現代文学を講義する。同年12月からアメリカのコロンビア大学に客員研究者として滞在。米国滞在中に天安門民主化運動を知り、翌1989年4月22日、ニューヨークで「中国民主連盟」の仲間とともに公開書簡を発表し、学生たちに民主化運動の推進を呼びかける。その直後、ニューヨークを離れ帰国。6月2日から、天安門広場の人民英雄記念碑の傍らで学生と共に軍事管制に抗議するハンストを実行。武力鎮圧が始まると、3人の仲間（侯徳健、高新、周舵）とともに、犠牲を最小限にとどめるべく尽力。その後、すべての公職を失い、1991年まで「反革命罪」で投獄。釈放後、北京にて文筆活動、民主化運動に従事。1995年〜1996年、天安門事件受難者の名誉回復と人権保障を呼びかけたことを理由に再び投獄されるが、釈放後は文筆活動、民主化運動を再開。その後再逮捕され、1996年〜1999年に「労働教養」（公安関係などの行政機関による行政罰であり、司法手続きがないままにあらゆる自由を奪われて強制労働に就かせる刑罰）に処せられる。釈放後、北京の自宅で文筆活動を再開。2003年から2期にわたり独立中文筆会会長に就任。2008年3月のチベット騒乱に関して、暴力的な鎮圧の即時停止とダライ・ラマ十四世との直接対話を求める「チベット情勢解決に関する十二の意見書」を共同で発表。中国の大幅な民主化を求める「08憲章」の中心的起草者であることを理由に2008年12月8日に拘束され、「08憲章」は劉暁波拘束に対する抗議声明と共に当初の予定より一日早く12月9日に発表された。その後、2009年6月23日に「国家政権転覆扇動罪容疑」で正式に逮捕され、2010年2月11日、懲役11年、政治的権利剥奪2年の判決が確定。10月8日、ノーベル平和賞を受賞。

「私《わたし》には敵《てき》はいない」の思想《しそう》——中国《ちゅうごく》民主《みんしゅ》化《か》闘争《とうそう》二十《にじゅう》余年《よねん》

2011年　5月30日　初版第1刷発行 ©

編　者　藤原書店編集部

発行者　藤　原　良　雄

発行所　株式会社　藤　原　書　店

〒162-0041　東京都新宿区早稲田鶴巻町523
電　話　03（5272）0301
FAX　03（5272）0450
振　替　00160 - 4 - 17013
info@fujiwara-shoten.co.jp

印刷・製本　音羽印刷

落丁本・乱丁本はお取替えいたします
定価はカバーに表示してあります

Printed in Japan
ISBN978-4-89434-801-1